関西学院大学産研叢書 40

ASEAN経済共同体の成立
比較地域統合の可能性

市川 顕 [編著]
Ichikawa Akira

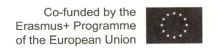
Co-funded by the
Erasmus+ Programme
of the European Union

Establishment of the ASEAN Economic Community

Possibilities of the Comparative Study for Regional Integrations

中央経済社

◆執筆者一覧 （執筆順）

市川　　顕 （関西学院大学 SGU 招聘客員准教授）——————————————序章・第 4 章

カロリナ・クレハ・ティレッツ（Karolina Klecha Tylic）

　　　　　　（クラクフ経済大学国際関係学部専任講師）

　＊監訳　市川　　顕

　＊翻訳　中村健史 （筑波大学人文社会系特任研究員）————————————第 1 章

湯川　　拓 （大阪大学大学院国際公共政策研究科准教授）————————第 2 章

吉村　祥子 （関西学院大学国際学部教授）—————————————————第 3 章

石田　正美 （日本貿易振興機構アジア経済研究所開発研究センター・センター長）—第 5 章

フランシス・ローリンソン（Francis Rawlinson）

　　　　　　（関西学院大学経済学部客員教授）———————————第 6 章・第 7 章

野村　宗訓 （関西学院大学経済学部教授）—————————————————第 8 章

は し が き

　2015年12月31日，東南アジア諸国連合（ASEAN）は ASEAN 経済共同体（AEC）を発足させた。

　地域経済統合体といえば，欧州地域における欧州連合（EU）が真っ先に頭に浮かぶであろう。第一次世界大戦と第二次世界大戦によって大きな被害を受けた欧州諸国は，すでに冷戦体制下にあった1952年に欧州石炭鉄鋼共同体（ECSC），1957年には欧州経済共同体（EEC），1967年には欧州共同体（EC）とその域内市場の形成と発展を進めてきた。そして冷戦が終焉し，グローバル経済が立ち現れる1993年には，EU へと発展し，国家主権の一部の欧州諸機関への移譲が顕著となった。

　これらと比べると，ASEAN は，冷戦体制下の1967年に原加盟国5ヵ国によって形成されたが，ASEAN Way に代表される全会一致や主権の尊重・温存といった共同体運営が行われた。ASEAN はその後拡大して10ヵ国となり，いくつかのオブザーバー国を擁するにいたった（ASEAN＋3）。さらに1997年のアジア経済危機の結果，ASEAN はより経済統合を進める方向にシフトし，ASEAN 経済共同体をはじめとする3共同体の創設を決めた。このように整理すると，ASEAN 経済共同体は，冷戦体制後のグローバル経済の中で，加盟国の多様性を乗り越え，外資の導入の増加，および，加盟国間の連結性の増強を図る目的で創設された，いわば新しい時代の地域経済統合体といえる。

　本書は，関西学院大学産業研究所の共同研究「ASEAN 経済共同体の成立─EU との比較─」（2013～2015年度，コンビーナ：ホルガー・ロベルト・ブングシェ関西学院大学国際学部教授）の研究成果に基づいている。この共同研究の特徴は，ASEAN 経済共同体の成立を目前に控えた時期に，EU との比較可能性について，ディシプリンおよび個別政策から学際的にアプローチする研究である，という点にあった。ASEAN と EU を多角的な比較の視座をもって見つめること

で，その類似点と相違点を明らかにする。このような作業を通じて，両地域統合体の性格を，よりクリアに描き出すことが可能であると考えたからである。もちろん，両地域統合体は，歴史も，社会経済的伝統も，さらには，政治的風土も異にする。しかし，各研究者のもつ比較の座標でASEANとEUを比較検討することは，日本における地域統合研究にも重要な示唆を与えうると考えた。

　当共同研究の参加者と，その研究テーマは以下のとおりである。

　ディシプリン部門はカロリナ・クレハ・ティレッツ（国際経済学），湯川拓（国際政治学），吉村祥子（国際機構論），市川顕（国際関係論）が担当した。ティレッツ氏（クラクフ経済大学国際関係学部専任講師）は「EUとASEANにおける地域経済統合の比較分析」，湯川氏（大阪大学大学院国際公共政策研究科准教授）は「比較の中のASEAN—EUはASEANのモデルなのか」，吉村氏（関西学院大学国際学部教授）は「国際機構論からみたEUとASEANの比較」，編者の市川（関西学院大学SGU招聘客員准教授）は「EUとASEAN—比較地域統合の視点から」と題して研究を行った。

　政策部門については，ホルガー・ロベルト・ブングシェ（産業社会論），石田正美（ASEAN経済論），フランシス・ローリンソン（EU経済論），野村宗訓（産業政策論），志甫啓（人の移動・雇用研究）が担当した。ブングシェ氏（関西学院大学国際学部教授）は「EUとASEANの産業統合—自動車産業における生産ネットワークの発展」，石田氏（日本貿易振興機構アジア経済研究所開発研究センター・センター長）は「ASEANにおける地域開発政策—大陸部5カ国の産業立地に焦点を当てて」，ローリンソン氏（関西学院大学経済学部客員教授）は「EUの地域開発政策及びASEANとの比較」および「EUとASEANの競争政策」，野村氏（関西学院大学経済学部教授）は「ASEANにおける空港運営の特徴—EUとの対比による考察」，志甫氏（関西学院大学国際学部准教授）は「日本とEU・ASEAN間の学生移動をめぐる新たな展開」を研究テーマとした。

　本来は，これらの研究がすべて本叢書に含まれるべきであった。ASEAN経済共同体にのみ焦点を当てた書籍は数多く出版されているが，本書の特徴は，EUとの比較に軸足を置き，かつ，ディシプリンと政策の両側面から書を編ん

でいることにある。3年間の共同研究プロジェクトも，そのような体制で企画された。幾度にわたる研究会や，外部講師を招いての講演会，さらには関西学院大学産業研究所が主催する各種ワークショップやシンポジウムの機会を通じて，共同研究プロジェクト参加者は互いのビジョンを洗練させていった。しかしながら，ひとえに編者の力量不足により，一部の原稿がもれることとなった。共同研究プロジェクトに資金提供をしてくださった関西学院大学産業研究所に対して，心よりお詫び申し上げたい。

　最後に，本書の完成には，大きな苦労がともなった。とくに一部の執筆者の原稿が滞り，大きなご迷惑とご心配をおかけした。この場をお借りして，関西学院大学産業研究所の事務職員の皆様方にお詫びを申し上げたい。また何よりも，なかなか出ない原稿を辛抱強く共に待ち，また，あるときは編者を叱咤激励してくださった中央経済社の田邉一正氏に，心よりのお礼を申し上げたい。

　2016年12月

市川　顕

目　　次

はしがき／i

序章　ASEAN 経済共同体の成立と比較地域統合の可能性 ———— 1

1　ASEAN 経済共同体のいま　1
2　ASEAN 経済共同体の成立過程　3
3　ASEAN 経済共同体の評価　5
4　比較地域統合の可能性　5
5　本書の構成　6

第 I 部　比較地域統合論

第1章　EU と ASEAN における地域経済統合の比較分析 ———— 10

1　はじめに　10
2　経済統合理論の概観　11
3　EU—制度に基づく統合モデル　12
4　ASEAN—ネットワークに基づく統合モデル　16
5　EU および ASEAN における統合の比較分析　20
　5-1　相違点　20
　5-2　類似点　25
6　おわりに—EU 統合プロセスからの教訓　27

第2章　比較の中の ASEAN—EU は ASEAN のモデルなのか ———— 32

1　はじめに　32
2　ASEAN の半世紀—素描　33
3　ASEAN・EU の比較分析
　　—制度化の程度が低いことは非効率的なのか　37
　3-1　地域主義を比較することの難しさとその対応策　37
　3-2　ASEAN と EU の比較—安全保障分野における制度化　39

II　目　次

　　　　3-3　ASEAN と EU の比較―経済分野における制度化　41
　　　4　ASEAN は EU をどのように見てきたか　45
　　　　4-1　認識の変遷―1990年代まで　45
　　　　4-2　ASEAN 共同体の構築と EU　47
　　　5　おわりに　50

第3章　国際機構論からみた EU と ASEAN の比較 ————— 54
　　　1　はじめに　54
　　　2　EU と ASEAN―設立の背景及び基本文書の比較　56
　　　　2-1　EU　56
　　　　2-2　ASEAN　68
　　　3　内部機関・決定の効力に関する比較　73
　　　　3-1　EU　73
　　　　3-2　ASEAN　80
　　　4　おわりに　83

第4章　EU と ASEAN―比較地域統合の視点から ————— 90
　　　1　はじめに　90
　　　2　地域主義と地域化　90
　　　3　EU は地域統合における先進モデルか　92
　　　4　比較地域統合―欧州と東アジア　93
　　　　4-1　安全保障環境　93
　　　　4-2　機能構築か制度構築か　94
　　　　4-3　国家主権　96
　　　　4-4　域外依存　98
　　　　4-5　中所得国の罠　99
　　　　4-6　技術革命の形態　100
　　　　4-7　域内共通の政治的価値　101
　　　　4-8　弱い国　103
　　　　4-9　多様性　104
　　　　4-10　主要国関係　106
　　　5　おわりに―求められる日本の役割　107

第Ⅱ部　比較地域統合政策論

第5章　ASEAN における地域開発政策
―大陸部5ヵ国の産業立地に焦点を当てて ——————— 116

　1　はじめに　116
　2　産業立地条件　117
　　2-1　港湾隣接型大都市　118
　　2-2　臨海都市　122
　　2-3　内陸部大都市　126
　　2-4　国境地域　129
　　2-5　内陸部人口希少地域　131
　3　地域開発政策　132
　　3-1　輸送インフラ開発　132
　　3-2　投資誘致政策　134
　　3-3　経済特別区政策　135
　4　おわりに　137

第6章　EU の地域開発政策および ASEAN との比較 ——————— 142

　1　はじめに―EU と ASEAN の地域開発政策　142
　2　EU の地域開発政策　144
　　2-1　地域開発政策の成立，予算の拡大　144
　　2-2　EU 地域開発政策の目的，基本的特徴　145
　　2-3　EU と加盟国との共同管理，多角的実施制度　153
　　2-4　EU 経済の一般的発展，競争力を高める政策をサポートする役割　153
　　2-5　EU の地域開発政策の効果　156
　3　おわりに　158

第7章　EU と ASEAN の競争政策 ——————— 160

　1　はじめに　160
　2　競争の役割，競争法の必要性　161
　　2-1　概論　161
　　2-2　自由貿易地域の場合　162
　3　EU の競争政策　162

IV　目　次

　　　3-1　起源，発展，目的，踏まえる原則　162
　　　3-2　企業間協定や支配的地位の乱用　164
　　　3-3　合併の規制　168
　　　3-4　独占　170
　　　3-5　国庫補助金　173
　　　3-6　EU 競争法の執行の仕組み　176
　　　3-7　競争法における国際協力　177
　　4　ASEAN の競争政策　178
　　　4-1　競争法の発展状況　178
　　　4-2　今後の見通し　179
　　5　おわりに　179

第8章　ASEAN における空港運営の特徴―EU との対比による考察 ── 182

　　1　はじめに　182
　　2　ASEAN 地域の旅客需要増大　183
　　　2-1　加盟国の人口と来訪者数　183
　　　2-2　航空自由化の進展　185
　　　2-3　LCC の成長　186
　　3　ASEAN 諸国の空港運営　189
　　　3-1　空港規模と内際比率　189
　　　3-2　空港運営主体の特徴　191
　　　3-3　民営化・コンセッションの適用　195
　　4　EU と ASEAN の対比からの示唆　196
　　　4-1　VFR 需要と地方経済の活性化　196
　　　4-2　LCC によるアライアンス設立　197
　　　4-3　公的所有に基づくインフラ経営　198
　　5　おわりに　199

　　あとがき／203

序章

ASEAN 経済共同体の成立と
比較地域統合の可能性

◆

1　ASEAN 経済共同体のいま

　2015年12月31日，ASEAN 経済共同体（AEC）が発足した。東南アジア地域に制度化された地域経済共同体が立ち現れ，日本企業も大きな期待を寄せている。日本経済新聞が実施した社長100人を対象としたアンケートでは，AEC の自社事業への影響について62.7％が「プラス」であると回答し，今後重点投資したい ASEAN の国として，インドネシア35.9％，タイ30.3％，ベトナム22.1％が挙げられた（日本経済新聞 2015.12.21）。これは，日中関係の悪化や中国の人件費の上昇にともない，いわゆるチャイナ・プラス・ワンとよばれる動きが加速している中で，ASEAN は日本企業がブランド力を発揮できる市場である（日本経済新聞 2016.1.27）ことが背景にある。

　ところが，AEC 発足から約１年経過した現在，AEC の評価は割れている。

　バンコク銀行頭取のチャーシリ・ソポンパニット氏は「期待以上の成果」とAEC を評価する（日本経済新聞 2016.10.24）。特にモノに対する域内関税の撤廃により，ASEAN 内の「連結性」が強化されたことが一因だ。また，国際協力銀行の渡辺博史総裁は ASEAN において域内統合を進めるためには「道路や鉄道などの輸送網を広げる必要がある」とし，交通インフラ整備への支援を強化する旨を強調し（日本経済新聞 2015.12.18），岸田外務大臣も2016年５月タイのチュラロンコン大学における講演で，通関手続きの改善や周辺地域の開発でインフラを一層活用し，生きた「連結性」を達成することに日本政府として協

力することを明らかにした（日本経済新聞 2016.5.2）。こうした AEC による効果は，日本企業にも及んでいる。たとえば，デンソーはタイ工場を中核とし，カンボジア，ベトナムの3ヵ国にまたがるサプライチェーン網の構築を計画（日経産業新聞 2016.7.14），三菱マテリアルはタイから中核部品を持ち込み，人件費の安いラオスの首都ビエンチャンでエアコンなどに使う温度センサーの製造を開始した（日本経済新聞 2015.12.31）。さらに，イオンではカンボジア製の日傘とベトナム産コーヒーをベトナム，タイ，カンボジアの3ヵ国で発売し，ベトナム製の蚊帳をベトナム，タイ，カンボジア，マレーシアの4ヵ国で発売，タイ製の魚醤をタイとカンボジアの2ヵ国で発売している。このように，AEC によって生じた「連結性」を利用して，経済発展段階の異なる（その一方で中間層のボリュームが厚くなりつつある）6億人の ASEAN 市場をねらう日本企業が多い。

　しかし，AEC に対しては批判も尽きない。第1の点は，自国経済の保護に向けた加盟各国の動きに対してのものである。インドネシアは2015年7月に野菜，衣類など1,000点以上の製品の輸入関税を引き上げたほか，後に外資系企業の反対を受けて撤回することになるものの，外国人1名の雇用に対しインドネシア人10人を雇用する規制も提案した。マレーシアは2013年から，ブミプトラ政策を強化し，政府調達におけるマレー系企業の割合を高めている。また，シンガポールでも外国人労働者受け入れ規制を強めつつある（日本経済新聞 2016.3.16）。このような動きに対して，米資産運用大手フランクリン・テンプルトン・インベストメンツのデニス・リム東南アジア統括は「最近は各国の保護主義が目立っており，大きな進歩が見られない」と不満をもらす（日本経済新聞 2016.2.4）のである。

　第2は，第1の点とも関連するが，AEC における製造業の域内関税撤廃は先行したものの，投資やサービス分野では規制が残っていることである。製造業と異なり，金融およびサービス分野においては，域内における経済先進国と後発国の間で大きな格差があることから，後発国側から，「域内経済先進国に飲み込まれてしまうのではないか」との危惧が寄せられている（日本経済新聞 2016.3.20）。さらに，看護師，建築士，エンジニアなどの熟練労働者の資格・

技能の相互認証にも，もたつきがみられる（日経産業新聞 2016.1.12）。このことから，バンコクポストはイギリスの EU 離脱を決めた国民投票の結果を踏まえ，AEC においても「シングジット」や「タイグジット」が起きても不思議ではないと警告し，「ASEAN 事務局は地域統合推進のためにほとんど何もしていないかにみえる。15年末の AEC 設立に向けた大げさな宣伝活動の後，何を耳にしただろうか」とまで述べた（日本経済新聞 2016.6.29）。

このように，なかなか順調に深化を遂げることのない AEC であるが，それもまた東アジアにおける地域統合の特徴であろう。CIMB グループ会長のナジル・ラザク氏が言うように，各国が自らの主権にこだわり，経済統合を政治が邪魔する構図（日本経済新聞 2016.9.2）が看取できる。

2　ASEAN 経済共同体の成立過程

さて，1では現在の AEC のもつ可能性と問題点について述べたが，本節では2015年末に設立された AEC の形成過程を振り返って確認しておきたい。

ASEAN は，1967年 8 月にタイ，インドネシア，マレーシア，シンガポール，フィリピンの 5 ヵ国によって，ASEAN 設立宣言（バンコク宣言）により設立された。その目的は，かつての地域紛争当事国の和解と信頼の醸成であり，その統合手法は，漸進的で，着手可能なところから実績を積み上げていくという「柔らかい地域主義」（黒柳 2007，42ページ）を特徴とした。1976年には，締約国相互の主権尊重・内政不干渉を前提として，紛争の平和的解決を約束（山影 2012，116ページ）する東南アジア友好協力条約（TAC）が締結された。これにより，平和と安全を保証するためには，経済協力と社会・文化協力が必要である（西口 2016a，155-156ページ）というロジックが生まれ，経済統合の深化が始まった。1984年にはブルネイが 6 番目の加盟国となり，冷戦終結後の1992年にアセアン自由貿易協定（AFTA）が発足。これは緩やかなガイドラインに沿って各国が15年かけて域内輸入関税を 5 ％以下にするというものであり，ASEAN への海外投資の増大を意図している（山本 2007，319-320ページ）。その後，ASEAN は95年にベトナム，97年にラオス，ミャンマー，99年にカンボ

4

　ジアへと拡大し，加盟国は10ヵ国を数え，東南アジア地域のほとんどをカバーする地域統合体として存在感を増した。

　しかし，1997年に「1997年の破局」（黒柳 2007，52-53ページ）とよばれるアジア金融危機を発端とする激震が ASEAN 諸国に起こると，加盟国はこれを契機として，さらなる経済統合の深化へと歩を進めた。1997年の非公式首脳会議において「ASEAN ビジョン2020」を採択し，安全保障・経済・社会の３本の柱からなる ASEAN 共同体形成への展望が示された。2000年の非公式首脳会議では「ASEAN 統合イニシアティブ」が採択され，ASEAN が組織として域内格差の是正に取り組む姿勢を見せ，主要課題として人材育成，情報技術，インフラの３分野を挙げた。2002年の首脳会議では，当時のシンガポール首相ゴー・チョク・トンが，ASEAN は各国単位ではなく経済圏として，国際経済における競争力を発揮する必要があるとして，AEC の設立を提案した（三浦 2016，82ページ）。それを受けて，2003年の首脳会議で「ASEAN 協和宣言Ⅱ」が採択され，安全保障共同体（ASC），経済共同体（AEC），社会・文化共同体（ASCC）からなる ASEAN 共同体を2020年に創設することとなった。AEC がシンガポールの提案なら，ASC はインドネシア，ASCC はフィリピンの提案である（三浦 2016，82-83ページ）とされる。この，2020年までに ASEAN 共同体を設立するという目標実現のため，2004年にはビエンチャン行動計画が採択され，ここでは，①農産物加工，②自動車，③エレクトロニクス，④漁業，⑤ゴム製品，⑥繊維・衣類，⑦木製品，⑧航空，⑨ e-ASEAN，⑩ヘルスケア，⑪観光の11分野を優先統合分野とした（石川 2009，93-94ページ）。2007年の首脳会議では，「ASEAN 共同体の創設を2015年までに加速するセブ宣言」が採択され，ASEAN 統合目標を５年前倒しした。同年には，ASEAN 憲章を採択。これまでの簡易なバンドン宣言とは異なり，前文・12章・55条からなる ASEAN 宣言は，ASEAN の制度強化と法的拘束力のある決定を可能とした。2009年には ASEAN 共同体ロードマップが策定され，2015年目標の達成を実務的に支援し，2015年11月，ついにクアラルンプール宣言において ASEAN 三共同体が設立されることを正式に宣言，同年12月31日に AEC が発足した。

3 ASEAN 経済共同体の評価

　では，AEC について ASEAN 経済の専門家はどのような評価を下しているのだろうか。

　三浦は AEC を，「AFTA を中心としつつ，貿易円滑化，サービス貿易の自由化，投資の自由化・円滑化，広域的インフラ整備，基準適合，相互認証，格差是正などのための域内協力などを含んだ質の高い経済統合」と評価するが，他方で「一部政治的に混乱」があることも指摘する（三浦 2016，79ページ）。

　では，現行の AEC はどこに問題があるのだろうか。西口は，以下の3点を挙げる。第1は，ASEAN 諸国の経済関係が先進国とは補完的である一方，ASEAN 諸国の間では競合的であり，経済協力の推進が難しいこと，である。第2は，ASEAN 諸国間に横たわる大きな経済格差（ASEAN ディバイド）の存在である。そして第3に，ASEAN 諸国が外資依存の輸出志向型工業化政策を採用し，多国籍企業の要求に沿って外資を導入しており，ASEAN 各国政府・各国における大企業および多国籍企業のための経済統合に傾きがちであること，である（西口 2016b，54-56ページ）。

4 比較地域統合の可能性

　以上を踏まえると，AEC の特徴が見て取れるとともに，EU との比較の視座も導入可能となるだろう。三浦は EU と比較した際，AEC の特徴として挙げられる点として，①関税同盟ではないこと，②人の移動が原則，熟練労働者に限定されていること，③共通通貨の計画がないこと，④共通政策の導入が遅れていること（導入されたとしても極めて初歩的なレベルにとどまるだろうこと）を挙げている（三浦 2016，89ページ）。

　2015年11月のクアラルンプール宣言採択の際に，マレーシアのナジブ首相は「我々は ASEAN 成立の父たちの期待を凌駕した。何故なら多様性の中に力を見出したからである」（西口 2016a，154ページ）と興奮気味に語った。ヨーロッ

6

パの地域統合はいま，ギリシャ危機，ウクライナ危機，難民危機，そしてイギリスの EU 離脱問題（BREXIT）と問題が山積である。ASEAN を含む東アジアの地域統合は，今後どうなるのか。東アジア諸国の特徴に留意しつつ，EUやその他の地域統合体との比較，すなわち比較地域統合の視点をもって，注視していくべき事象である[1]。

5　本書の構成

　こうした背景のもと，本書では，各執筆者が ASEAN と EU をそれぞれの比較の座標を用いて，多角的に分析することで，その類似点と相違点，さらには，それぞれの地域経済統合体としての特徴を明らかにする。

　まず「第Ⅰ部　比較地域統合論」では，「第1章　EU と ASEAN における地域経済統合の比較分析」，「第2章　比較の中の ASEAN―EU は ASEAN のモデルなのか」，「第3章　国際機構論からみた EU と ASEAN の比較」，「第4章　EU と ASEAN―比較地域統合の視点から」として，国際経済学，国際政治学，国際機構論，国際関係論といったディシプリンの視点より検討を行っている。

　次に「第Ⅱ部　比較地域統合政策論」では，「第5章　ASEAN における地域開発政策―大陸部5ヵ国の産業立地に焦点を当てて」，「第6章　EU の地域開発政策および ASEAN との比較」，「第7章　EU と ASEAN の競争政策」，「第8章　ASEAN における空港運営の特徴―EU との対比による考察」として，個別政策の視点より各地域統合体の特徴や性質について，検討を行っている。

　なお，特定の経済政策や特定の国に焦点を当てて考察しているものもあるが，それらも含めて，本書全体を通して比較地域統合についての議論に貢献することを目標としたい。異なる歴史的，社会経済的，政治的伝統を有し，さらに地域統合の歴史の長さ，深度も異なる ASEAN と EU を比較検討する本書の試みによって，少しでも日本における比較地域統合研究の深化に貢献できれば，編者としてこれに勝る喜びはない。

序章　ASEAN経済共同体の成立と比較地域統合の可能性　7

●注 ────────────────

1　たとえば（Murray and Moxon-Browne 2013）など，近年EUとASEANをより積極的に比較しようとする研究業績が蓄積されている。

●参考文献 ────────────────

石川幸一（2009）「共同体形成で先行するASEAN」浦田秀次郎・渡辺利夫・石川幸一・西澤正樹・大西義久『東アジア共同体を考える』亜細亜大学アジア研究所，87-118ページ。

黒柳米司（2007）「ASEAN体験と東アジア」山本武彦・天児慧編『新たな地域形成』岩波書店，37-66ページ。

西口清勝（2016a）「ASEAN共同体の成立と域内経済協力（その1）」『立命館経済学』第64巻第4号，154-160ページ。

西口清勝（2016b）「ASEAN共同体の成立と域内経済協力（その2）」『立命館経済学』第64巻第6号，44-60ページ。

日経産業新聞（2016.1.12）「新興国フォーキャスト2016⑹ ASEAN共同体　貿易を加速」4面。

日経産業新聞（2016.7.14）「AEC時代のビジネス⑴域内の分業体制進む」2面。

日本経済新聞（2015.12.18）「ASEAN成長，日本が後押しを」朝刊5面。

日本経済新聞（2015.12.21）「ASEANへ期待高く　投資先インドネシア首位（社長100人アンケート）」朝刊9面。

日本経済新聞（2015.12.31）「東南ア成長加速へ，ASEAN共同体発足，人口6億人の巨大経済圏」，朝刊5面。

日本経済新聞（2016.1.27）「NIKKEI，FT，共同シンポジウム ASEAN経済共同体と日本パネル討論　欧米勢の出遅れ狙い目」朝刊31面。

日本経済新聞（2016.2.4）「米資産運用大手フランクリン・テンプルトン・インベストメンツ　デニス・リム氏―東南経済統合の遅れ，失望―」朝刊6面。

日本経済新聞（2016.3.16）「壁に立ち向かう⑷広がる市場開放恐怖症　透明な域内ルール必要」朝刊5面。

日本経済新聞（2016.3.20）「東南ア　通貨の不均衡拡大―市場統合の逆風に―」朝刊3面。

日本経済新聞（2016.5.2）「メコン支援で協議体　岸田外相表明　通関・人材育成担う」夕刊3面。

日本経済新聞（2016.6.29）「英のEU離脱―ASEANの教訓に―」朝刊9面。

日本経済新聞（2016.9.2）「「政治の指導力が不可欠」ASEAN経済統合でCIMB会長」朝刊9面。

日本経済新聞（2016.10.24）「Asia300グローバル・ビジネス・フォーラム　バンコク銀行頭取チャーシリ・ソポンパニット氏　AECは期待以上」朝刊24面。

三浦佳子（2016）「ASEAN経済共同体の沿革とその課題」『星陵台論集』第48巻第3号，79-93ページ。

山影進（2012）「ASEANに見るいびつな鏡に映したヨーロッパ統合」山本吉宣・羽場久美子・押村高編『国際政治から考える東アジア共同体』ミネルヴァ書房，113-130ページ。

山本吉宣（2007）「地域統合理論と「東アジア共同体」」山本武彦・天児慧編『新たな地域形成』岩波書店，315-346ページ。

Murray, P. and E. Moxon-Browne (2013), "The European Union as a Template for Regional Integration? The Case of ASEAN and Its Committee of Permanent Representatives," *Journal of Common Market Studies*, Vol.51, No.3, pp.522-537.

第 I 部
比較地域統合論

第1章　EU と ASEAN における地域経済統合の比較分析

第2章　比較の中の ASEAN
　　　　―EU は ASEAN のモデルなのか

第3章　国際機構論からみた EU と ASEAN の比較

第4章　EU と ASEAN
　　　　―比較地域統合の視点から

第 **1** 章

EU と ASEAN における地域経済統合の比較分析

1　はじめに

　地域経済統合はグローバリゼーションと相俟って，現代の世界経済における最も支配的なプロセスとなっている。地域経済統合の第一歩は，2つ以上の経済が各々の構造を調整し連結することである。その結果として誕生する経済的連携は，世界経済における独立した新しい経済圏の形成へと繋がる。

　地域経済統合の分析アプローチは，統合現象の変容とともに世界中で発展してきた。当初，地域経済統合の分析は欧州共同体の統合プロセスに焦点をあてていた。1990年代に入ると，欧州以外の地域での地域化（regionalization：事実上の＜de facto＞地域統合）と地域主義（regionalism：法令上の＜de jure＞地域統合）の深化を受けて，地域経済統合の研究は裾野を広げていった。加えて，地域経済統合プロセスは学際的な性格を有するようになった。その結果，地域主義のプロセスは新しい地域主義と旧来の地域主義に分けることが可能となった。いずれの地域主義も欧州で始まった統合プロセスを反映している。

　東南アジアにおける経済統合と欧州における経済統合の大きな違いは，欧州の経済統合は共通の規則や超国家的制度によって特徴づけられる公式の統合であるのに対し，東南アジアの場合は下位地域の経済圏や取引・製造ネットワーク，非公式な個人的接触による非公式な統合となっている点にある。しかし，今後，東南アジア諸国連合（ASEAN：Association of Southeast Asian Nations）諸国間での統合深化に伴い，多くの共通点が指摘されるようになるだろう。

本研究の目標は，欧州と東南アジアにおける経済統合のモデルを提示することにある。さらに，2つのモデルを比較し，経済統合についてアジア諸国に対する提言を行う。

2 経済統合理論の概観

統合（integration）という言葉は，ラテン語の"integratio（補足）"と"integrare（完成させる）"を語源としている。つまり，統合とは個から全体を作り上げることを意味している。経済統合は経済的連結のプロセスである。それは一国内（国家経済の下位地域での個別の分野など），地域的な規模，国際的な規模で行われ，そこには2つ以上の国家と各国経済が含まれている。統合によって誕生した新たな経済構造は，構成要素の単なる集合体ではなく1つに融合したものであり，統合前とは異なる性質を持っている。地域経済統合は持続的で構造的な経済的連携を生み出すことによって，国内および国家間での経済構造の調整を通じて進められる。したがって，経済統合は動的なプロセスとして理解されるべきである。

経済統合は国家間での関税・非関税障壁の撤廃および生産要素の自由移動の確保と定義することもできる。経済統合に有利に働く主な要因は，経済構造の相互補完性，（特にハード面での）経済基盤，統合を促進する経済政策，そして近接性などである。

バラッサの分類（Balassa 1961）によれば，地域経済協定には以下の段階が存在すると考えられる（**図表 1-1**）。

- **自由貿易地域**（FTA：Free Trade Area）：2ヵ国以上からなるグループ内での関税障壁の撤廃。グループ外への関税は各国が維持する。
- **関税同盟**：FTA に共通の関税と対外的な共通貿易政策が加わる。
- **共通市場**：関税同盟に，生産要素（土地，労働，資本財，技術）が加わる。
- **経済同盟**：共通市場に，様々な経済政策（産業，財政，地域，輸送，農業政策など）と経済関連法の調整や統一が加わる。（たいていの場合は）超国家機関が設立される[1]。
- **政治同盟**：より正確には経済・政治同盟。経済同盟（ないし経済・金融同盟）

12 第Ⅰ部 比較地域統合論

に，内務・外務・防衛政策の調整と統一，超国家的権限を持つ立法・行政機関の設立が加わる。

• **完全統合**：地域統合の最終的かつ最も発展した制度形態。

図表1-1 国際的統合の各段階における制度的形態

特　徴	経済統合の形態						
	FTA	関税同盟	共通市場	通貨同盟	経済同盟	政治同盟	完全統合
関税・貿易障壁の撤廃	○	○	○	○	○	○	○
共通の関税・貿易政策		○	○	○	○	○	○
生産要素の自由移動			○	○	○	○	○
金融・通貨政策の統合				○	○	○	○
経済政策の統合					○	○	○
内務・外交政策の統合						○	○
超国家的政策の統合							○

（出所）　Bożyk, Misala（2003）を基に筆者作成。

　統合深化の過程では，消極的統合（規制緩和や自由化といった障壁の撤廃）と積極的統合（政策の調和・調整・統一のような，統合後の各経済構造が機能する上で平等な条件を作り出すこと）が並行して進められている。伝統的な統合理論が持つ学際的な性格は，経済統合が政体に与える波及効果の観点から考察されている。また，伝統的な経済統合モデルは，政府間対話や条約の見直しによって生じる制度的な地域主義の重要性を強調していた。

3　EU─制度に基づく統合モデル

　欧州連合（EU：the Eurcpean Union）は世界で最も発展した経済統合形態を有している。欧州統合のモデルは制度に基づいたものである。それゆえに，欧州統合は制度主導型統合ともよばれている。

　EU の主要な機関は，欧州理事会，EU 理事会，欧州議会，欧州委員会，欧州司法裁判所，欧州会計検査院，欧州中央銀行の7つである。その他，地域委

員会，経済社会評議会，欧州対外行動庁，欧州オンブズマン，欧州データ保護監視官局，欧州投資銀行も EU の重要な機関である。

欧州における統合プロセスの進化を見ると，3つの理論的アプローチが大きな役割を果たしたことがわかる。第1は，新機能主義理論であり，超国家制度を強化する礎を築いた。第2の政府間主義は，加盟国が主要なアクターであり統合プロセスの帰結を決定すると考えるものであり，欧州統一市場の成功に大きく寄与していた。そして1990年代には，第3の，新制度主義が登場し，欧州の統合プロセスに強い影響を与えた。

EU は3つの欧州共同体の上に設立された。第1の共同体である欧州石炭鉄鋼共同体（ECSC：European Coal and Steel Community）は，1950年のシューマン宣言に基づき，1951年4月18日のパリ条約によって設立された。ECSC の目的は石炭と鉄鉱分野における経済活動を調整することだった。1957年3月25日に署名されたローマ条約では，欧州原子力共同体と欧州経済共同体という2つの共同体が誕生した。ローマ条約の署名国は，ベルギー，フランス，イタリア，ルクセンブルグ，オランダ，西ドイツの6ヵ国である。

1965年に署名され翌年7月1日に発効した合併条約によって，3共同体の組織構造が統合された。欧州経済統合の次の一歩となる関税同盟は1968年7月1日，期日（1970年1月1日）より1年半前倒しで発効した。これをもって，一次産品市場の創設を始めとする経済統合の第1段階は終了した。

欧州経済統合の第2段階は，予算政策と通貨政策という2分野における政策連携の著しい強化によって始まった。1979年，欧州通貨単位（ECU：European Currency Unit），為替相場メカニズム（ERM：European Exchange Rate Mechanism：ERM），信用供与制度の3要素で構成される欧州通貨制度（EMS：European Monetary System）が設立された。それは将来的な共通通貨導入の第一歩だった。欧州の単一金融市場は1994年から運用されており，そこでは3つの自由（サービス提供，資本移動，EU 域内居住）が担保されている。1977年，欧州共同体と欧州自由貿易連合（EFTA：European Free Trade Association）[2]加盟国の間で工業製品の自由貿易地域が作られ，1992年には欧州経済地域（EEA：European Economic Area）へと改編された。

14　第Ⅰ部　比較地域統合論

　欧州経済統合の第2段階と時を同じくして，第一次拡大が実現した。1973年，デンマーク，アイルランド，英国[3]の3ヵ国が欧州共同体のメンバーとなった。1974年には加盟国元首および首脳会合が制度化され，欧州理事会が誕生した。その翌年には欧州社会基金と欧州地域開発基金が創設された。1979年には初の国境を越えた直接選挙となった欧州議会議員選挙が実施された[4]。1970年代後半に欧州共同体はメキシコ（1975年），マグレブ[5]およびマシュリク[6]諸国（1977年）との間で経済貿易協力に関する協定を結んだ。

　欧州統合の第3段階は1980年代に始まった。1981年，第二次拡大が行われギリシャが10番目の加盟国になった。次の一歩となったのは白書であり，それは単一市場の形成によって欧州の経済統合を深化させる基盤となった。単一市場の構造は1986年に署名（1987年7月1日発効）された単一欧州議定書によって定められた。欧州単一市場はいわゆる4つの自由（人，モノ，資本，サービスの移動の自由）の上に成り立っている。1986年，ポルトガルとスペインが欧州共同体に加盟した。対外関係では，1980年代に欧州共同体は経済貿易協力に関する合意を，ASEANやブラジル（1980年），インド（1981年），アンデス共同体（1983年），イエメン，中国（1984年），湾岸協力会議，ハンガリー（1988年），ポーランド（1989年）と締結した。

　1990年代は欧州統合の分野で最もダイナミックな変化のあった時期だった。欧州共同体加盟国はオランダのマーストリヒトにて，1992年2月7日に欧州連合条約（マーストリヒト条約）に調印した。1993年11月1日に発効したマーストリヒト条約は欧州連合設立の基本文書であり，3本柱で構成されるEUの構造を規定している。第1の柱は欧州共同体，第2の柱は共通外交・安全保障政策，そして第3の柱は警察・刑事司法協力である。加えて，マーストリヒト条約は欧州経済通貨同盟（EMU：European Economic and Monetary Union）の基礎を，収斂基準[7]に基づいて作り上げた。その結果，1999年に加盟15ヵ国中11ヵ国の間で統一通貨が導入された[8]。1998年中頃には欧州中央銀行が設立された。

　1993年，EU加盟国はコペンハーゲン基準とよばれる，中・東欧のEU加盟を希望する国々に対する要求を定めた。コペンハーゲン基準には経済的基準，

政治的基準，法的基準が含まれている。経済的基準とは，市場経済が機能しており EU 域内での競争力と市場力に対応するだけの能力を有すること，政治的基準とは，民主主義，法の支配，人権およびマイノリティの尊重と保護を保障する安定した諸制度を有すること，法的基準とは，EU 法の総体系（アキ・コミュノテール）を受け入れる能力を有することである（EC 2016）。1995年には第四次拡大が行われ，オーストリア，フィンランド，スウェーデンの 3 ヵ国が EU に加盟した（ノルウェーは国民投票によって再び EU 加盟を拒否）。

　欧州統合はアムステルダム条約によって次の段階に到達した。1997年10月 2 日署名，1999年 5 月 1 日発効の同条約では，政府間協力を犠牲にして超国家的な EU を築くというモデルが継続された。EU の第 2 の柱である共通外交・安全保障政策が（共通外交・安全保障政策上級代表職の創設によって）強化され，欧州議会の権限も強まり，シェンゲン協定は EU 法体系の中に組み込まれた。続くニース条約では，新たに拡大した EU に組織構造を適合させることが目的となった。ニース条約は2001年 2 月26日署名，2003年 2 月 1 日に全加盟国の批准をもって発効した。ニース条約では欧州委員会委員の役割と数が変更され，欧州理事会における（人口の多い国に有利な形での）特定多数決案件と票数が増加し，欧州司法裁判所と第一審裁判所の新たな役割区分が導入された[9]。1997年，チェコ，エストニア，ハンガリー，ポーランド，スロベニアといった中・東欧の国々を対象とした初の加盟交渉が始まった。2004年には，これらの国々にキプロス，ラトビア，リトアニア，マルタ，スロバキアを加えた10ヵ国が EU に加盟し，2007年にはブルガリアとルーマニアが新たに加わった。クロアチアは2013年に28番目の EU 加盟国となった。

　欧州統合の最終段階は超国家機関の重要性を増加させることだった。これを実現したのが，2007年12月13日に署名し，加盟各国での苦難を伴う批准プロセスを経て2009年12月 1 日に発効したリスボン条約だった。リスボン条約では欧州議会の役割が強化されると同時に，加盟国議会の関与が増大した。また，欧州理事会常任議長と EU 外務・安全保障政策上級代表という 2 つの役職が創設された。他にも EU 脱退に関する条項が盛り込まれ，欧州理事会における特定多数決の適用範囲が拡大され，EU 基本権憲章が一次法に加えられた。リスボ

ン条約のもう1つの特徴はEU市民の生活の向上である。具体的には，犯罪やテロリズム対策，公衆衛生の改善，地域的結束，スポーツ，気候変動対策，商業政策の改善，行政協力，観光，EU市民の立法発議権があげられる。最後に，リスボン条約によってEUに法人格が付与されたことも忘れてはならない。

EUの経済統合のプロセスを見ると，単一市場の創設，ユーロの導入（欧州通貨同盟の創設とともに），欧州共通政策の効率的な調整システムの創設という3点が大きな成果として指摘できる。EU加盟国間の経済統合の特徴は，現実の市場が統合された後に金融・通貨統合が実現した点にある。

4　ASEAN—ネットワークに基づく統合モデル

東南アジアの経済統合モデルは，欧州と比較すると非公式な関係や社会主導のアプローチに焦点を当てている。それゆえに東南アジアのモデルは市場主導型統合ないしネットワークに基づく経済統合とよばれる。ASEAN諸国間での統合深化を受けて制度化の要求が高まっているものの，アジアのモデルは欧州の統合モデルとは異なり，制度構築や超国家的機関の設立に主眼を置いてきたわけではなかった。

ASEANは1967年8月8日署名のバンコク宣言によって設立された。EUと同様にASEANにも前身となる組織があり，東南アジア条約機構や東南アジア連合，マフィリンド（マレーシア，フィリピン，インドネシア），アジア太平洋協議会が存在していた。バンコク宣言に署名したのはフィリピン，インドネシア，マレーシア，シンガポール，タイの5ヵ国（ASEAN-5）だった。ASEANは主に政治協力の場として設立され，東南アジア地域の安定，平和，繁栄，発展に向けたASEAN-5間での積極的な協力が指向された。ASEAN設立直後の数年間は特に，地域における政治・安全保障面での協力は欧州と比べてはるかに重要な役割を担っていた。冷戦終結後，ASEANは経済分野にも活動範囲を広げていった。

1992年の「ASEAN経済協力促進に関する枠組み合意」では，15年以内にASEAN自由貿易地域（AFTA：ASEAN Free Trade Area）を創設することが

目標とされた。しかし，制度の欠如がAFTAの活動を強く制限することが明らかになり，ASEAN加盟国の経済協力は各国の国益によって決定されることとなった。同時に，ASEANの制度化を進めるべきだとの圧力も強まってきた。その主な理由はASEAN加盟国の増加である。1984年にブルネイが6番目の加盟国となり，ベトナム（1995年），ラオスおよびミャンマー（1997年）がこれに続いた。1997年にはカンボジアも加盟する予定だったが，クーデターが起きたため加盟は2年遅れて実現した。カンボジアのクーデターは，ASEAN制度化プロセスにおける1つの転換点となった。なぜなら，カンボジアの政治発展および安定化のプロセスを監督する必要が生じたからである。制度は，東南アジア地域の信頼醸成に責任を有するものと見なされていた。また，1997年から1998年に発生したアジア通貨危機も地域機構の強化に繋がった。

　2003年にASEAN加盟10ヵ国は第2バリ宣言に署名した。第2バリ宣言の目標は2020年までにASEAN共同体を創設することだった（2007年に創設期限が2015年末に前倒しされた）。EUがマーストリヒト条約にて定めた組織構造と同様に，ASEAN共同体も3本柱で構成されることとなった（ASEAN 2003）[10]。第1の柱はASEAN政治・安全保障共同体（APSC：ASEAN Political-Security Community）である。その目的は，加盟各国の主権および独自の外交・防衛政策を尊重すると同時に，地域の平和と安全を担保することである。ASPCが扱う問題は地域協力や団結の強化，加盟国間での内政不干渉，コンセンサスに基づく意思決定プロセスなどである。また，加盟国は国連その他の国際機関との協力強化，テロリズムや人身売買その他の国境をまたぐ犯罪への対応力強化，東南アジアに大量破壊兵器を持ち込ませないことを確約している。同時に，APSCは軍事協定や同盟ではないことも強調されていた。

　ASEAN共同体の第2の柱はASEAN経済共同体（AEC：ASEAN Economic Community）である。AECの主な目的は，商品，サービス，資本，熟練技術者の自由移動によって統一市場と生産拠点を生み出すことである。ASEANは競争力のある一体となった地域として機能し，加盟各国が有する多様で相互補完的な資源は世界の製造業における東南アジア地域の重要性を高め，ひいては加盟国間の経済格差と貧困を緩和させるものと捉えられていた。この点におい

18 第Ⅰ部 比較地域統合論

て，CLMV諸国（カンボジア，ラオス，ミャンマー，ベトナム）に対する技術開発援助が特に重視された。また，AECは教育，人的資源，インフラ，通信，電子商取引を発展させ，ASEAN経済における民間セクターの割合増加やマクロ経済および財政政策の協議プロセスに関与することも企図している。

　ASEAN共同体の第3の柱はASEAN社会文化共同体（ASCC：ASEAN Socio-Cultural Community）である。ASCCは社会発展に注力しており，生活水準の向上（特に貧しい人々や農村地域）や社会生活への参加促進（若者，女性，地域コミュニティ）に焦点を当てている。ASCCの目的は公衆衛生サービス分野での協力促進（SARS＜重症急性呼吸器症候群＞やAIDS＜後天性免疫不全症候群＞のような感染病の拡散防止）や，人口増加率や失業増加，越境環境汚染といった問題の解決における協力の強化である。また，ASEAN各国は科学者や作家，芸術家，メディアの交流を支援し，多文化的性格を持つASEANの伝統を奨励しつつ，地域のアイデンティティを尊重し地域コミュニティの結束を高めることも計画している。

　東南アジア諸国の統合プロセスをさらに一歩進める上で，ASEAN憲章は非常に重要な役割を果たした。ASEAN憲章は2007年に署名され，2008年12月15日に発効した。同憲章は15の目標を定めている（**図表1-2**）。ASEAN憲章によってASEANは法人格が与えられ，国際組織としての存在が強調され，事務局の強化や意思決定過程の改善が行われた。

　以上のように東南アジアの統合モデルを見ると，いくつかの特徴が見出せる。まず初めに，特定の価値観や原則，慣行の集合としてのASEAN（アジア）方式なるものが見えてくる。それは非公式な関係に基づいた意思決定方式であり，欧州では見られない形式である[11]。次の特徴は，ボトム・アップ型のアプローチとソフトな統合である（欧州はトップ・ダウン型で条約に基づくハードな統合である）。その結果，東南アジアでは地域化が基本プロセスとなっている。そして，この地域には民族的商業ネットワーク，生産ネットワーク，下位地域経済圏という3種類の非公式な統合が存在している。

　制度化の度合いが比較的低いことも東南アジアにおける1つの特徴である。このことは，ASEAN加盟10ヵ国中（タイを除く）9ヵ国が第二次世界大戦後

第1章　EUとASEANにおける地域経済統合の比較分析　　19

図表1-2　ASEANの目標

1. 平和と安定の維持・強化
2. 緊密な政治・経済・社会文化協力の促進
3. 域内に核兵器やその他の大量破壊兵器を持ち込ませない政策の遵守
4. 正義・民主主義・調和の原則に則ったASEAN加盟国および人民の平和の保証
5. 統一市場と生産拠点の創設
6. 貧困の削減と開発格差の縮小
7. 民主主義制度や法の支配の強化と，人権および基本的自由の保護・促進
8. 包括的安全保障概念に基づいた国境を越えた全ての脅威や挑戦への効果的対応
9. 持続可能な発展の推進
10. 人的資源開発
11. ASEAN加盟国の富の増加
12. 安全で安定した麻薬のない環境作りのための協力強化
13. 統合プロセスの中にいる人々の支援と，ASEAN共同体の構築
14. ASEANアイデンティティの促進
15. 東南アジア地域の制度的枠組みの下でのASEAN内外の関係における推進力としての，そして開かれた透明性のある組織としてのASEANの中央集権的な機能と積極的な役割の維持

（出所）　ASEAN（2008）.

に主権を獲得したことと関係している。これらの国々は超国家機関に主権を移譲することに消極的で，組織の新設よりも既存の組織を強化することに積極的である。

　ASEAN統合モデルのもう1つの特徴は，国家が社会に対して支配的な地位を占めていることである。市民運動が政府から独立している欧州と比べて，ASEANでは政府が市民に与える影響が非常に強い。また，国家と社会の関係は法的基準というよりは，社会的影響をより受けている。結果として東アジア各国政府は，地域コミュニティとの公式・非公式の関係を保ちつつ，（産業構造の確立を含む）経済発展プロセスを前進する上で主要な役割を果たしていた。東アジアの民間アクターによる独立した（といわれている）活動は，実際には政府の思惑を反映している（Yoshimatsu 2008）。

5 EU および ASEAN における統合の比較分析

　欧州とアジアには多くの根本的な差異があり，EU と ASEAN の統合メカニズムもまた異なっている。これらの差異は両地域の歴史，経済，政治，文化の違いに関連している。文化遺産や歴史的経験，政治体制においてアジア諸国は非常に多様である。その一方で，欧州とアジアの統合プロセスには類似点も存在する。そこで以下では，比較分析を行うために2つの統合モデルの相違点と類似点を明らかにする。

5-1　相違点

　欧州と東南アジアの統合プロセスを見ると，まず統合の契機が異なっていることがわかる。欧州統合の契機となったのは第二次世界大戦とそれに続く冷戦だった。西欧諸国は欧州復興計画（マーシャル・プラン）の受益者となり，計画の産物として欧州経済協力機構（OEEC：Organization for European Economic Co-operation）が誕生した。OEEC の目的は，マーシャル・プランの効果的な実施のための各国間での調整，そして欧州受益国の為替レートの安定化だった。為替レートの安定化については1950年に欧州支払同盟が設立され，経常勘定交換性を復活させた後の1958年に解体されるまで効果的に機能した[12]。欧州統合を深化させたもう1つの要因は共通農業政策（CAP：Common Agriculture Policy）に関連している。1960年代後半，CAP の決済システムに問題が発生したことが，通貨統合に関する決定（ウェルナー・プランから欧州通貨制度，ドロール報告書，そして最終的な経済通貨統合）に繋がった。欧州統合の最後の重要な引き金となったのは，1960年代から1970年代にかけて世界が大きく変化し，欧州が米国や日本（1968年に西ドイツを抜き世界第2位の経済大国になった）に対する支配的な立場を失ったことだった。その結果，欧州は単一市場創設の決定を下した[13]。

　東南アジアの場合，ASEAN を創設した5ヵ国が相互関係を強化しようとした最大の要因は冷戦だった。ASEAN-5 は戦争や紛争が行われている最中に，

地域の政治・経済面での安定を担保することを目指した。また，ASEAN 設立を米国が支持したことも影響を与えた。米国のねらいは東アジア地域における共産主義の拡大に対抗するための「健全な組織」を形成することにあった。最初の ASEAN 首脳会談が開催されたのは，ベトナム，ラオス，カンボジア（カンプチアから改名）で1975年に共産主義者が勝利した翌年の1976年だった。

　冷戦に続いて東南アジアの統合を推し進めた要因は，主に1990年代に世界中で発生した地域主義プロセスだった。欧州では単一市場や経済通貨同盟，欧州経済地域が誕生したほか，北米自由貿易協定（NAFTA：North American Free Trade Agreement），南米南部共同市場（MERCOSUR：Common Market of the South）も創設されている。これらの現状は東南アジアおいて ASEAN 自由貿易地域の創設に繋がった。統合深化の次の契機となったのは1990年代の中・東欧諸国（CEECs：Central and Eastern European Countries）における体制転換だった[14]。EU 加盟を望み単一市場に組み込まれることを望んでいた中・東欧諸国は，海外投資家にとって非常に魅力的な市場になった。そのあおりを受けて対外投資を失い始めた東南アジア地域にとって，再び投資家の関心を引くための策が自由貿易地域の創設だった。

　東南アジアの統合深化の要因を探るにあたり，1997年から1998年のアジア通貨危機の影響を無視することはできない。特に重要なのは国際通貨基金（IMF：International Monetary Fund）と米国の態度だった。ASEAN 諸国は当時，米国から直接財政支援を受けることを期待していた（米国は1994年のテキーラ危機の際にメキシコを支援していた）。しかし米国政府は財政支援を直接は行わないことを決定し，IMF による条件付き財政支援が実施された。これにより，インドネシアのように政治・社会的危機にある国々の経済はさらに弱体化した。他方，マレーシアは IMF の支援を拒否し，非常に迅速な経済回復を実現した。また，日本が1997年に提案したアジア通貨基金は米国政府の反対にあった。米国が反対した公式の理由はダブル・スタンダードを課すことになるから，（非公式な理由としては，アジア通貨基金が東アジアにおける米国の影響力を弱めるものであるから）というものだった。こうした諸要因は，ASEAN，日本，中国，韓国の財政協力を生み出す方向に作用し，チェンマイ・イニシアティブ（CMI：

Chiang Mai Initiative) 成立に繋がった。財政協力の強化には2つの基本目標があった。第1に，国家や企業の銀行制度への依存度を減少させるために，地域の資本市場を発展させること（アジア債券市場育成イニシアティブの枠内で開発基金や地域債券市場の概念を実践すること）である。第2に，短期的な資金ニーズに融資することで投機時の財政流動性を確保すること（CMIの採択や，さらなる多国間化）である。

東南アジアの協力強化を引き起こした最後の要因は，2004年12月26日のスマトラ島沖地震と津波である。これを受けて日本政府は，東アジア各国に対する警報システムの提供を主導した。このことは地域の連帯を高めるためにソフト・パワーを行使した事例だと考えられる。

EUとASEANのもう1つの違いは，統合の順序である。欧州では経済統合プロセスはバラッサの段階（関税同盟，単一市場，通貨経済同盟）に沿って進められた。一方ASEANでは，まず初めに自由貿易地域が設立され，次に中国，日本，韓国，インド，オーストラリア－ニュージーランドとの間で自由貿易協定が結ばれた。同じ時期に，すでに述べた通り，貿易関係を公式化する義務を負うことなる東アジア諸国の財政市場と金融安定性を支えるために，財政協力が開始された。こうした協力形態は政治問題化を避けつつも高い柔軟性を保っている。バラッサの統合段階に基づいた通常の地域主義とは異なり，金融地域主義は手続き確立の段階が修正されている。第1段階は地域流動性基金，第2段階は地域金融システム，そして最終段階はバラッサの段階にもある政治・経済・金融同盟である（詳しくは（Dieter 2000））。

2つの統合モデル間の次の相違点は経済統合の基盤である。欧州では，競争政策がEUの最も重要な政策の1つであり，EU内の統合と市場メカニズムが機能するための土台であった。ASEAN統合の土台となったのはサプライ・チェーンと分業，域内外の企業間で形成される様々なネットワークだった（Zhu 2007）。

ここで，3つの基本的な市場モデルの根本的な違いに触れておく必要があるだろう。東アジアの競争的市場モデルは，欧州の（社会的）モデルや米国の（混合）モデルとは異なっている。アジア・モデルにおいて市場は，戦略的目

標として国家の競争力強化を目論む政府によって管理されている（乗っ取られているわけではない）。したがって，アジアにおける社会スキームは欧州ほど包括的でも高価でもなく，（かならずしも民主的とはいえない環境下で）経済発展が優先される（Mistry 1999）。

　欧州と東南アジアの次なる相違点は，地域内貿易の基盤に関連している。EU には政策主導の貿易差別が存在する。その一例である共通農業政策は，GATT（General Agreement on Tariffs and Trade：関税及び貿易に関する一般協定）第24条から除外されていた。その理由は冷戦期にソ連に対する西欧の力を強めるためだった。しかし，この適用除外が将来的な GATT/WTO（World Trade Organization：世界貿易機関）法のさらなる適用除外の土台となった。ASEAN 地域の域内貿易は市場主導プロセスに基づいている。東南アジア諸国の主要な貿易相手は域外にいるため，「要塞ヨーロッパ（Fortress Europe）」のような「要塞 ASEAN」は ASEAN 経済にとってコストが高すぎる（Plummer, Click 2009）。このことも，ASEAN が地域化と開かれた地域主義を支持する理由である。

　規制方法も欧州と東南アジアで異なっている。欧州では法令上の（de jure）経済統合を基盤としており，統合の制度的側面（地域主義）と関連している。ASEAN では事実上の（de facto）経済統合が協力の礎であり，それは海外直接投資と貿易（地域化）によって進められた。

　この違いを通じて，制度化の度合いという別の相違点が浮かび上がってくる。欧州では既述のような複数の制度の他にも多くの機関や制度が存在している。たとえば，欧州環境庁や欧州食品安全機関，欧州不正対策局，EU 知的財産庁，欧州防衛機関，欧州化学機関，欧州対外国境管理協力機関，等がある。ASEAN の主要な機関は，インドネシアの首都ジャカルタにある ASEAN 事務局であり，1976年に設立され ASEAN 事務局長に率いられている。後に ASEAN 憲章によって ASEAN の組織構造が定められた。憲章の第4章には，ASEAN 首脳会議，ASEAN 調整理事会，ASEAN 分野別大臣会合，ASEAN 常駐代表委員会，ASEAN 人権機構，ASEAN 基金に関する条文が含まれている。しかし，ASEAN は未だに組織として脆弱すぎると捉えられているため，

24 第Ⅰ部 比較地域統合論

ASEAN 共同体，特に AEC に合わせて即座に強化する必要がある（SIIA 2015)[15]。

次の相違点は加盟ルールである。EU に加盟するためには，まず初めに（EU 加盟のため）コペンハーゲン基準を満たし，次いで（欧州経済通貨同盟に参加するため）収斂基準を満たす必要がある。一方，ASEAN 加盟は政治的な決定であり，個々の事例に応じて判断される。

続いて，リーダーシップも 2 つの統合モデルでは異なっている。欧州における統合プロセスを牽引してきたのはドイツとフランスである。この 2 ヵ国の立場は EMU 加盟によってさらに強化された。ASEAN では単一のリーダーは存在せず，ASEAN-5 が加盟国の中で中心的な役割を果たしている。東アジア地域全体を見渡すと，主要な役割を演じているのは日本と中国の 2 ヵ国だろう。日中の政治・外交におけるライバル関係は，地域における貿易協定締結に向けた活動の主な決定要因とみなされている。また，地域の支配権をめぐる両国の対立を受けて，ASEAN は東アジアにおける自らの中心性を高めようと努力を続けている。

その他に，両地域における米国の政策も相違点の 1 つである。米国の西欧諸国に対する経済支援等は地域全体の強化をねらったものだった。マーシャル・プランや CAP に対する特恵は特に，こうした米国の姿勢を反映している。他方で ASEAN 各国に対する米国の支援は，個別的なものであり冷戦対立に起因する地域の分断と関連していた。東アジアは米国の影響下にある地域（香港，フィリピン，日本，マレーシア，インドネシア，シンガポール，韓国，台湾，タイ）と，ソ連の影響下にある地域（カンボジア，ラオス，ベトナム，北朝鮮，中国）に分かれていた。米国の個別的な支援手法は現在でも残されている。

両地域間の最後の相違点は地域のアイデンティティである。欧州では，共通の文化的繋がりに支えられて，長い間非常に強固なアイデンティティを保ってきた。中世以来，キリスト教国間の関係は欧州の国際協力の礎となってきた。その後，欧州キリスト教国はイスラム教国の侵攻から欧州を守るために団結した。キリスト教の精神は欧州の文学，芸術，教育，化学，哲学，音楽に非常に大きな影響を与えている。その一方で東南アジア地域のアイデンティティは，

欧州と比べてはるかに脆弱である。それは，東南アジア各国の文化や社会が大きく異なっているという事実に起因している。宗教を例にすると，フィリピンではキリスト教が，ブルネイ，インドネシア，マレーシアではイスラム教が，ミャンマー，カンボジア，ラオス，タイでは仏教が支配的な宗教である。

5-2　類似点

欧州と東南アジアの統合プロセスに見られる類似点として最初にあげられるのは，プロセスを開始する要因である。これらの要因は政治的文脈で考える必要がある。両地域とも，協力を開始した大きな理由は地域内の敵対関係を抑え込むことだった。欧州においてそれは独仏の対立であり，普仏戦争（1870－1871）と2つの世界大戦という3回の戦争を経験することとなった。東南アジアではインドネシアによる侵略が発生していた。したがって，それぞれドイツとインドネシアを統合プロセスに取り込むことは，将来的に政治・経済・社会関係を発展させるための安定した環境を生み出すことになった。

次の類似点は柱構造である。両地域とも3本柱構造が導入されたが，EUではリスボン条約によって統合された組織構造の中に組み込まれた。2つの統合モデルにおける柱を比較すると，アジアでは文化的側面が，欧州では政治的側面の重要度が非常に高いことがわかる。

単一市場創設という考えも両地域に類似している。欧州では単一欧州議定書によって単一市場が創設され，既述の4つの自由（人，モノ，資本，サービス）に支えられていた。ASEANでは単一市場はASEAN経済共同体の一部であり，加盟国間での商品，サービス，投資，資本，熟練技術者の自由移動が保証されている。

EUとASEANの旗も類似点の1つである。EUの旗は1955年に欧州評議会によって採択され，1980年代に欧州議会ならびにEU加盟国首脳によって採用された。この旗は12個の金色（黄色）の星が（統一の象徴である）円環状に青地に配置されている。星は欧州の人々の団結と調和を象徴している。ASEANの旗でも加盟国の団結を象徴する円が採用されている。旗は4色で構成されており，白は純粋，黄色は繁栄，赤は活力と勇気，青は安定と平和を象徴している。

26　第Ⅰ部　比較地域統合論

　次なる類似点は議長国である。EU では議長国の任期は半年（1月から6月，7月から12月）で輪番制となっている。2020年までの議長国は，オランダとスロバキア（2016年），マルタと英国（2017年），エストニアとブルガリア（2018年），オーストリアとルーマニア（2019年），フィンランドとドイツ（2020年）となっている。以前の議長国は大きな役割を担っていたが，リスボン条約の発効により欧州理事会常任議長と EU 外務・安全保障政策上級代表という2つの役職が創設されたことにより，その役割は大幅に縮小されている。

　ASEAN 議長国は1年任期であり，加盟国の英語表記に基づいてアルファベット順でローテーションしている。2016年の議長国はラオス，2017年はフィリピン，2018年はシンガポールとなっている。議長国は ASEAN 首脳会議，ASEAN 調整理事会，ASEAN 共同体評議会，ASEAN 常駐代表委員会，ASEAN 分野別大臣会合等を開催する。議長国が担う役割は，ASEAN の中心性確保や ASEAN を代表し対外関係を強化すること，ASEAN に影響を及ぼす可能性のある緊急かつ危機的状況において，即座に効果的な行動を起こすこと等が含まれている。また，ASEAN の公式言語には英語が用いられている[16]。

　その他にも公式の歌を制定している点も類似している。EU の歌はルートヴィヒ・ヴァン・ベートーヴェンが1823年に作曲した交響曲第9番の一部で，歌詞にはフリードリヒ・シラーが1785年に発表した「歓喜の歌」が用いられている。EU の旗と同様に，欧州の歌も欧州評議会によって採択された。一方，ASEAN の歌である "the ASEAN Way" はキッティクン・ソドプレザートとサンパウ・トリウドムが作曲，ペイオム・ワライパッチュラが作詞したものである。歌詞は英語だが，ASEAN 事務局は加盟各国の言語への翻訳を奨励している。この歌は，ASEAN 加盟国内での選考を経て2008年に採択された。

　EU と ASEAN はそれぞれ「ヨーロッパの日」と「ASEAN の日」を制定している。「ヨーロッパの日」はロベール・シューマンがシューマン宣言を発表した5月9日である。「ASEAN の日」は8月8日に制定されているが，これは ASEAN 設立を定めたバンコク宣言が署名された1967年8月8日にちなんでいる。

　また，EU，ASEAN ともに標語を定めている。EU の標語は「多様性の中

第 1 章　EU と ASEAN における地域経済統合の比較分析　27

の統合（United in Diversity）」である。そこには，欧州の平和と繁栄を保証し
文化や伝統，言語といった財産を守るために，欧州の人々はともに行動すべき
だという意味が込められている。この標語は2000年に初めて登場し，すべての
EU 公式言語で表現されている。ASEAN は「１つのビジョン，１つのアイデ
ンティティ，１つの共同体（One Vision, One Identity, One Community）」を標
語としている。これは2005年12月にクアラルンプールで開催された第11回
ASEAN 首脳会議で決定された。同首脳会議の最大の成果は ASEAN 憲章の
制定宣言だった。

6　おわりに—EU 統合プロセスからの教訓

　以下では結論として，数十年にわたる EU 統合プロセスから東南アジア諸国
への教訓を導き出したい。
　まず初めに，友好と平和の重要性である。欧州統合の出発点となったのはフ
ランスとドイツ連邦共和国との和解だった。両国間の協調を支持していた一人
が，当時の仏外相シューマンだった。彼は1950年５月９日に独仏協調を訴えた
シューマン宣言を発表し，他の欧州各国にも協調体制への参加を呼びかけた
（仏独間の最大の問題はザールラント州の地位だった）。
　統合プロセスを政治的に支持する義務を相互に負うことも非常に重要である。
協定を交渉・署名し，決定や法律を執行するのは政治家の役割であるため，統
合プロセスは政治家によって支持されていなければならない。ASEAN におけ
る CLMV グループのような，統合プロセスに参加している経済的に脆弱な
国々にも焦点を当てた政策を主導するためには，強いリーダーシップが求めら
れる。
　コア・グループを確立することも欧州の経験から得られる教訓の１つである。
東アジア全域にわたって，日中の対立関係が存在しているため，ASEAN+３
諸国の統合の核となるのは ASEAN であるように思われる。「ASEAN の中心
性」の強化は ASEAN 首脳会議，ASEAN+３首脳会議，さらには東アジア首
脳会議においても言及されている。他方，ASEAN のコア・グループは

ASEAN-5であり，これらの国々がどの程度，統合プロセスを他のASEAN加盟国，特にCLM諸国の利益になる形で進められているのか疑問が残る。統合プロセスの恩恵はすべての加盟国と各国の社会が認識できるものでなければならない。

　次の教訓は制度の重要性である。統合プロセスを深化させる際，制度は特に重要な役割を果たす。欧州連合の父の一人であるジャン・モネが述べたように，「人がいなければ何もできないが，制度がなければ何も続かない」のである。そして，実際の制度は必要なものであり，中立的，客観的でよく組織され統治されていなければならない。EUの場合は，立法権（欧州議会やEU理事会），行政権（欧州委員会），司法権（EU司法裁判所，一般裁判所）の間で三権が分立されている。しかし，アジアは欧州（もしくは非常に覇権的な米国）と比べて遥かに多様な地域であるため，制度構築のコストが高い。それゆえに，東南アジアでは非制度的な経済協力体制が構築された。

　欧州からの次の教訓はポリシー・ミックスに関連している。通貨協定は，適切な構造改革と連携のとれたマクロ経済政策，特に会計・金融政策に支えられていなければならない。ユーロ危機によって経済政策の不備が明らかとなり，欧州における政策の連携・調和の度合いが不十分であることが示された。そのことが，EMU内の危機を深刻化させる結果となった。

　ユーロ危機からは，もう1つの教訓が導き出される。それは，経済政策管理があまりうまくいっていない通貨同盟加盟国が信頼性を取り込む危険性である。ユーロ危機時のEMU内で，ギリシャやスペイン，ポルトガルのような経済的に脆弱な国々は，ユーロの信頼性を利用してユーロ建てで国債を発行した。つまり，いわゆる南欧の国々は，欧州最大の経済大国であるドイツを含むユーロ圏の安定性が保証されていることから利益を得ているのである。

　次に，域内消費を促すことも重要である。なぜなら，域内消費が増加することで，（2008年の世界金融危機やユーロ危機の際に発生したような）米国あるいはユーロ圏における需要の減少のような外的衝撃から地域を守ることができるからである。現在，国内需要を拡大させる政策は中国が実施している。しかし，東南アジア諸国が域内消費を増加させる上でまず取り組むべき課題は，地域内

第1章　EUとASEANにおける地域経済統合の比較分析　29

での一人当たりの収入の格差を減らすことである。

　加盟各国にとって効率的かつ利益となるような形での貿易自由化も，教訓の1つである。しかし，東アジア地域について考える際，経済構造には特に注意を向けなければならない。地域には第一次産業（農業，林業，漁業）に従事している国もあれば，シンガポールのように第三次産業（サービス）に依拠している国もある。すべての加盟国が貿易自由化の恩恵を受けられるようにすべきである。そうでなければ，一部の加盟国は統合プロセスに参加する意味を失ってしまうだろう。

　このことは国内改革への関与と関連してくる。域内で自由貿易経済や市場メカニズムを導入せずに，加盟国間での協力実現，政策の調整や共通政策の実現，ないし統合プロセスの深化を行うことは非常に困難である。この観点から，ASEAN連結性マスタープランの採択は必須である。

　貿易の経済効果を認識することで，経済統合プロセスに参加することによる利益の享受と経済成長および発展を実現させることも重要である。その際に，統合プロセスの適切な方向性を予測することが大きな課題となる。そのためには，加盟各国の経済が持つ特徴や依拠している産業の種別をすべて考慮しなければならない。ある分析によれば，すべての産業における完全な貿易自由化はCLM諸国の経済損失につながる。しかし，自由化が貿易促進および技術支援プログラムと並行して進められた場合には，これら諸国もわずかながら利益を得ることが可能となる（M. Ando 2009）。

　共通のプロジェクトにおいて，すでに有している資源を蓄えておくことも，東南アジア諸国にとっての教訓となるだろう。東南アジアでは工業政策や農業政策を発展させるのみならず，資源やノウハウを共有しつつハイテク産業を伸ばしていくことが重要となる。たとえばEUでは，学際的研究プロジェクトが進められている。

　最後に，統合プロセスの敗者に対する保証が確保されていなければならない。多くの研究が示しているように，農産物と工業製品の両方に及ぶ東アジア地域包括的経済連携が実現すれば，CLM諸国のような東南アジアの最貧国は経済的な損失を被ることになるだろう。そのような国々に対し欧州では，1970年代

30 第Ⅰ部 比較地域統合論

に後進国に対する保証の一種として結束政策が生み出された。こうした支援は，開発格差を是正することによって東南アジアの地域アイデンティティ強化に寄与するだろう。

●注────────────────

1 経済同盟は共通の中央銀行設立による金融ないし為替レート政策の調整（ないし統一）によって補完され得る。これは，通貨同盟（互いに為替レートが固定された場合）や，統一通貨が導入された場合には完全な通貨同盟（通貨統合）に繋がる。その後，経済通貨同盟が創設される。

2 EFTA は1960年に7ヵ国（オーストリア，デンマーク，ノルウェー，ポルトガル，スイス，スウェーデン，英国）によって創設された。1968年には加盟国内での工業製品に関する自由貿易地域が設定された。現在，EFTA 加盟国はアイスランド，リヒテンシュタイン，ノルウェー，スイスの4ヵ国。

3 これにノルウェーも加わる予定だったが，ノルウェーは国民投票で参加を拒否した。

4 これ以前の欧州議会議員選挙は間接選挙で，加盟各国議会が議員を選出していた。

5 アルジェリア，キプロス，モロッコ，チュニジア。

6 エジプト，ヨルダン，シリア。

7 4つの収斂基準が定められた。国家財政については，国債が対 GDP 比で60％を超えてはならず，また政府赤字が対 GDP 比で3％を超えてはならない。為替相場については，ERM 2 の枠内で2年間にわたり安定した為替レートを維持し，同期間中に通貨の切り下げを行ってはならない。インフレーション率については，当該国のインフレ率が EU 加盟国内で最もインフレ率が低い3ヵ国の平均値を1.5％上回ってはならない。長期金利については，その国の名目長期金利が EU 加盟国内で最も金利が低い3ヵ国の平均値を2％上回ってはならない。

8 この時点で EMU 外だった国々は，英国，デンマーク（両国とも適用除外規定により），ギリシャおよびスウェーデン。その後，ギリシャ（2001年），スロベニア（2007年），マルタ，キプロス（ともに2008年），スロバキア（2009年），エストニア（2011年），ラトビア（2014年），リトアニア（2015年）が参加し19ヵ国となっている。

9 2009年12月1日以降，第一審裁判所は独立した機関としては存在せず，欧州司法裁判所の一部となり一般裁判所へと呼称が変更された。

10 冷戦終結後の数十年にわたりアジア各国が「共同体」概念に反対していたことは特筆すべきである。「共同体」は「統合」と同様に欧州共同体を連想させ，したがって超国家機関への主権の移譲を想起させる言葉だった。そこで1990年代初頭に当時マレーシア首相だったマハティールは「グループ（東アジア経済グループ）」の創設を提案し，後に「コーカス（東アジア経済コーカス）」に名称を変更している。しかし，マーストリヒト条約により EU が創設されると，「共同体」に対するネガティブな態度は徐々に変化していった。

11 こうした意思決定方式の源泉は，妥協（musyawarah）と合意（mufakat）に基づくマ

レー文化の意思決定概念にあるといえる。

12 1960年に OEEC は米国とカナダを正式に加える形で改組され，経済協力開発機構（OECD：Organization for European Economic Cooperation）になった。

13 1970年代の欧州は「欧州硬化症（Euro-sclerosis）」とよばれている。この用語が示すものは，欧州統合と雇用創出の鈍化である。

14 CEECs とは，アルバニア，ブルガリア，クロアチア，エストニア，ハンガリー，ラトビア，リトアニア，ポーランド，ルーマニア，チェコ共和国，スロバキア共和国，スロベニアの総称である。これらの国々の中で最初に体制転換が実現したのは1989年のポーランドだった。

15 ASEAN はこれまでにアジア太平洋地域において，ASEAN＋3や ASEAN 地域フォーラム（ARF）のような自らが主導する制度を生み出している。

16 EU は統合プロセスの初期には公式言語は4言語（オランダ語，フランス語，ドイツ語，イタリア語）のみだったが，現在ではその数は24言語になっている。

●参考文献

Ando, M. (2009), *Impacts of FTAs in East Asia: CGE Simulation Analysis*, RIETI Discussion Paper Series 09-E-03, The Research Institute of Economy, Trade and Industry, July.

ASEAN (2003), *Declaration of ASEAN Concord II (Bali Concord II), Bali*, Indonesia, 7 October.

ASEAN (2008), *The ASEAN Charter*, ASEAN Secretariat, Jakarta, Indonesia, January.

Balassa, B. A. (1961), *The Theory of Economic Integration*, Richard D. Irwin, Homewood.

Bożyk, P. and J. Misala (2003), *Integracja ekonomiczna*, PWE, Warszawa.

Dieter H. (2000), *Monetary Regionalism: Regional Integration without Financial Crises*, CSGR Working Paper No. 52/00, May.

EC (2016), *The European Commission*, http://ec.europa.eu

Mistry, P. S. (1999), "The New Regionalism: Impediment or Spur to Future Multilateralism?", in Hettne, B. and A. Inotai, O. Sunkel, eds., *Globalism and the New Regionalism*, Palgrave Macmillan, London.

Plummer, M. G. and R. W. Click (2009), "The ASEAN economic community and the European experience", in K. Hamada, B. Reszat, U. Volz, eds., *Towards Monetary and Financial Integration in East Asia*, Edward Elgar Publishing, Cheltenham, Northampton.

SIIA (2015), *Strengthening ASEAN Institutions for ASEAN 2015 and Beyond*, Singapore Institute for International Affairs, January.

Yoshimatsu, H. (2008), *The Political Economy of Regionalism in East Asia. Integrative Explanation for Dynamics and Challenges*, Palgrave Macmillan, New York.

Zhu, J. (2007), "Enlightenment of European Integration to ASEAN+3", in Dong, L. and G. Heiduk, eds., *The EU's Experience in Integration. A model for ASEAN+3?*, Peter Lang, Bern.

第 2 章

比較の中の ASEAN
―EU は ASEAN のモデルなのか

◆

1 はじめに

　本章は ASEAN を比較地域主義，特に EU との比較という文脈に置いてみることによって，その特徴を再考するものである。具体的には，「EU は ASEAN のモデルである」あるいは「ASEAN とは遅れた EU である」という見解がどの程度妥当であるか，という問題を検討したい。

　EU はしばしば最も「進んだ」形態の統合であり，地域主義の「モデル」だとされてきた（Rosamond 2005）。例えば，いわゆる地域統合論と呼ばれる分野において60年代から70年代にかけて盛んに提唱された「新機能主義」といった理論はまさに「モデルとしての EU」という意識が背景に存在した。すなわち，統合をめぐる一般理論としての体裁をとりながらも，それは実際には進行しつつある欧州統合の過程を抽象的に記述したものであり，理論の他地域への応用とは「欧州で起こっていることがその地域でも起こっているか」を検証するものにすぎなかった（Haas and Schmitter 1964）。関連して，ASEAN は EU のようになろうとしながらもまだその道半ばである，という語り口がなされることが多い。これは新聞報道などの一般のメディアでも，研究者でも同じである。

　他方，EU は独自（*sui generis*）の政治体であって比較の俎上には乗らない，という議論も多い。あるいは ASEAN 研究者の側からも EU と ASEAN はそれぞれ独自の道を行っているのであって，ASEAN を「遅れた EU」だと見なすことはできないという反発の声もしばしば聞かれる。

第 2 章　比較の中の ASEAN　　33

　そのような中，本章の目的は「EU は ASEAN のモデルである」という見解を検証する，あるいはどの分野においてはそれが当てはまるのかを極力丁寧に腑分けすることにある。そのことは「ASEAN は EU を目指しており，道半ばである」とする見解に対しても，あるいは「EU と ASEAN はそもそも比較できない」とする見解に対しても，何らかの示唆を与えることになるであろう。そして，ひいては ASEAN のより正確な理解に資することになると考える。

　このような問題意識に取り組むためには，大きく分けて 2 つの方法が考えられる。1 つは研究者の側で地域主義を比較するための適切な理論あるいは「物差し」を用意して，その下に ASEAN と EU を分析する方法である。もう 1 つは，ASEAN 諸国の主観を探り，当事者本人（例えば首脳や外相）が「EU は自分たちのモデルである」という認識を有しているかどうかを経験的に明らかにする方法である。以上 2 点は，作業としては別種のものであるが，分析上は補完関係にある（特に，EU は ASEAN のモデルとして理解できるのか，という問題設定について筆者自身が客観的な分析を行った後に，それを当事者の認識からも検証するという意味で，後者が前者の議論を補完することになる）。

　まずは次節で ASEAN 協力の歴史を簡単にまとめてみたい。

2　ASEAN の半世紀—素描

　1967年に設立された ASEAN の歴史はおよそ半世紀に及ぶ。では，その半世紀で ASEAN は何を目指し，何を達成してきただろうか[1]。

　地域制度にはいくつかの機能あるいは形態がありうる。網羅的でも相互排他的でもないが，議論の補助線として 4 類型ほど指摘してみたい。第 1 に，加盟各国が協議するためのアリーナを提供する「場としての地域制度」である。すなわち，定期的に顔を合わせるという外交チャネルの提供という機能である。第 2 に，地域における国際関係のあり方について定めた「合意の束としての地域制度」が考えられる。フォーマルな条約であれインフォーマルな約束であれ，積み重ねられる合意を地域制度と見なすわけである。第 3 に，加盟国とは別個の存在として地域制度そのものが自律的に行動し地域協力に影響を与える「域

内協力における独立主体としての地域制度」である。加盟国から権限を委譲された事務局や裁判所によるアジェンダ・セッティングや紛争解決などがこれに当たる。すなわち，域内協力の調整や推進を行う主体としての地域制度である。第4に，加盟国が一体となって国際的に行動する「対外的主体としての地域制度」がある。典型的には地域制度が法人格を持って条約を締結したり国際会議に出席したりすることが挙げられるだろう。すなわち，域外に対して影響を行使する単一の主体としての地域制度である。

　1967年からの10年間ほどの「初期ASEAN」は「場」としての機能が主であった。すなわち，相互不信と域内対立に苛まれる原加盟5ヵ国の外相に対して継続的な外交チャネルを提供し信頼醸成を進める，というのがこの時期のASEANの機能である。そのため同時期のASEANは年次外相会議を軸とする会議外交のための機構であり，組織としては極めて簡素なものであった。さらには，「合意」についても目立った成果はない。この時期のASEANは加盟国間の取り決めの上で「何かをする」ための制度ではなく，あくまで武力行使や内政干渉の自制を含め「何をしないのか」を確認しあう制度であった。

　このような域内安定化の試みは，76年に初めて開かれたASEAN首脳会議とそこで採択された「東南アジア友好協力条約」並びに「ASEAN協和宣言」で一応の達成を見ることになる。このように深刻な域内対立を克服する際に有用であったのが，いわゆる「ASEAN Way」と呼ばれる，内政不干渉原則やコンセンサス方式による意思決定を中心とする加盟国の主権尊重を最優先する規範である。信頼醸成が主眼となっている以上，あくまでASEANに属することには何のコストもかからないような形態にすることには合理性があった。

　その後，ASEANは停滞期に入る。76年以降に行った種々のASEANベースの経済協力プロジェクトは国益の衝突の結果，ほとんど成果を上げなかった。そういった中，ASEANは70年代末から80年代にかけての第三次インドシナ紛争への対応において「対外的主体」として活動することに意義を見出すことになる。加盟国内においても対応をめぐる熾烈な対立を抱えていたものの，ASEANは少なくとも対外的にはまとまりを見せ，国際社会においてベトナムのカンボジアへの侵攻に反対する活動を積極的に行った。この活動によりそれ

まではほとんど注目を集めていなかった ASEAN は知名度と評判を獲得するに至る。したがって域内協力はほとんど深化しなかったものの，第三次インドシナ紛争という外生的な問題への対応に終始したのが80年代であった。

1990年代には ASEAN は劇的な変化を遂げる。第1に，92年の第4回首脳会議以降，本格的に経済協力へと踏み出すことになる。そこでは域内関税率を原則5％以下に引き下げるという ASEAN 自由貿易地域（AFTA）を翌年から15年間で創設することに合意した。ASEAN という「場」において顔を合わせ信頼醸成をすることではなく，具体的な機能的協力のための合意を定め，履行していくことが重要になってきたのである。また，それを受けて ASEAN の機構改革も行われた。具体的には，事務局の強化，事務総長の権限強化，首脳会議の定例化，などである。

第2に，加盟国が拡大した。すでに84年にはブルネイが加わっていたが，95年にはベトナム，97年にはラオスとミャンマー，99年にはカンボジアがそれぞれ加盟し，ASEAN は東南アジア全域を覆うに至った。

第3に，広域的な地域枠組みの構築である。ASEAN は中小国の集まりでありながら，すでに70年代末からアメリカや日本，EU などの域外大国を拡大外相会議という形で毎年東南アジアに呼びよせる仕組みを実現していた。これは他地域にも例のないことである。さらに，89年のアジア太平洋経済協力（APEC）や94年の ASEAN 地域フォーラム（ARF）といった自らを包摂するような地域枠組みの創設や制度設計に多大な影響力を発揮した。

2000年代以降の ASEAN は共同体の構築がメインテーマとなる。すなわち，2015年末までに政治安全保障・経済・社会文化の3つの分野の共同体から成る「ASEAN 共同体」を創設する試みである[2]。この時期の ASEAN の主たる試みは大きく2つにまとめることができる。

1つは機能的協力の進展という1992年以来の志向性である。すなわち，信頼醸成のための「場」であることを超えて，ASEAN ベースでさまざまなプロジェクトを企画・合意し，履行していくということである。その典型例が域内経済統合である。すなわち，人，物，サービス，資本という幅広い分野にわたっての自由な移動の促進である。上記の3つの共同体の中でも最も重視され

ているのは経済共同体であり，ASEAN協力において経済分野の持つ意味はかつてないほどに大きい。なお，域内貿易比率の低いASEANにおける経済統合は，基本的には外資の呼び込みをねらったものである。90年代であれば冷戦が終わったことによってインドシナへ，近年のASEAN経済共同体（AEC）であれば中国やインドへ，それぞれ外資が流れ込んでしまうことを懸念して域内経済統合は進んできた。

　他方，安全保障協力においては伝統的な国家間安全保障は後景に退き，主眼はテロ対策や感染症対策，災害管理などの総合安全保障の分野へと移りつつある。このような変化とともにASEAN関連会議の数も急激に増大し，2000年には300回，2007年には700回，そして2012年には1,000回を超えた。かつては年に1回の外相会議がほとんど「ASEANそのもの」であったことを考えるとまさに隔世の感がある。

　機能的協力の重要性が増し，会議数も激増してくると，より効率的な組織への改革も必要になってくる。それへの対応が2008年に発効したASEAN憲章である。具体的には法人格の獲得や，事務局の権限強化，常駐代表の設置などの措置が取られた。また，内政不干渉やコンセンサス方式という伝統的な規範も議論の俎上に載せられている。さらに，人権については2009年に人権概念の普及という機能を担うASEAN政府間人権委員会が創設された。

　もう1つの流れが域外関係における中心性の維持である。この時期にもASEANは2005年に東アジア首脳会議（EAS），さらに2010年には拡大ASEAN国防相会議（ADMMプラス）を創設し，広域的な協力を主導してきた。経済面ではASEANは2000年代に入ってから域外国と次々に「ASEAN＋1」の形でFTAを結び，東アジアにおける自由貿易網のハブとなってきたが，現在はそれらを東アジア地域包括的経済連携（RCEP）という形で一本化しようとしている。2000年代以降は中心性を目指すことが公式文書でも明記されるようになっており，ASEANの志向性としては中核的なものになったといえる。

　このように，経済分野を中心とする機能的協力の推進と域外関係における中心性の確保が現在のASEANの活動における焦点となっている。

3　ASEAN・EU の比較分析
―制度化の程度が低いことは非効率的なのか

　本節以降は本章の課題である「EU は ASEAN のモデルなのか」という問題に取り組むことにする。まず，本節では理論的な考察から接近してみたい。

3-1　地域主義を比較することの難しさとその対応策

　1980年代後半以降の「地域主義の第二の波」を受けて，90年代以降，地域主義の理論的研究にも第二波が訪れている。この地域主義研究の第二波は，第一波における新機能主義に代表される理論群と比べると遥かに雑多な研究アプローチを含んでいるため決して一枚岩ではないのだが，特徴としては①グローバル化の進展という現実の変化を受けて地域主義の担い手として国家だけではなく非国家主体も含めている，②EU 中心主義からの脱却（EU の経験から理論を帰納的に導出しない），③国際政治経済への傾斜，などが挙げられる。

　ただ，筆者の見るところ，現段階ではこの地域主義研究の第二波は理論化という意味では目立った成功を収めていない。すなわち，世界各地の地域主義に横断して当てはまるような理論構築には成功していない。たとえば地域主義に関する学術的な編著は，序章と終章には一応理論的な章が配置されているものの，各地域の章においてはそれぞれの専門家がそれぞれの視点から分析を行っており統一的な視点を欠く，という例が少なくない。

　理論化がうまく進まない理由としては，まず EU 中心主義から脱却したがゆえの困難が挙げられる。すなわち，EU の扱いが難しい，ということである。欧州統合が理論の源泉を独占しなくなったとはいえ，それでも統合という観点から見たときに EU が突出した存在であること自体は変わらない。そのため，ほとんど「外れ値」ともいえるような存在である EU を地域主義の一般理論にどう組み込むかという問題が生じる。そもそも，EU は地域主義の中で比較するべきものではなく，政治システムとして他の主権国家と比べるべきだという議論もある（Hix 1994）。そのように EU を比較地域主義の枠で論じることの妥

当性から検証しなければならないとなると，議論は一層複雑化する。また，EU中心主義からの脱却は地域主義の語り口における「定点」の喪失につながったともいえる。比較地域主義という分野内で共通の言葉遣いがなくなってしまった。

　しかし，比較地域主義における最大の困難は，「地域主義」に含まれるものが極めて多様であることだろう。「地域主義」の定義の1つに「一義的には国家によって主導される，少なくとも3ヵ国以上の間での公式の地域制度および地域機構を創設し維持するプロセス」というものがある（Börzel and Risse 2016, p.7）。問題はこの定義がいわば同一の地域に属するという「メンバーシップ」に由来しており，協力の対象となる「分野」ではない，ということにある。したがって，協力分野が安全保障（同盟なり協調的安全保障なり集団的安全保障なり）であろうと経済（貿易なり金融なり）であろうと環境問題などであろうと，すべて「地域主義」の範疇に入ってしまうことになる。そうなると，どこまでを「地域主義」と見なすかという集合の外延の不確かさという問題を仮に置いておくとしても，おおよそ比較することに意味がないものまで含まれることになってしまう。たとえば，NAFTAとNATOの両方に当てはまるような一般理論の構築を試みることに意味があるだろうか[3]。

　このような中，比較地域主義において何らかの理論を提示する際には，理論が対象とする事例群を「地域主義」という集合の中の一部へと絞り込むことが必要になって来るのではないかと本章では考える。実際，地域主義研究の第二波においては「地域主義」の意味を狭く「特恵貿易協定（PTA）」に限定しているものが相当数存在する。そうなると，たとえば「民主主義国家が多ければ地域主義を形成しやすい」「拒否権プレーヤーが多ければ形成しやすい」といった形で比較的ソリッドな理論化が可能になる。

　もっとも，対象の絞り込みをPTAに限定する必要はない。重要なのは，志向性を統一した上で，その成否や手段の差異をもたらしたものを明らかにすることである。すなわち，「同じものを目指しながらも」というところを統一して，その上で地域間の差異を分析するということである[4]。以下ではこのような視点からASEANとEUを見てみたい。

3-2 ASEANとEUの比較—安全保障分野における制度化

　ASEANとEUについては数多くの相違点を挙げることができる。統合度合いの差，人権・民主主義規範をとるのか主権尊重をとるのか，市民の参加度合（例えば欧州議会の存在），市民レベルで共同体意識（地域アイデンティティ）があるかどうか，協力分野の拡大の仕方の違い（欧州では経済協力の後に安全保障協力へと広がったのに対し，ASEANでは安全保障分野における信頼醸成の後に経済協力へ広がった），などである。そのような中，両者の違いとして最も注目されてきたのが制度化の度合いだろう。ここでは制度化を「共同管理（pooling）」と「委譲（delegation）」という2つの指標から測る見方をとりたい（Börzel and Risse 2016, p.7）。前者は主権の共同管理，より限定していえば共同意思決定の問題であり，拒否権を認めずに多数決による意思決定を採ることを指す。後者は権限と主権を超国家機関へと移すことである。この2つのいずれの意味においても，EUは制度化が進んでおり，ASEANは制度化が進んでいないということになる。そしてこのことがEUをASEANのモデルだと考える際の参照点になっていることが多い。すなわち，フォーマルで超国家的で制度化の度合いの高いEUは「進んで」おり，インフォーマルで主権に拘泥し制度化の度合いの低いASEANは「遅れて」いる，というわけである。

　他方，制度化の程度が低いASEANのあり方がEU的な地域統合へのある種の「代替モデル」を提示しているのだ，という議論もある（Acharya and Johnston 2007, p.268）。この背景には，EUとASEANは両地域ともに地域主義の「成功例」「代表例」として見なされている，ということがある。制度化の低さは決して非効率的なものではなく，ASEANの制度化が低い地域主義のあり方もまた別種の成功モデルとして考えてよいのではないか，と主張するのである。

　このように「EUはASEANのモデルなのか」という問題は制度化の捉え方が軸になっている。だが，本章では制度化の度合いそのものを評価することには意味がないと考える。あくまで重要なのは前項で述べたように志向性を踏まえる，つまりその地域の制度化の度合いがその地域が設定した目標の達成にどのように影響（貢献なり妨害なり）したのかを考察することではないだろうか。

40　第Ⅰ部　比較地域統合論

　その意味でまず考えなくてはならないのは，両者がともに「成功例」だと見なされるとして，一体何に成功したのか，ということである。

　答えとして挙げられるのは域内平和だろう。戦争に明け暮れてきたヨーロッパにおいて欧州統合が安全共同体（security community）の構築を実現したことはよく指摘されているが，ASEAN においても加盟国の武力紛争はほとんど起こってこなかったし，ASEAN は萌芽的な安全共同体を構築したのだという議論も存在する（Acharya 2014）。原加盟国が深刻な相互不信を抱えていたことを考えると，ASEAN において長期の平和が保たれてきたことは確かに達成であるというべきである。したがって，上で述べたように志向性のレベルで平仄を合わせるならば，ここで問うべきは，なぜ同じように域内平和を志向しながらも制度化の度合いには大きな差異が存在するのか，ということになるだろう。EU では加盟国の主権を委譲するという「統合の平和」が目指され，ASEAN では徹底して加盟国の主権尊重を確認しあうという「分権の平和」が目指された。それはなぜだろうか。

　この点については，ASEAN における域内国際関係の安定化とは，何よりも国家形成の進展という国内秩序実現のためであったということが重要である（山影 1987，湯川 2011）。当時の ASEAN 諸国は互いの相互不信とともに，国内では依然として国家建設の途上にあり共産主義勢力をはじめとする反政府勢力の脅威を抱えていた。したがって，国内問題に専念し，安定した環境の下で経済成長を実現することによって政府の正統性を確保する必要があった。そのためにも国際関係を安定化させる手段として ASEAN による信頼醸成が求められたのである。その意味ではまずは主権を強化するための地域主義であって，そこに主権の移譲という発想がないのは至って当然である。まとめると，域内平和を目指すという意味では同じでも ASEAN ではその背景に国家形成という急務が存在したことが EU との大きな違いであり，それが両者の制度化の差につながったのである。

　また，このような文脈では ASEAN Way は合理的な手段であったと考えられる。内政不干渉原則をはじめとして各国の主権を互いに尊重しあい，コンセンサス方式をとって自国の国益に反する決定がなされる可能性を排除すること

は，深刻な相互不信の中で信頼醸成を進めるための環境としては妥当であろう。特に，当時の ASEAN 各国が権威主義体制からなっていたために対外政策が世論などから切り離された一部のエリートのみで運営されていたことを考えると，すべての加盟国にとって参加にコストのかからない仕組みを導入した上で外交エリートが交流を重ねることはなおさら効果的であった（藤原 2000）。

　したがって，平和（より厳密にいえば，域内における加盟国間の国際関係の安定）の達成においては EU は ASEAN のモデルではない，というのがここでの結論になる。ASEAN の制度化の低さは協力の浅さも非効率性も意味しない。その点において ASEAN の制度をもって EU の代替モデルとするような積極的な評価を下す論者と本章は同様である。ただ，本章では異なるイシューの分析も行わなければならないと考える。したがって信頼醸成を離れ，次に，経済協力を中心とする機能的協力の問題に移りたい。

3-3　ASEAN と EU の比較—経済分野における制度化

　ASEAN が「成功例」であるとされるとき，それは主に域内平和の達成という観点からであることは上で述べた。興味深いのは，比較地域主義研究において ASEAN は経済分野では「失敗例」として見なされることがある，という点である（Mattli 1999）。ASEAN の経済協力は70年代半ば以降に始まるものの，それが80年代を通してほとんど成果を上げなかったということについては第2節ですでに述べた。ASEAN を考える際に特殊なのは，それにもかかわらず「東アジアの奇跡」とよばれるほどの高度な経済成長を実現した，ということである。したがって，欧州でも東南アジアでも経済成長という志向性はあったが，後者ではそれが ASEAN という地域機構に依ることなく達成できた。そのことが経済分野における両者の比較を複雑にしている。

　本項では，ASEAN が本格的に経済協力に踏み出した92年以降の制度化と成果について考察したい。まず，経済分野において目指しているものは両者では同じではない。それは EU と2015年末に一応の完成を見た AEC を比較しても明らかである。関税がほぼゼロであるシンガポールやブルネイが存在する以上，ASEAN では EU のように共通対外関税は実現しようがない。その他，EU の

42　第Ⅰ部　比較地域統合論

ように政府調達も対象になっていないし，共通通貨も目指していない。しかし，関税や非関税障壁の撤廃，サービス貿易や投資の自由化など，共通している志向性も多い。

　次に，このような目的を達成することと制度化の関係について述べたい。この点が本項の核になるが，筆者は効率的に経済統合を進めるためには一定程度の制度化は必要であると考える。共同管理の度合いが低いコンセンサス制では，最も協力に消極的な国の要望する目標しかそもそも設定できない。また，委譲の程度が低いと，独立した機関による履行のモニタリングや不履行への制裁を欠くためにコミットメントが非拘束的なものになり，あくまで自発的な遵守を期待するしかない。また，紛争解決メカニズムの未整備も合意の実現には深刻な問題となる。実際，憲章策定の時点で ASEAN のそれまでの合意のうち，履行されたものは30％ほどに過ぎないことが指摘されている（Narine 2009, p.376）。繰り返すが，このような制度的特徴は信頼醸成のための「場」として ASEAN が機能する際にはむしろ長所として働くであろう。しかし，財やサービスの自由化などの経済統合という目標を達成するためにはふさわしくないと考える。

　議論を補強するために加えると，制度化の低さが機能的協力においては障害になるということは，ASEAN 諸国自身も認識している。たとえば早くも1991年の ASEAN 外相会議でタイの外相は「（冷戦後の：筆者注）新しい方向性を模索する際にコンセンサス方式はネックである。何か具体的で効果的な協力をしようとする際，そのようなコンセンサスに達するのは非常に難しい。ほとんど不可能だ」と述べている（Far Eastern Economic Review, 20 June 1991, pp.24-25）。そのような要望を受けて，変革の試みとして制度化の動きも実際に見られている。すなわち，経済分野における意思決定についての「マイナス X」方式導入である。これはコンセンサス方式にこだわるのではなく，合意ができた国から履行していくという柔軟性を持たせるための制度である。他方，「委譲」の面においては事務局の強化に加え，紛争解決カニズムについても ASEAN は1996年に紛争解決議定書を採択し，2004年にはさらにそれを強化した。

　このように，経済協力を深化させるためには制度化を進めなければならないという声は ASEAN 内部からも起こっており，それへの対応もなされている。

しかし，依然として ASEAN においては制度化の度合いは低いというべきである。第1に，ASEAN 憲章の策定過程において一部の国は意思決定に表決制を導入することを主張したが反対にあって頓挫した。第2に，事務局は依然として規模も役割も非常に小さい。第3に，紛争解決メカニズムにおいても，2004年の改訂にあたっては「経済統合についてのハイレベルタスクフォース」が既存の紛争解決メカニズムの強化に加え，「ASEAN 遵守監視機構（ACMB）」などの設立を提言したものの，実際にはそれらは全く採用されず，紛争解決メカニズムも独立機関ではなくあくまで政府間で運営されることとなった。

　したがって，制度化の試みは極めて小規模あるいは形だけの進展に留まっている。そうなると経済分野においては，なぜ ASEAN は経済統合を志向しながらも制度化が十分に進まないのか，というのが適切な問いになるだろう。

　結論から述べると，本章ではその原因は ASEAN における加盟国の多様性にあると考える。東南アジア諸国は人種・宗教・言語・政治体制などさまざまな面において多様性の高い地域であるといわれるが，ASEAN においては特に，90年代に入ってから加盟した4ヵ国（頭文字をとって CLMV 諸国）とそれ以外の間の溝が大きい。第1に，経済発展の度合いの差である。第2に，国家としての能力の差である。具体的には，官僚の政策立案や遂行の能力である。経済統合の進展においてはそもそも意思があってもできない，ということが多い。これら2つの多様性はそもそも自由化政策にどの程度積極的かという点から始まり，ASEAN という枠組みにおいてどの程度の経済統合を求めるか，さらにはどの程度合意を厳格に遵守することを求めるか，という点に関連してくる。実際，ASEAN においてこれらのいずれにおいても積極的なのは，シンガポール・タイ・マレーシアといった国々である。

　第3に，民主化の度合いの差である。東南アジアは政治体制も多様であるが，その中でも CLMV 諸国は特に権威主義的な政権であり，ASEAN において人権や民主主義規範の導入についての議論をする際にはこれらの国は強硬に反対することが多い。人権や民主化という国内政治問題は本章の議論とは関係ないようであるが，ASEAN というマルチタスクの機構の原則レベルにおいて，明確に政治分野と経済分野の原則を分けることが難しい以上，ASEAN という機

構に制裁や除名の制度を加えたり多数決を導入したりすることには反対に回ることになる。当面の問題が経済であっても，後に自国の国内問題が取り上げられるかもしれないからである。

このように加盟国間において選好においても能力においても多様性が高いということが，地域機構としての ASEAN に対して求める理想像に多様性をもたらしてしまっている。多くの場合，ASEAN を改革しようとする国と元の形に留めようとする国の間で議論になり形だけの制度化に収まる，というのがパターンである。ちなみに，EU の場合においても委譲という意味での制度化が大きく進んだ80年代半ばの時期には国益が収斂していたということが指摘されている（Moravcsik 1998）。

ここで，多様性をもたらすものとして，地域機構への加入条件について考えてみたい。上で述べたように多様性が制度化ひいては機能的協力への妨げになるからこそ，EU では加盟を希望する国に対して極めて厳しい条件を課すわけである。それに対し，ASEAN では実質的に「東南アジアに属すること」のみが加盟条件となってきた。このように加盟国の多様性を許容することは，ASEAN が信頼醸成の「場」として機能する際には問題とはならない。しかし経済統合をはじめとして具体的な協力に合意しそれを履行していくという機能的協力の進展が主眼となり始めると障害となってくる。そして，CLMV 諸国が加盟した90年代はまさに ASEAN が前者から後者へと転換していく過程であった。逆にいうと，2000年代以降の AEC 構築の時期ほどにはまだ制度化の進展や合意の履行が重視される段階ではなかったからこそ ASEAN は多様性を受け入れた。その意味で，機能的協力が進展するとともに，原加盟国にとって多様性は90年代よりも2000年代以降のほうが一層コストとして感じられるようになった。このことは，2002年に独立した東ティモールが希望しながらなかなか ASEAN 加盟を認められない背景の１つとして，シンガポールが域内経済格差のさらなる拡大に懸念を抱いているということにもよく表れているだろう（山田 2015，89ページ）。

したがって，もちろん達成しようとするもの自体 EU のほうがかなり野心的ではあるものの，経済分野においては「EU は ASEAN のモデルである」とい

う主張には一定程度の妥当性はあると考える。ASEAN が掲げる目標をより効率よく達成するためには，共同管理と委譲の進展という制度化を進める必要があるが，加盟国の多様性ゆえにそれが適わない，というのが ASEAN の置かれた現状である。

4　ASEAN は EU をどのように見てきたか

本節では目線を ASEAN の外交当事者に移し，その主観を探ってみたい。すなわち，当事者は「EU は自分たちのモデルである」と認識しているのかどうか，という問題である。

4-1　認識の変遷―1990年代まで

ASEAN と EU の交流の歴史自体は古い。EC と ASEAN の間で初の閣僚会議が開かれたのが1978年であり，それ以来EC（EU）は対話パートナーとして折衝を重ねてきた。しかし，各種資料から当事者の認識を探ったとき，1990年代までの段階では ASEAN 諸国が欧州統合を参照していたという発言や合意文書の記述はそれほど多くはない。

1978年の ASEAN・EC 拡大外相会議の共同声明で「ASEAN 加盟国の外相は欧州統合と欧州 9 ヵ国の働きによって経済的政治的安定が達成されたことを認識した」とされているように，70年代から ASEAN 諸国が欧州統合を「成功」と認識していたことはいくつかの合意文書の文言や演説の文句からうかがえる。

しかし，それと同時に70年代には ASEAN との比較には留保が多く付されているのも特徴である。たとえば1973年にはシンガポールのラジャラトナム外相は ASEAN の進展が遅いという批判があるということに触れて，「多くの人々が認識していないのは，ASEAN は EEC の 2 倍の地理的広さがあるということだ」としている（ASEAN Secretariat 1987, p.159）。また，74年にはタイのチャルンパン外相は「ASEAN と EC を比べる際，EC が効果的に機能するために数十年かけたことを考えると，ASEAN のこれまでは悪くはない」とし

ている（ASEAN Secretariat 1987, p.169）。このように，ECのようになることを目指すことを表明するよりは，地理的広さや設立後の年数を挙げて現状を正当化する発言が多い。

　興味深いのは域内国際関係の安定化が一応の達成を見た70年代後半以降の発言である。たとえば，1983年にシンガポールのダナバラン外相は，「（ASEANがもたらした：筆者注）安定と信頼は，投資と輸出による成長という戦略に基づいた経済成長プログラムの成功の基盤を提供してくれた。ASEANは近い将来にはEECに見られるような経済統合を実現する見込みはない。しかし加盟国が市場の力を自由にそして効果的に機能させるための条件を作り出すことで，各国の政策が最大限の利益を生むことを可能にしてきたのである」としている。これは，80年代（前半）の段階での極めて率直なASEAN側の経済協力の捉え方である。同時に，前節で提示した本章の解釈とも合致する。ASEANは信頼醸成を通して域内平和を実現し，それにより経済発展に専念する土壌を整えたという意味で，間接的に加盟国の経済発展に寄与した，というわけである。その意味でASEANの功績はEUに劣るわけではない，という認識はかなり率直かつ妥当であるように思われる。

　以上のように，少なくとも1990年代まではASEANの当事者には「遅れたEUである」という認識もないし，EUをモデルとして見ることもほとんどなかったのではないかと考える。むしろ，「ASEAN Way」という概念が登場し自らのやり方を内外に喧伝するようになるのも実は90年代（特に後半）のことである（湯川 2009）。そして，その際には自分たちのやり方が域内平和に寄与してきたのだ，という安全保障分野での貢献が主張されていた。

　ただ，ASEANがAFTAの創設により本格的に経済分野での協力を進めようとする92年のASEAN・EU拡大外相会議の共同声明では「この点（AFTA創設：筆者注）において，ECから自身の欧州経済統合プロセスの経験を共有し，ASEAN事務局の制度的能力を向上させるための技術支援を供与するという申し出を歓迎した」とされている。したがって，ASEANが経済統合を目指すという段階に差し掛かったことにより欧州統合の経験というものが少なくとも参照可能な対象となり，そのためには制度化が必要であるとともに欧州からの支

援を得るようになったということがわかる。このような傾向は2000年代にはより明瞭に表れてくることになる。

4-2　ASEAN 共同体の構築と EU

　2003年以降，ASEAN は共同体の構築を目指すとともに ASEAN 憲章の採択に代表されるように機構改革に踏み出すようになる。2007年1月12日の *International Herald Tribune* 誌で ASEAN 憲章で目指すものが「EU スタイル」と評されているように，我々はそこに EU の影響を容易に見て取ることができる。

　実際，ASEAN 憲章の策定過程においては，起草のための草案作りを担当した賢人会議も，憲章を起草したハイレベルタスクフォース（HLTF）も，実際にブリュッセルなどヨーロッパの数都市を訪問し，EU 側から憲章の草案作成の支援を受けている（Joint Statement of the 16th EU-ASEAN Ministerial Meeting in Nuremberg on 15 March 2007）。また，HLTF のメンバーが執筆した編著においても，その半数近くが EU は有用な参照点であるとしている（Koh, Manalo, and Woon 2009）。その意味で，ASEAN の機構改革は自覚的・明示的に EU を参考にしながら行われた。

　では，具体的にはどのような点に EU の影響を見て取れるだろうか。まず，構成自体は違うが「3つの共同体」という発想自体が EU の影響を感じさせる。その他，法人格を持たせるという発想や，旗や歌の作成なども EU を意識してのことであろう。そして，明らかに EU の影響を受けているのが ASEAN 憲章で設置された常駐代表委員会である。これは加盟国の代表がジャカルタに駐在し構成する常設機関である。この制度は EU の常駐代表委員会（Coreper）を参考に作ったものであることは ASEAN 事務総長を務めたオン・ケンヨンもインタビューの中で明言している（Jetschke and Murray 2012, pp.185-6）。

　より直接的には，AEC 構築に対しては EU 側も欧州委員会の公式文書において ASEAN から要望があれば自らの経験を共有することを述べており[5]，実際に APRIS（ASEAN-EU Programme for Regional Integration Support）や READI（Regional EC-ASEAN Dialogue Instrument）というプロジェクトを通

48   第Ⅰ部　比較地域統合論

してEUからのさまざまな資金的および技術的支援，ASEAN事務局のキャパシティ・ビルディングがなされてきた[6]。

　このような制度改革の背景としては，前節で述べたように，ASEANにおいて機能的協力がその重みを増してきた中で，特にAEC構築のためにはASEANをより効率的な機構へ変えるべく制度化を進めなければならない，という必要性があった。たとえば，2001年にはシンガポール首相のゴー・チョクトンはASEANはより速く深い統合を目指す必要があるとしてASEAN経済共同体の創設を主張しているが，その際に「1950年代のEECのような」という表現をしている（Jetschke and Murray 2012, p.183）。これはASEAN側がEUを志向することを示すものとしては極めて早い発言であるが，これも経済分野の文脈である。

　また，元ASEAN事務総長のスリンは単一市場を目指すという点においてASEANとEUに類似性があることを指摘した上で，「しかしASEANはブリュッセルにあるような大規模な中央官僚機構を設立する予定はない。ジャカルタにあるASEANの行政事務局は，事務員や運転手を含めてたった200人ほどの人員しかいない。それに対しブリュッセルの欧州委員会は33,000人だ。ASEANは推進力となるためには強力な中央集権メカニズムを必要としている。しかしそれは加盟国の主権にかかわるものであるために受け入れられない」としている（August 28, 2012 *Washington Post*）。EUのような経済統合の志向性を持つ以上，EUのような「委譲」が必要だと認識しているというわけである。

　さらに，2007年にはシンガポールのジョージ・ヤオはEUはASEAN自身が近代化するためのインスピレーションと参照点になると述べている（Wong 2012, p.674）。とにかく，経済統合がASEAN協力の焦点になって以降はEUを参照にするという発言が多くみられるようになったのは確かである。

　ただ，この時期のASEAN当事者の言説としてはEUを参考にすることを表明しながらも，「あくまでEUのレベルまでは目指さない」「EUはモデルではない」という趣旨の留保が多いことも付け加えておかねばならない。たとえばスリンは「ASEANにとってEUは創造的な刺激を受けるが，モデルではない。私たちは地域の連合は目指さない」としている（『朝日新聞』2012年1月13

日）。オン・ケンヨンも「ASEAN は EU のようにはならないが」とした上で「EU は ASEAN 自身の統合と共同体構築において有用なレファレンスになる。ASEAN は EU の地域制度や法整備による共同体構築から学ぶことができる」と述べている（Murray 2015, pp.243-44）。

　実際，前節で述べたように ASEAN の制度化の度合いは EU よりもかなり低いし，新設された ASEAN の常駐代表委員会も EU の Coreper に比べれば権限においても機能においても遥かに重要性は低い。これは両地域は置かれた環境が異なるし，志向性としても EU ほどの経済統合は目指さないためにそもそも EU ほどの制度化は必要ないという意味合いと，上で述べたように多様性を抱える ASEAN では高度な制度化は加盟国の一致を見ないために可能ではないという意味合いの両方によるものだろう。

　後者の，「多様性ゆえに EU のように制度化が進まない」という前節で示した本章の見解も，当事者の認識の中にみてとることができる。たとえば，2007年8月にシンガポールのリー・シェンロン首相は「より確立された集団である EU と比べると，ASEAN は本当に統合された共同体になるためにはまだ長い道のりである。東南アジア諸国はヨーロッパよりもはるかに政治的・経済的・文化的に多様である」と述べている[7]。また，ASEAN 事務総長のレ・ルオンミンはスピーチにおいて「EU のような他の地域グループは（ASEAN 統合への：筆者注）インスピレーションであり続ける一方で，ASEAN は加盟国における多様性を踏まえながら長年にわたって独自の地域主義の方法を発展させてきた」としている[8]。

　以上示したように，2000年代に入ってから EU を参照点とする旨の発言や実際にアドバイスや支援を仰ぐことが増えている。このような変化は，経済統合が ASEAN 協力の中核となってきたことに伴ってのものである。ただ，現実的な必要性と可能性の観点から，EU ほどのレベルは目指さないという留保もまた同時に増加している。

　最後に，しばしばこれも EU をモデルとして生じた制度変化だとされる人権分野における制度形成，すなわち政府間人権委員会の創設について触れたい。実際，ASEAN において人権規範を促進することは EU が長年主張してきたこ

とであるし，たとえば，2012年の第19回 ASEAN・EU 外相会議の共同議長声明では「人権を促進し保護するための相互協力を強化する，特に ASEAN 政府間人権委員会の活動を促進することを支援することに合意した」と述べている。

　ただ，これは上で述べた機能的協力の分野とは大きく事情が異なると考える。経済統合については ASEAN としても実際に政策目標として認識しており，そのためには制度化が必要だということも認識している。その意味で，目標においても手段においても EU は一定程度「モデル」としての性格を持っている。それに対し，人権委員会についてはあくまで国内外へのアピールと ASEAN という地域制度の正統性の向上という効用のみが期待され，加盟国内の実質的な人権状況の向上という効果は期待されていない。活動も，人権宣言の起草やワークショップの開催などあくまで人権促進活動に留まり，モニタリングをはじめとする人権保護活動は行っていない[9]。

　このことを裏付けるように，ASEAN 域内のエリート達に対してインタビューなどを通して EU への認識調査を行った研究は，「EU をモデルとして評価する」あるいは「EU の経験を取り入れるべき」と考えるのは，経済分野においてである（人権や民主主義の分野ではなく）ことを一致して指摘している（Chiban et al. 2013, Allison 2015）。

5　おわりに

　本章では，第3節においてまず地域主義を比較する際には制度化そのものではなく，その地域が達成しようとする目標に対して制度化がどのように寄与したかを分析するべきだとした。その上で，ASEAN と EU の比較した際，安全保障分野においては ASEAN の低い制度化は合目的で有効なものであるとした。それに対し，経済分野では制度化の低さは障害になるものであるとし，だからこそ当事者も変革の試みをしているものの，なかなか制度化が進まない原因を加盟国の多様性に求めた。以上のことから，安全保障分野においては「EU は ASEAN のモデルである」とするのは不適当であるが，機能的協力の分野にお

いては一定程度妥当性があるという結論を提示した。

　この結論は，当事者の認識を探った続く第4節の結論とかなり整合的である。すなわち，当初はEUをモデルとするような認識はASEAN側に見られなかったものの，特にAEC構築を目指すようになってからは変化がみられる。さらに，EUを参照するという発言だけではなく，実際にEUを訪れてアドバイスを受けたり，EUからの支援の下に制度構築を行うことも行っている。したがって，当事者が「モデル」とよぶにせよ「インスピレーション」（あるいは「参照点」）とよぶにせよ，経済分野ではEUの経験を自分たちにとって有用であると考えていることは実証的に示すことができる。同時に，これは同じく「EU型の制度の取入れ」としばしば見なされがちな人権分野では見られない特徴である。

　最後に比較地域主義全体についてのインプリケーションを述べたい。実はEUの制度を（部分的にせよ）採用している地域はASEANだけではない。それどころか，アフリカなどの地域機構はより色濃くそれを反映させている。また，自由貿易協定のデザインにおいてはEU（とNAFTA）が明確にテンプレートの座を獲得していることが指摘されている（Baccini et al. 2015）。つまり，地域主義においてはEUからの波及（diffusion）が見られる。ここには学者の比較地域主義研究との乖離がある。「地域主義研究の第二の波」ではEUをモデルの座から引きずり下ろした。しかし現実で生じている「地域主義の第二の波」においてEUは一定程度テンプレートとしての座を得ている。したがって，本章は近年の比較地域主義理論においては批判されることの多い「EU中心主義」には一定程度の妥当性があると考える。なぜなら，現実の制度構築においてEUがある種の参照点になっているからである。また，ASEANを含め地域制度を論じる際には，その地域の内生的な変数だけではなく，EUからの波及というある種外生的な要素にも目を配ることが重要である。

●注
1　ASEANの歴史について詳しくは山影（2011），Acharya（2014）などを参照。

2 もっとも，2015年末の共同体構築も1つの「通過点」である。すでに2015年11月の ASEAN 首脳会議において『ASEAN 共同体ビジョン2025』が発表されており，2016年以降の ASEAN は2025年を目処に種々のプロジェクトを推進している。

3 意味はある，という議論も不可能ではない。そのような研究としてはまさに「地域」が構築されていく過程に注目する「地域構築」（region building）の視点である。これは言わば機能ではなくメンバーシップを説明対象としたものであるがゆえに，可能性としては地域主義に横断的に当てはまりうる。

4 このように設定してしまうと，志向性の違い自体が分析対象から落ちることになる。たとえば，「なぜある地域は安全保障分野での協力を目指したのに，他地域では経済なのか」といった問題設定が捨象される。筆者も志向性自体を比較することは有意義であると考えるが，本章の課題からは外しておきたい。

5 そのような公式文書の一例として，European Commission（2003）*A New Partnership with South East Asia.* 参照。

6 これらプロジェクトについては，Murray（2015）参照。

7 2007年8月7日，シンガポールでの ASEAN 関連のレクチャーにおいての発言 http://www.asean.org/?static_post=speech-by-prime-minister-lee-hsien-loong-at-the-asean-day-lecture-singapore-7-august-2007（参照2016-05-30）。

8 http://www.asean.org/storage/images/resources/Speech/SG/2014/11%20September%202014_Keyncte%20Speech_ASEAN%20Insights%20Conference%20at%20the%20Asia%20House.pdf（参照2016-05-30）。

9 もっとも，このような制度ですら，創設に際しては加盟国内で激しい論争があったことは指摘しておくべきだろう。すなわち，CLMV 諸国は強硬に反対を唱えた。

●**参考文献** ────────────────────

朝日新聞，2012年1月13日。

藤原帰一（2000）「専政の平和・談合の平和─比較の中の ASEAN」『国際政治』第125号，147-161ページ。

山田満（2015）「東ティモールの ASEAN 加盟問題」『海外事情』第63巻第4号，80-90ページ。

山影進（1987）「国民統合のための地域統合─東南アジア島嶼部国際関係の変容と政治統合問題」『国際政治』第84号，9-26ページ。

山影進編（2011）『新しい ASEAN』日本貿易振興機構アジア経済研究所。

湯川拓（2009）「ASEAN 研究におけるコンストラクティヴィズム的理解の再検討─『ASEAN Way』概念の出自から」『国際政治』第156号，55-68ページ。

湯川拓（2011）「レジーム・セキュリティと国際制度─国際規範の国内的起源」『国際政治』第164号，58-71ページ。

Acharya, Amitav（2014）, *Constructing a Security Community in Southeast Asia: ASEAN and the Security Order,* 3rd ed, Routledge.

Acharya, Amitav and Alastair Iain Johnston（2007）, "Comparing Regional Institutions: An Introduction", in Amitav Acharya and Alastair Iain Johnston eds., *Crafting Cooperation: Regional International Institutions in Comparative Perspective,* Cambridge

第2章 比較の中の ASEAN　　53

University Press.

Allison, Laura (2015), *The EU, ASEAN and Interregionalism: Regionalism Support and Norm Diffusion Between the EU and ASEAN*, Palgrave Macmillan.

ASEAN Secretariat, ed. (1987), *Statements by the ASEAN Foreign Ministers at ASEAN Ministerial Meetings; 1967-1987*, ASEAN Secretariat.

Baccini, Lopnardo, Andreas Dür and Yoram Z. Haftel (2015), "Imitation and Innovation in International Governance: The Diffusion of Trade Agreement Design", in Andreas Dür and Manfred Elsig eds., *Trade Cooperation: the Purpose, Design and Effects of Preferential Trade Agreements*, Cambridge University Press.

Börzel, Tanja A. and Thomas Risse (2016), "Introduction: Framework of the Handbook and Conceptual Clarifications", in Tanja A. Börzel and Thomas Risse eds., *The Oxford Handbook of Comparative Regionalism*, Oxford University Press.

Chiban, Nataliam, et al. (2013), "Images of the EU Beyond Its Borders: Issue-Specific and Regional Perceptions of European Union Power and Leadership", *Journal of Common Market Studies* 51(3), pp.433-451.

Far Eastern Economic Review, 20 June 1991, pp.24-25.

Haas, E. B and Schmitter, P. (1964), "Economics and Differential Patterns of Political Integration: Projections About Unity in Latin America", *International Organization* 18 (4), 705-737.

Hix, Simon (1994), "The Study of the European Community: The Challenge to Comparative Politics", *West European Politics* 17(1), pp.1-30.

Jetschke, A and P. Murray (2012), "Diffusing Regional Integration: The EU and Southeast Asia", *West European Politics* 35(1), pp.174-191.

Koh, Tommy, Rosario G. Manalo, and Walter Woon eds. (2009), *The Making of the ASEAN Charter*, Institute of Policy Studies.

Mattli, Walter (1999), *The Logic of Regionalism: Europe and Beyond*, Cambridge University Press.

Moravcsik, Andrew (1998), *The Choice for Europe: Social Purpose and State Power from Messina to Maastricht*, Cornell University Press.

Murray, Philmore (2015), "Europe and the World: The Problem of the Fourth Wall in EU-ASEAN Norms Promotion", *Journal of Contemporary Europe* 23(2), pp.238-252.

Narine, Shaun (2009), "ASEAN in the Twenty-first Century: A Sceptical View", *Cambridge Journal of International Affairs* 22(3), pp.369-386.

Rosamond, B. (2005), "Conceptualising the EU Model of Governance in World Politics", *European Foreign Affairs Review* 10(4), pp.463-478.

Washington Post, August 28,2012.

Wong, Reuben (2012), "Model Power or Reference Point? The EU and the ASEAN Charter", *Cambridge Review of International Affairs* 25(4), pp.669-682.

第 **3** 章

国際機構論からみた EU と ASEAN の比較

1 はじめに

今日，国際機構（international organizations）という呼称は様々な場面で使用されている。広義の国際機構には，政府間で設立された国際機構に加え，国際河川連合や国際行政連合，さらには，NGO と称される営利を目的としない民間団体，営利を目的とし国際的に活動する多国籍企業，国際標準化機関（ISO）や国際決済銀行（BIS）のような団体も含むと解されている。一方，狭義の国際機構とは政府間で設立された団体のみを指し，一般的に「複数国家により，共通の目的達成のために，国際条約に直接基づいて設立された，独自の主体性が認められた，常設的な機構である。」と定義される[1]。ウィーン条約法条約も「『国際機関』とは，政府間機関をいう。」と規定している[2]。今日では，国連憲章のような国際条約を基本文書として，共通の目的や理念を持ち，複数国家により，一時的ではなく常設の国際的な組織として設立された団体が，国際社会のアクターの一つである「国際機構」と見做される，と言って良いであろう。

本書が比較対象とする欧州連合（European Union，以下 EU）と東南アジア諸国連合（The Association of Southeast Asian Nations，以下 ASEAN）は，一般的には国際機構と見做されることが多い。しかし，各々異なる事由から，両者は専門家からはしばしば「特殊な国際組織体」と捉えられていたのも事実である。

ASEAN は設立時の基本文書である「ASEAN 設立宣言（バンコク宣言）」が

第 3 章　国際機構論からみた EU と ASEAN の比較　　55

法的拘束力を有する条約ではなく[3], 首脳会議は開催されるが定期的ではな
かったなどの事由から, 一般的な国際機構の定義には完全には該当しないので
はないかとする見解が示された[4]。また, ASEAN の特徴でもある国家主権の
相互尊重と内政不干渉の姿勢は, 国家が国際機構に主権の一部を委譲し, 国際
機構における意思決定を通じて共通の目的を達成していくという形態とはやや
性質が異なるとされ, この点も ASEAN を国際機構の範疇に入れるべきかと
いう議論の争点となってきた。

　一方の EU は, 原点となった欧州石炭鉄鋼共同体 (European Coal and Steel
Community, 以下 ECSC) 時より, 「複数国家により, 共通の目的達成のために,
国際条約に直接基づいて設立された, 独自の主体性が認められた, 常設的な機
構」であるという国際機構の一般的な要件を満たす団体であった。しかし,
ECSC の時代から見られる「超国家性」の考え方が, EU を「特殊な国際組織
体」と認識させてきた最大の理由である。例えば, ECSC の内部機関の 1 つと
して設置された最高機関は, ECSC 加盟国国民の中から各自の一般的能力に基
づいて選出される委員によって構成され, かつ, 委員は「共同体の一般利益の
ために, 完全に独立してその職務を遂行する」。そして, 「構成員は, その職務
の超国家的性格と相容れないすべての行為を慎まなければならない。各加盟国
は, 右の超国家的性格を尊重し, かつ最高機関の構成員の任務遂行に影響を及
ぼさない義務を負う」(ECSC 条約第 9 条) とあり, 特定の分野においてではあ
るが, ECSC の一機関が主権国家を凌駕することが想定されている。現在にお
いても EU が「国家とも国際機関とも判別しにくい, EU 独自の形態」を有す
る「未確認政治物体」[5]とも称される事由は, 加盟国が EU に対し大幅な主権の
委譲を行い, 個人資格で選出される委員会に対し大きな権限を与え, 私人に対
し直接適用可能な「規則」を発動することができ, さらに EU 裁判所で国家の
政策が EU の二次法に適合するか審査する, などの「超国家性」を有する組織
体だからである。

　各々に異なる事由からではあるが, 「特殊な国際組織体」と捉えられていた
EU と ASEAN は, 今日大きな変革期を迎えている。2000 年代より ASEAN は,
より強固な共同体となることを目指すようになり, 「政府間組織である東南ア

56　第Ⅰ部　比較地域統合論

ジア諸国連合は，ここに法人格を与えられる。」（第3条）と規定した東南アジア諸国連合憲章（ASEAN憲章）を2007年11月に採択した。一方，2016年6月には，国民投票によりイギリスのEU脱退が決まり，拡大しつつヨーロッパの統合を目指してきたEUにとって最大の危機が迫っている。

　本章では，まず国際機構の設立時に策定される基本文書の形成の背景やその内容から，EUとASEANの各々につき分析を行う。次に国際機構がその目的を達成するために設置する内部機関と決定の効力という観点から比較・検討を行う。このような「国際機構論」という視点による分析や比較検討により，変革期を迎えているEUとASEANの今後につき，考察を行い展望を示してみたい。

2　EUとASEAN─設立の背景及び基本文書の比較

2-1　EU

①　ECSCの基本文書及び内容

　EUの原点とも言える欧州石炭鉄鋼共同体（ECSC）は1952年に成立したが，実際には何世紀も前から，様々な観点（経済的，政治的，文化的など）によるヨーロッパ統合の思想は現れていた。例えば，18世紀に著されたサン・ピエールの『ヨーロッパ永久平和論』，19世紀に著されたサン・シモンの『ヨーロッパ社会の再組織について』，ヴィクトル・ユゴーの万国平和会議におけるヨーロッパ合衆国演説，などがある。

　さらに，20世紀には，ノーマン・エンジェルがヨーロッパにおける自由貿易の実現と非戦化を提唱し，ルイジ・エイナウディらが国際連盟の代替としてヨーロッパ合衆国及びヨーロッパ連邦を主張した。そして，1922年には，クーデンホーフ・カレルギーが『パン・ヨーロッパ』を著し，パン・ヨーロッパ運動が展開された。1929年にはアリスティード・ブリアンが国際連盟においてヨーロッパ連邦を志向する考えを示し，これを受けてフランス外務省がヨーロッパ連合連邦の構想と内部機関に関する覚書を発表した。1940年代には，

第3章 国際機構論からみた EU と ASEAN の比較　57

E・H・カーにより「欧州計画機構」の構想が示された他，カレルギーが「ヨーロッパ合衆国憲法草案」を示し，「上院」「下院」や「最高裁判所」といったヨーロッパにおける共通の機構を設置することを提唱した[6]。

このように，数世紀に渡りヨーロッパでは「統合」が模索されてきたが，1950年にジャン・モネの構想に基づき，フランス外相ロベール・シューマンによる「シューマン・プラン」が提案され，ヨーロッパにおける石炭鉄鋼分野での統合が実現することとなった。シューマン・プランでは，ヨーロッパ諸国を統合する第一歩としてドイツとフランスの1世紀に及ぶ敵対関係を排除すべきだとし，「独仏の石炭および鉄鋼の生産の全てを共通の高等機関の下におき，ヨーロッパのその他の国々が参加する国際的組織」を設立して「平和の維持に不可欠なヨーロッパ連邦にとって初めての具体的な基盤を実現する」[7]とした。そして，シューマン・プランを具体化するため，同年からドイツ・フランスにベネルクス3ヵ国及びイタリアを加えた6ヵ国による会合が開始され[8]，1951年に ECSC を設立する条約が調印された[9]。この ECSC 条約は1952年に発効し，ヨーロッパ統合を指向する ECSC は活動を開始した。

ECSC の原加盟国は6ヵ国と少ないが，基本文書である ECSC 条約は，加盟国による批准及び条約発効の手続規定（第99条）も含め，共同体の目的，内部機関やそれらの権限，加盟国の義務や行財政（監査等も含む）など，全体で100条に及ぶ詳細な規定を有している。また，ECSC 条約第6条は，「共同体は法人格を有する。共同体は，その国際関係において，任務の遂行と目的達成のために必要な法的能力を有する。共同体は，各加盟国において，当該国内法人に認められた最大の法的能力を享受する。……」と規定し，国際法上の条約締結権限や，国内における契約等締結に必要な法人格を共同体に付与している。さらに，ECSC 条約は，定期的な活動報告も含めた ECSC と国連，欧州経済共同体（OEEC，後の OECD）との関係（第93条）や，欧州審議会（Council of Europe）との関係（第94条）など，他の国際機構との関係にも言及している。

また，ECSC 条約には，共同体の特権免除に関する協定（Protocol on the Privileges and Immunities of the Community）が付属しており，共同体本体の特権免除や，内部機関の構成員，裁判所の判事，国際公務員に関する特権免除な

58　第Ⅰ部　比較地域統合論

どにも言及した規定が置かれている。

　このように，現在の EU の原点となった ECSC では，機構の共通の目的を
有し，国家間で締結・批准された条約という法的基盤に基づき，内部機関や特
権免除など，今日の典型的な国際機構の条件を具備して設立されたと言える。
また，国際法上と国内法上の法人格についての規定を有するなど，国際機構と
しての任務を「独立して実効的に遂行する」[10]手段も当初より認識されていた。

　なお，ECSC 条約は，「いかなるヨーロッパの国家もこの条約への加盟
（accede to）を申請することができる。最高機関による見解を受領した後，加
盟申請は理事会になされなければならず，理事会は全会一致で行動する。理事
会は，同様に全会一致で，加盟の要件を決定しなければならない。……」（第
98条）という共同体への新規加盟及び加盟の要件についての規定を有する。一
方，ECSC 条約には，脱退に関する規定はない。

　押村高は，「ヨーロッパの衝突と和解の歴史を理解する鍵は，「理性」という
「人間の尊厳」に訴えかけながら人間の弱点を克服しようという「意思」であ
り，平和は自然状態に刻み込まれていないので「創設されなければならない」
……という課題意識である。現下のヨーロッパにおける国家間関係の合理化へ
の取り組みは，宿命論的な世界観から脱して，意思論的な世界観へ移行するた
めの努力とみなすことができるであろう。」とし，「今日，ヨーロッパは他地域
に先駆けて不戦共同体，すなわち EU に代表される「永遠平和の計画」を成就
させようとしている」と述べる[11]。すなわち，ヨーロッパを統合して平和を達
成しようというジャン・モネの考え方は，人間の意思や理性によって設計され
運営される超国家的な機構である ECSC の設立を導き，その基本的な考え方
―「理性」という「人間の尊厳」に訴えかけながら国際機構を人間の「意思」
の力で運営していく―は，今日の EU の活動にも反映されていると言えよう[12]。

②　EEC の基本文書及び内容

　ECSC の構想時から設立後の期間，いくつかの政治分野に関する構想も含め，
ヨーロッパにおける石炭及び鉄鋼以外の分野における統合の構想や具体案が提
案され続けてきた。その口で，具体的に実現を見ることになり，かつその後の

EUに至るヨーロッパ統合の中心的な存在になっていったのが，1958年に設立されたヨーロッパ経済共同体（EEC）である。

EECの基本文書である「欧州経済共同体を設立する条約」は，ECSCの原加盟国と同じ6ヵ国により1957年に作成・署名され，1958年1月に効力が発生した[13]。EECは，「共同市場の設立及び加盟国の経済政策の漸進的接近」により，共同体全体の経済活動の発展や拡大，安定強化，生活水準の向上及び「加盟国間の関係の緊密化」を目的とし（第2条），加盟国間の関税同盟と共通通商政策の策定，人・役務・資本の自由移動，農業・運輸分野の共通政策，不公正な市場を是正するための制度，欧州投資銀行の設立，他国及び領域との貿易に関する連合などの活動を行うとした（第3条）。活動範囲の拡大などに伴い，EEC条約は248条にのぼる詳細な規定が置かれている。

EECは，ヨーロッパの平和を指向するジャン・モネの理念を大きく反映したECSCとは異なり，関税同盟や経済分野における共通政策という実務的な国際機構の設立と運営を指向した内容となっている[14]。一方で，EEC条約の第2部は，「共同体の基礎」と題し，目標とする共同体を設立するための基盤となる内容を定め，第3部ではEECにおける経済関連の政策を策定したり実施したりする際の原則や方法を定めるなど，EECに加盟する国家は共通の目的を持ち共同で行動するよう求めていると考えられる。また，EECの内部機関に関する第5部は，内部機関の代表性や権限，意思決定の方法（全会一致，単純多数決，特定多数決），EECを運営する上での財政など，組織としてのEECを強く認識した内容となっている。

また，EEC条約は，「共同体は，法人格を有する。」（第210条）と規定し，ECSCと同様，EECは国内法上及び国際法上の法人格を有することを明確に表明している。EEC条約においては，国家あるいは国際機構とEECが条約を締結する場合，EECの内部機関である委員会が代表して交渉を行い，理事会あるいは総会と協議後締結が行われるとされる（第228条1項）。また，EEC委員会は，国連及び専門機関等，他の国際機構との連携関係や協力関係を確保する任務も有している（第229，230，231条）。1974年には，EECは国連総会におけるオブザーバーとしての参加を認められ[15]，以後，国連と様々な形で協力関

60　第Ⅰ部　比較地域統合論

係を築くようになった。

　EEC 条約も ECSC 条約同様，加盟の規定は置いている（Any European State may apply to become a member of the Community）が，脱退の規定はない。加盟する際の手続きは ECSC と同様であるが，「加盟の条件及び加盟に伴うこの条約の修正は，加盟国と申請国との間の協定の対象とする。この協定は，すべての締約国により，それぞれの憲法上の規則に従って批准される。」（第237条）という文言が加わっており，より加盟の要件を厳しくしていると考えられる。

　なお，1957年には，EEC と同時に欧州原子力共同体（EURATOM）を設立する条約も締結され，1958年に発効している。

　③　EC の基本文書及び内容

　周知のように，1960年までに成立したヨーロッパにおける３つの共同体のうち，中心的存在を果たすようになっていったのは経済統合を指向する EEC であった。そして，1965年には，ECSC，EEC 及び EURATOM の三共同体における単一理事会及び単一委員会を設立する条約（EC 機関合併条約）が締結され，1967年に発効し，ヨーロッパ共同体（European Community, EC）の原型が発足した。ブリュッセル条約は，ECSC，EEC 及び EURATOM の各理事会に代わる統一の欧州共同体理事会及び欧州共同体委員会を設立した（第１条，第９条）。そして，理事会は加盟国の代表（第２条），委員会は，独立した専門家によって構成されるとした（第10条）。なお，EC 機関合併条約は，EC 及び欧州投資銀行の特権免除を定めており（第28条），同時に締結された EC の特権及び免除に関する協定（Protocole）では，より詳細な EC の特権免除の内容とともに，EC に参加する国家代表の特権免除などが規定されている[16]。

　EC 機関合併条約に基づく EC の発足により締約国間での関税同盟が達成され，1969年には，ヨーロッパ統合の「完成・深化・拡大」を指向する EC 加盟国首脳の共同声明が採択された[17]。そして，独自の財源を持つ体制への移行が EC の「完成」の象徴となり，経済通貨同盟の完成や政治協力に関する提言などが EC の「深化」と認識され，1970年から再開された加盟交渉と1973年の第一次拡大（デンマーク，アイルランド，イギリスの新規加盟）は，その後の EC の

第3章　国際機構論からみた EU と ASEAN の比較　　61

「拡大」の契機となった。また，1973年には，EC 首脳会議でヨーロッパ・ア
イデンティティ宣言が採択され，EC が外交において「単一の統一体として行
動」することや，「共通の伝統を基礎として価値と目標を共有する」団体であ
ることを確認した[18]。

　これらの考え方に加え，1980年代に起こった「欧州悲観主義」を克服すべく，
複数分野における新たな統合を指向して再活性化を図ったのが1985年に合意さ
れた「単一欧州議定書（Single European Act）」[19]である。この議定書には，EC
に関する共通規定（第1編）及び EC と三共同体の設立条約修正規定（第2編）
に，新たに外交政策分野における欧州協力の規定（第3編）が加わっている。
同時期には，EC 委員長に就任したジャック・ドロールの下，域内市場白書が
発表され，加盟国国境の税関撤廃などの物理的障害の撤廃や，国ごとに異なる
商品の規格統一など技術的障壁の撤廃に加え，財政的障壁の撤廃を打ち出し，
EC 加盟国の市場を統合して単一市場にする道筋も示された。

　単一欧州議定書では，まず，1992年年末までにヒト，モノ，サービス及び資
本の自由な移動が確保された境界のない域内市場を漸進的に確立するとした
（第8条 A）。次に，経済・通貨政策に関する章を設け，経済・通貨同盟を達成
するための協力に関する規定を EEC 条約に追加した（第20条）。また，環境に
関する条項が追加されるとともに（第25条），EC 加盟国が共同して外交政策を
策定し，「共通の立場」の採択及び「共同行動の実施」を行うこととなった（第
30条）。このように，単一欧州議定書は，特に EC の経済分野に関する統合を
促進し，新たな分野を活動範囲に取り入れ，一部の分野で政治協力を開始する
など，より統合の拡大及び深化を進める内容となっている。

　一方，単一欧州議定書と同時に，委員会の履行権限など11の一般的な宣言が
採択されている。また，人の移動に関する加盟国政府による政治宣言など特定
分野における2つの宣言と，特定分野の EC の政策や決定に対し自国の政策を
優先させるなど，加盟国が独自の立場から行った7つの宣言も採択されてい
る[20]。これは，EC の権限拡大に対して加盟国が一定の主権を行使したいとい
う表れでもあり，「深化」と「拡大」を続けてはいるが，「国際機構」である
EC の現実でもあったと考えられる。

62　第Ⅰ部　比較地域統合論

④　EU の基本文書及び内容

マーストリヒト条約

　単一欧州議定書の発効後，EC 加盟国間の市場統合に加え，新たに通貨統合への志向が高まることとなった。1988年に行われた欧州理事会は，ドロールを議長とする通貨統合に関する委員会を設立することを決定し，1989年には，3つの段階を経て単一通貨及び通貨政策へと移行する道筋を示した報告書（通称「ドロール報告書」）が示された[21]。また，冷戦終結により，東西に分断されていたドイツは統一を見ることになり，ヨーロッパにおける国際関係は変容を迎え，対外的には EC が1つのアクターとして他国と関係を構築する動きを見せるようになった。

　このような中，1991年に締結された欧州連合を設立する条約（マーストリヒト条約）[22]は，ヨーロッパの統合をさらに前進させる基本的な文書となった。マーストリヒト条約第一編（共通規定）の A 条は，条約はヨーロッパの諸国民（peoples）間により緊密な連合（union）を創設する過程の新たな段階であるとし，また EU の決定はできる限り市民に近いところで行われると規定する。B 条は，「域内国境のない地域の創設」，経済通貨同盟，共通外交・安全保障政策の実施，「連合市民権（a citizenship of the Union）」の導入による加盟国国民の権利・利益の保護，「アキ・コミュニテール（'acquis communautaire'）」の維持を連合の目的としている。C 条では，連合は活動の一貫性と継続性を確保する単一の制度的枠組み（a single institutional framework）を用いるとしている。そして，第二編以降では，連合市民権の設立（第8条）や経済政策の調整（第103条），通貨統合（第109j 条）などの規定が置かれるとともに，第五編では共通外交・安全保障政策という政治分野に関する EU の統一行動が導入され，第六編では，難民・移民政策や刑事問題の司法協力などを加盟国の共通利益分野と位置付け，連合域内での警察間協力を促進する欧州警察機構（ユーロポール）の設立など，司法内務協力に関する規定が置かれている。

　一方，マーストリヒト条約第一編 F 条では，基本的人権の尊重と同時に，民主主義に基づく加盟国の国民的アイデンティティ（the national identities）は尊重されなければならないとし，加盟国は EU にすべて主権を移譲するのでは

なく，EU 創設と同時に「国家」の独自性も保つという見解を示している。また，加盟国では十分に目的が達成できない限りにおいて共同体が行動するという「補完性の原則」を規定し（第3b条），国家が決定権限を有する活動分野もあるとしている。このように，マーストリヒト条約は，ヨーロッパのさらなる統合を指向しつつも，実際には，一定程度加盟国の主権を尊重する内容となっている。

　また，マーストリヒト条約には，加盟に関する規定はある（第七編第N，O条）が，脱退に関する規定は設けられていない。一方，冷戦の終結などを契機に，旧東欧諸国などからは EU への加盟申請が相次ぎ，1993年にはいわゆる「コペンハーゲン基準」を設けて，民主主義や法の支配などの政治的な要件と，市場経済などの経済的な基準を満たしているかなどを新規加盟の要件とした。

　マーストリヒト条約は，三共同体からなる ECs（第1の柱），共通外交・安全保障政策（第2の柱）及び司法・内務協力（第3の柱）により構成される三本柱構造の「欧州連合」を設立する基本文書であったが，それはあくまで「連合」であって，国家を超越する連邦政府を設立しようとする基本文書ではない。しかし，形式的には「連合」であるとはいえ，国民投票の結果デンマークが条約批准を拒否するなど，EU が推進しようとする統合に危機感を持つ存在も顕著になってきた。結果的に，マーストリヒト条約は，デンマークの通貨統合からの除外などを含め，いくつかの加盟国の個別事情を考慮した適用除外など，18に及ぶ議定書を付属させる形で発効したのである。

アムステルダム条約・ニース条約

　EU を設立したマーストリヒト条約は，1996年に加盟国による基本文書検討のための会合開催を規定していた。1997年にアムステルダムで開催された EU 首脳会議において合意されたアムステルダム条約は，EU の基本文書であるマーストリヒト条約を修正し，一定の分野で統合を拡大しつつも，「補完性の原理」を維持し明確化する規定を置くなど，国家の活動分野も尊重する姿勢もとっている[23]。

　アムステルダム条約は，「実質的な修正（substantive amendment）」と題する

第一部と,「簡素化（simplification）」と題する第二部,そして「一般および最終規定（general and final provisions）」と題する第三部で構成されている。

　アムステルダム条約の第一部では,共通外交・安全保障政策の実施規定を置き,EU がすべての外交と安全保障の分野において,共通の戦略や共同行動,共通の立場などの採択を通じて統一された立場をとるとした（第 J.1 条から第 J.18 条まで）。また,刑事分野における司法・内務分野についてより一層の加盟国間の協力を規定するとともに（第 K.1 条から第 K.17 条まで）,環境分野における政策の統合を加えた（第 2 条 4 項）。そして,人の自由移動に関する条項を新たに設け,アムステルダム条約の効力発生から 5 年以内にヒトの自由移動を確保するための措置,及び移民や難民,避難民等に関する措置を理事会で採択すると規定した（第 2 条15項）。また,欧州議会の議員数を700に限定するなど,加盟国の拡大を見据えた措置も加えられている。アムステルダム条約第二部は,マーストリヒト条約等の規定の改廃を行い,第三部は,条約の期限や発効の手続きなどの規定となっている。

　そして,これらの EU 統合分野の領域拡大や改廃を行ったアムステルダム条約と同時に,4 分野にまたがる14の議定書と,51の宣言が採択されている。中でも,域内での国境での検問廃止や査証政策等を規定したシェンゲン条約と関連する国際文書（Schengen Acauis,以下シェンゲン・アキ）を EU 基本条約に統合する議定書の採択[24]は,ヒトの自由移動に関する EU の政策に大きな影響を及ぼした。また,議定書は,新規に加盟を申請する国家は,人の自由移動に関するシェンゲン・アキを受け入れることが加盟交渉の要件となる,と規定し,「ヒトの自由移動」に関するこれまでの EU における政策や実行に従うことが EU 加盟の条件と規定した（第 8 条）。また,採択された議定書の中には,補完性と均衡性の原則に関する議定書もあり,EU 各機関は,権限行使の際に補完性の原則を遵守し,条約の目的達成以上の行為は行わないと規定している（第 1 条）。

　アムステルダム条約は,マーストリヒト条約のような,国際機構の目的や活動等に大転換をもたらすような基本文書とは異なる。しかし,EU の基本原則である民主主義や人権・基本権の尊重,法の支配を遵守しない加盟国に対する

第 3 章　国際機構論からみた EU と ASEAN の比較　　65

権利停止条項の導入，すべての加盟国が統合を同じ速度で進めなくとも良いという「緊密化協力／柔軟性（フレキシビリティ）の原理」の導入，共通外交・安全保障政策における「建設的棄権」の導入，域内におけるヒトの自由移動の実現など，「目立たないところでの「忍び寄る連邦主義」をみることができる」と評されている[25]。

　また，アムステルダム条約調印前の1995年には，オーストリア・フィンランド・スウェーデンの3ヵ国がEUに加盟しているが，2000年代にはさらなる拡大が予想された（2004年には10ヵ国が，2007年には2ヵ国がEUに加盟した）。このため，加盟国の増加に伴った「高次の協力」が必要となる一方，EUの拡大に向けた機構改革が必要となった。

　このような事由により，2000年には，EUの基本条約を改正するニース条約が採択された[26]。ニース条約は，共通外交・安全保障の分野など，EUがこれまで統一の政策を進めて来た分野につき，「高次の協力（enhanced cooperation）」を要請している。また，ニース条約に付随して，「EUの拡大に関する議定書」を始めとする3つの議定書と，「EU拡大に関する宣言」や「連合の将来に関する宣言」を始めとする24の宣言が採択されている。

リスボン条約

　2000年のニース条約採択後，EUの活動範囲や加盟国の拡大を受け，基本文書をより簡素化し，効率化のための機構改革を進めるため，欧州憲法条約の起草が開始された。2002年に欧州将来像諮問委員会会議が公表した草案を基礎とし，2004年のブリュッセル欧州理事会で合意された欧州憲法条約は，制度と基本原則からなる第一部，基本権憲章に関する第二部，EUの政策と運営を規定する第三部，そして一般最終規定の第四部から構成されている。

　欧州憲法条約の特徴は，まず，ECを廃止し，EUに単一の法人格を付与してEUを唯一の行為主体とする点にある。そして，各自の権限を明確に規定したEUの全政策分野に共通の「連合機関」を置き，欧州司法裁判所の管轄権も全分野に及ぼすことにして，三本柱構造を一本化することを指向した。また，欧州首脳理事会に常任議長を置くことや，委員会の委員数を削減するとともに，

66 第Ⅰ部 比較地域統合論

欧州連合外務大臣職を新設すること，EU 法の実施確保の強化，などが規定されている。また，EU 基本権憲章を EU の基本文書の一部とすることで，EU 構成国内の個人が基本権を侵害された場合，EU 司法裁判所に法的救済を訴える基盤が確保されるなどの特徴がある[27]。加えて，EU 市民や諸国の「一体感の向上と可視化・具象化」を目的として，EU 旗や EU 歌，EU のモットーのような「連合の象徴」を公式に定めた[28]。

　そして，この欧州憲法条約は，「この憲法及び連合に付与された権限を行使して連合機関が採択した法は，構成国の法に優位するものとする。」と規定し[29]，EU の基本条約及び二次法が，憲法を含む加盟国の国内法に優位するとした。すなわち，憲法条約によって EU に委嘱された活動については，EU の決定が国家の決定より優位することとなるとしたのである。

　その一方で，欧州憲法条約は，初めて EU 基本条約の中で，加盟国の EU からの任意脱退とその手続きを明文で規定した[30]。その事由としては，EU の東方拡大と加盟国の増加，多段階的統合の合法化，透明性の確保目的，などが挙げられる。さらに，国民投票で EU を脱退できる可能性があれば，EU 加盟に賛成する国民も増加するだろうという意図もあったとされる[31]。

　このような内容を持つ欧州憲法条約が，ニース条約までのように EU の基本文書を「改正」しているのではなく，新たな基本文書として作成されたことにも特徴がある。

　欧州憲法条約の批准手続きは，2004年11月のリトアニアを皮切りに，各加盟国内の手続きに従って開始された。しかし，2005年には，これまで欧州統合に積極的に協力してきたフランスやオランダの国民投票で条約批准案が否決され，条約発効に対する暗雲が立ち込め始めた。これを受けてイギリスは欧州憲法条約の批准に関する国民投票の実施について，国会での審議を凍結すると発表した。各国の批准手続きが停滞する中，欧州理事会は同年6月に「熟慮の期間」を設けることを決定し，事実上批准手続きは凍結されることとなった[32]。その原因の1つは，EU 旗や EU 歌など，あたかも EU が1つの国家であるかのような連想を与える条項が存在したこと，また，基本条約の呼称の一部である「憲法」という名称が「欧州連合が「スーパー国家化」し，加盟国の多くの主

権が奪われ，生活に悪影響が出るのではないか」という懸念を国民間に引き起こしたところにある，と分析されている[33]。

「熟慮の期間」は2007年まで続いたが，同年3月に欧州憲法条約に代わるEU条約の改正が示唆された。6月から改正案の起草作業が始まり，12月に新たな基本条約たる「リスボン条約」の合意に至った[34]。

リスボン条約は，欧州憲法条約のように，EUにおける新たな基本文書として示されたのではなく，ニース条約までの手法と同様に，これまでのEUの基本文書を改正するという形式をとった。リスボン条約では，EU条約という名称は維持し，EC条約を「EU機能条約」に改称して「欧州共同体（EC）」の用語を欧州連合（EU）に置き換える，としたのである。また，「憲法」や「外務大臣」のような国家を想起させる文言の使用は避け，EUの基本条約や二次法が国内法に優位するという規定も削除し，あたかもEUが「スーパー国家」であるといった印象を避ける工夫がなされている[35]。

このように，形式的にはEUの基本文書の「改正」という形をとったものの，リスボン条約には，欧州憲法条約で規定された実質的な内容が多く盛り込まれている。まず，リスボン条約のうちEU条約は，EUに法人格を付与し（第47条），マーストリヒト条約時に設定された三本柱構造を廃止し，EUとして一本化することとした。ただし，共通外交・安全保障分野の一部及び司法内務協力のうち「自由・安全・司法領域」は，「共同体化」されず，「政府間協力」にとどまるとした[36]。また，EU条約は，EUへの加盟条件及び手続きとともに，加盟国のEUからの脱退に関する規定を設けた。この規定によれば，加盟国は，憲法上の要件に従って脱退を決定することができ，脱退を決定した加盟国とEUは，その後の関係につき交渉した後，脱退の取り決めを定めた協定を締結する。もし脱退協定がない場合には，脱退希望の通知から2年後にEU条約とEU運営条約の当該国への適用を停止する（第49, 50条）。

また，EU条約は，EU基本権憲章にリスボン条約と同様の法的価値を有すると規定し，EUとして欧州人権条約に加入する他，欧州人権条約や「加盟国に共通の憲法的伝統から生じる基本権」はEUの法の一般原則となるとしている（第6条）。

68   第Ⅰ部　比較地域統合論

一方，リスボン条約は，EUと国家の権限関係を明確化し，加盟国間の「協力（cooperation）」によるEUの運営を謳うなど，加盟国国家の主権を尊重する規定も盛り込んでいる（EU条約第4条）。また，EU条約第5条には補完性の原則に関する規定が置かれているが，「国内議会がEUの行動を監視化することが制度化された」[37]など，EUが制限なく権限を拡大することに対する警戒感を反映する規定も置かれている。加えて，EU機能条約は，EUの権能を「排他的権能」「共有権能」「支援・調整・補充的行動」と類型化し，EUと加盟国の権限関係の明確化を図っている（第2条）。

このように，「欧州憲法条約」の内容を引き継ぎながらも，EU基本条約の改正という手続きをとり，超国家的な要素を想起させる内容を排除したリスボン条約は，調印と同年の2007年から加盟国で批准の手続きが開始された。しかし，2008年のアイルランドの国民投票では反対票が賛成票を上回ったため，アイルランドの主張を取り入れた議定書が作成されることとなった。その他にもシェンゲン協定など個別事項に関する議定書や，イギリス，フランス，デンマーク等の個別国家に関する議定書など，リスボン条約には合計37の議定書が付属することとなった。さらに，条約の個別条文や付属議定書に関する宣言や個別の加盟国による宣言など，65にのぼる宣言を加えて，2009年にリスボン条約は発効したのである。

ECSC条約からリスボン条約に至るまでの基本文書の変容を概観すると，紆余曲折を経ながら今日のEUが形成されていることがわかる。ECSCに表された超国家的な思想は，ヨーロッパを取り巻く国際情勢や加盟国の拡大・変容により次第に現実的な路線へと変更を余儀なくされ，今日に至るまで変化を続けながらEUは形成されてきたのである。

2-2　ASEAN

①　ASEAN設立宣言（バンコク宣言）及び内容

ヨーロッパ統合に関する構想が現れた時期に比すると，東南アジアにおける地域協力の構想や枠組みが現れた時期は第二次世界大戦終了後と，まだ一世紀にも満たない[38]。

第3章 国際機構論からみた EU と ASEAN の比較 69

その要因の1つとして, ASEAN 研究の第一人者である山影進は, 現在の東南アジア諸国の多くが第二次世界大戦後に独立し, ようやく主権を有する国家と成り得たという事実を挙げ, 1947年に国連経済社会理事会の下でアジア極東経済委員会 (ECAFE) が設置されたことを, 東南アジアにおける地域協力の始まりとしている。その後, 東南アジアには, コロンボ計画といった国際協力の枠組みや東南アジア条約機構 (SEATO) といった防衛機構, さらにアジア生産性機構 (APO) の発足を見たものの, 「このような協力機構にはかならず域外大国も参加し, 政治的経済的な影響力を行使するのが常であった」ため, 「地域的にまとまっている国々がその地域の問題を中心に協力するという本来の地域協力の概念からはかけはなれた内容と形態」というのが実情であった[39]。

また, 東南アジア地域においては, 1963年のマレーシア連邦の独立後, 周辺諸国との対立が発生した。その後, フィリピンとインドネシアでの政権が交代してマレーシアとの関係が改善し, さらにシンガポールが独立したことによって, これらの対立が収束に向かった。この地域国家間における和解が, 国家を「対決外交」ではなく協調路線へと向かわせ, 域内での協力関係を構築することが利益となるという共通認識が次第に出てくるようになった[40]。こうして, 1960年代後半から, 今日の ASEAN につながる国家間の協力関係や構想が始まり, 1967年8月8日に, ASEAN 設立宣言がバンコクで採択された。

ASEAN 設立宣言は, ASEAN の目的として, まず「東南アジア諸国の豊かで平和な共同体のための基盤強化」を挙げ, 域内国家間関係における正義と法の支配の遵守, 経済社会や文化, 科学技術, 教育, 行政などの分野における協力促進と相互援助, 産業の振興や貿易の拡大, 運輸通信等の改善など生活水準の向上, 東南アジア研究の促進, 他の国際機構の協力を挙げている(2項)。そして, これらの目的遂行のため, 年次外務大臣機関, 常置委員会, 臨時及び常設の委員会及び加盟国の国内事務局を設置するとしている。そして, ASEAN は, 友好と協力による団結, 平和, 自由, 繁栄を国民と子孫に対し「確保しようとする東南アジア諸国の集団的意志を代表するもの」と自らを位置づける(5項)。

また, ASEAN 設立宣言4項は, 「連合への参加は, 前記の目標, 原則及び

目的に同意する東南アジア地域のすべての国に開放される。」と規定し，東南アジアに位置する国が加盟することが可能であるとなっているが，加盟手続きの詳細に関する規定はない。また，脱退に関する規定も存在しない。

この ASEAN 設立宣言の特徴として，通常国際機構が設立される際に用いられる基本文書の形式である「条約」ではなく，「宣言」という形式であることが挙げられる。また，条項も 5 つのみであり，当初から詳細な規定を置き，自らを国際社会における固有の行為主体と明確に位置づけていた ECSC の基本文書とは対照をなしている。

確かに ASEAN 設立宣言を法的拘束力のある「条約」と同等に捉える立場もあるが，自らの名称を「連合（Association）」としていることや，事務局の設置が当初なかったこと，さらに通常国際機構の設立条約に明記される活動内容や内部機関とその権限などが明確に規定されていない，といった事由から，意図的に ASEAN 設立の際には条約ではなく「「軽い」ニュアンスを漂わせる宣言を選択し」，「設立に関わった当事者の認識では，明らかに，組織を通常の国際組織にしようとしなかった」のだと見做す方が妥当と考えられる[41]。

最上敏樹は，国際機構の創設動因の具体例として「単独では十分に影響力を持ちにくい弱小の国々が団結し，その政治的・経済的発言力を高めるための装置」として「弱者連帯型の国際機構」を設立する事例を挙げ，ASEAN もこの「弱者連帯型の国際機構」の範疇に属するとする[42]。確かに，ASEAN 設立には「反共」という目的もあったのは事実であろうが，ASEAN を創設した国々は，国家間協力を行うことにより得られる利益を自覚していた。すなわち ASEAN という「装置」を用い，国家間協力を行って利益を促進する目的も念頭にあったと考えられる。そのため，単一の行動主体と見做されればそれでよしとされ，どのような国際的な組織にするかといった点はそれほど重要視されなかったのであろう。

設立後，ASEAN は，加盟国の主権を国際機構に移譲する形式の EU とは一線を画し，「加盟国同士で互いの主権を尊重することを確認し合うという志向性」を持つ ASEAN Way（ASEAN 方式）を規範とし続けている。このような「プラグマティズム」は，ヨーロッパの平和という理念を念頭に発足した

ECSC とは対照的であり，今日においても ASEAN と EU とを比較する上では重要であろう[43]。

②　ASEAN 憲章及び内容

創設後の ASEAN は，「設立宣言の規定を超えて広範な領域を扱うようになり，それに対応して ASEAN の機関の多様化，機能の制度化が進行していった」[44]。年次外相会議に加えて非公式な形でも外相会議が開かれるようになり，加盟国間での政治協力は促進された。次に，対外政策で共同の立場をとるようになり，ASEAN+3（日本，中国，韓国）や ASEAN 地域フォーラムなど，自らを中核とした数々の国際枠組みを形成してきた。また，ASEAN 加盟国間における関税撤廃を施行した ASEAN 自由貿易地域形成への取り組みが行われるなど，実質的な経済面での統合も進んだ。

一方で，ASEAN 設立宣言は，条約よりも拘束力の弱い宣言という形式であるが，この基本文書の形式的な脆弱性が，「ASEAN は国際機構なのか」という問いをもたらし，より制度化を促進する求心力となった。設立文書が法的拘束力を持つ条約等ではないため，ASEAN の「国際法的根拠が薄弱・曖昧であるという見解は一般的で，そのために ASEAN の存続能力が疑われることも多」く，法的基盤を有する他の地域的国際機構とは異なる扱いをされることもあった。そのため，1974年の ASEAN 閣僚会議において，中央事務局の設置，経済統合の協力に伴う閣僚会議の設置に加えて，ASEAN 憲章の検討が宣言された[45]。2005年には，ASEAN 首脳会議において「ASEAN 憲章の制定に関するクアラルンプール宣言」が採択され，正式に ASEAN を「国際機構化」する合意がなされた[46]。

2007年に採択され，2008年に発効した東南アジア諸国連合憲章（ASEAN 憲章）は，目的及び原則，法人格，加盟国の地位，機関，関係する団体，機構及び職員の特権免除，意思決定，予算及び財政などの章を設け，実質的に「複数国家により，共通の目的達成のために，国際条約に直接基づいて設立された，独自の主体性が認められた，常設的な機構」である ASEAN を発足させた[47]。この ASEAN 憲章は，発効後設立される予定の政治安全保障，経済，社会文

72　第Ⅰ部　比較地域統合論

化の３つの柱による地域共同体の基本法としての位置づけもあり，ASEAN が東南アジアにおける「共同体」構築への「実行力と組織としての信頼性を高める」という目的も有している[48]。

　ASEAN 憲章は，まず，ASEAN が採択してきた宣言や条約などの国際文書に含まれている18項目の目的（第１条）と，これまで ASEAN が採択してきた国際文書の内容に加え23項目の原則（第２条）を列挙し，その遵守を謳っている。ASEAN 設立宣言との相違としては，域内の平和と繁栄や相互協力という従来の目的や加盟国の主権の尊重という原則に加えて，民主主義の強化や法の支配，人権と基本的自由の促進や，環境の保護，国境を越える犯罪への対処等が挙げられると同時に，国際人権法を含む国連憲章と国際法の支持や国際法に違反する武力行使等の放棄など，東南アジアの地域のみではなく地球規模での共通利益と考えられる内容が含まれている。

　次に，ASEAN 憲章は，ASEAN を「１つの政府間組織」として法人格を有するとし（第３条），内部機関として最高政策決定機関として定期的に開催される首脳会議（第７条），首脳会議の実施機関である ASEAN 調整理事会（第８条），政治・安全保障，経済，社会・文化理事会から構成される ASEAN 共同体理事会（第９条），ASEAN 部門別閣僚組織（第10条）を設置した。さらに，ASEAN 事務総長と事務局の設置を憲章内に明確化した（第11条）他，新たに ASEAN 人権機構を設立している（第14条）。

　さらに，ASEAN 憲章は，原加盟国（第４条）と新規加盟の要件と手続き（第６条）に加え，加盟国の権利義務を規定している（第５条）。また，ASEAN 及び ASEAN 事務総長及び職員等の特権免除（第17～19条）に加え，ASEAN と国連及び他の国際機構・機関との関係（第45条）に関する条項も有し，１つの「国際機構」である地位を明確にしている。そして，「アイデンティティ及びシンボル」と題する第11章では，ASEAN 域内の人々に共通の ASEAN アイデンティティと１つの帰属意識を促進する（第35条）とし，「１つのビジョン，１つのアイデンティティ，１つの共同体」というモットーや，ASEAN の旗，紋章，祝歌を規定するとともに，８月８日を「ASEAN の日」と定めている（第36～40条）。

第3章 国際機構論からみた EU と ASEAN の比較　73

このように，ASEAN は，法人格を有する「国際機構」として活動すること
を選択し，「何をすべきでないか」を確認する協議体から，経済協力や他の協
力など「何かをする」ための機構に変容しようとしている。また，内政不干渉
原則を維持しつつも，コンセンサス方式の意思決定が明文化されたことで，
ASEAN による国内事項への介入が可能だとする加盟国と，それを嫌い，従来
の「ASEAN Way」を志向する加盟国との意見が分かれる状況も生まれつつ
ある[49]。

3　内部機関・決定の効力に関する比較

国際機構の設立目的や活動内容などは，国際機構の基本文書に規定されてい
るが，実際の国際機構の活動は，通常，「機能的かつ効率的にその目的を遂行
するために」基本文書において権限等が規定される内部機関により行われてい
る[50]。ここでは，EU と ASEAN の主要な内部機関とそれらの決定の効力を比
較することにより，両者の相違を明らかにしたい。

3-1　EU

①　ECSC の内部機関

ECSC 設立条約第2部は機構の内部機関について定めており，そこでは最高
機関，共同議会，閣僚特別理事会，司法裁判所を「共同体の機関」と明示して
いる。また，最高機関は，諮問委員会により補佐される（第7条）。

最高機関は，6年の任期で「各自の一般的能力に基づいて選任される9人」
により構成され，ECSC の目的を設立条約に定められた条件のもとで達成し確
保するという任務を有する（第8，9条）。また，「最高機関の構成員は，共同
体の一般利益のために，完全に独立して，その職務を遂行する。その義務を履
行するにあたって，構成員は，いかなる政府またはいかなる組織の指示をも請
求したりまた受諾してはならない。構成員はその職務の超国家的性格（the
supranational character of their duties）と相容れないすべての行為を慎まなけれ
ばならない。各加盟国は，右の超国家的性格を尊重し，かつ最高機関の構成員

74　第Ⅰ部　比較地域統合論

の任務遂行に影響を及ぼさない義務を負う。」（第9条）として，最高機関委員
の独立性と政治的中立性，また「超国家的性格」が強調されている。

　そして，最高機関は，「そのあらゆる部分について拘束力を有する」決定，
及び「それが指示する目的については拘束力を有するが，この目的を達成する
ための適当な方法の選択は，勧告を与えられたものの自由に委ねられる」勧告
を行うことができ，また「拘束力を有しない」意見を表明することができる
（第13条）。加えて，加盟国の企業がECSC条約に基づく義務違反の一部を構成
する場合，加盟国は最高機関にその旨を通知しなければならず，最高機関は罰
則も含めた決定を行うことができる（第90条）という規定もあり，最高機関は
加盟国の私人に対して影響力を及ぼす決定も行うことが可能である。

　最高機関を補佐する諮問委員会は，閣僚特別理事会によって任命された，同
一数の独立した生産者，労働者，消費者及び商業者によって構成される（第18
条）。最高機関は，適当と考慮したすべての案件につき，諮問委員会と協議す
ることができる（第19条）。

　共同議会は，各国の議会が指名した議員という「共同体加盟国の国民の代表
者」により構成され，ECSC条約に定められた「監督権を行使する」権限を与
えられている（第20，21条）。共同議会は，年次総会，及び閣僚特別理事会／最
高機関の過半数の要請により特別総会を開催し（第22条），最高機関により提
出された一般的な報告を公開で審議する（第24条）。

　閣僚特別理事会は，任命された加盟国政府の代表者から構成され（第27条），
その議長または最高機関の要請により会合を開催する（第28条）。閣僚特別理
事会は，ECSC条約により委嘱された任務につき権限を行使するが，特に加盟
国の一般的な経済政策の分野に関し，最高機関と加盟国間での調整を行う（第
26条）。

　司法裁判所は，独立性と専門性を兼ね備えた7人の裁判官により構成され
（第32条），法の遵守の観点から，ECSC条約の解釈適用を行うことと，ECSC
により制定された法の履行を確保することを任務とする（第31条）。司法裁判
所は，加盟国あるいは閣僚特別理事会の決定により，また最高機関の勧告によ
り，管轄権を行使する他，企業や団体も，ECSCの決定や勧告に対し，訴訟手

第 3 章　国際機構論からみた EU と ASEAN の比較　75

続きを開始することができる（第33条）。裁判所によりその決定や勧告が無効と判断された場合には，最高機関は，判決を遵守する措置を講じなければならない（第34条）。また，ECSC 条約に基づく金銭的制裁に関しては，司法裁判所は限定されない管轄権を有する（第36条）。

　ECSC の内部機関の中で，他の国際機構の内部機関と比して際立った特徴を有しているのが，「超国家的性質」を有するとされた最高機関である。ECSC 設立の基盤となったシューマン宣言に深く関与したジャン・モネは，強い主権を持った国家の台頭がヨーロッパの平和を危うくすると考え，国家主権を超えたヨーロッパの統合を指向していた。このため，モネは，ECSC の「最高機関に超国家性を与えることに強く固執」し，その行為について疑義がある際には，国家ではなく ECSC の裁判所によって審理されるべきだとしたのである[51]。

②　EEC の内部機関及び統合条約・単一欧州議定書による変更

　ヨーロッパにおける関税同盟設立や通商等の分野での共同政策の策定，加盟国の経済政策の調整などを目的とした EEC は，その設立条約で総会，理事会，委員会，裁判所を共同体の任務を遂行する内部機関と定め，理事会と委員会は諮問機関である経済社会評議会により補佐されると規定する（第4条）。

　総会は，ECSC 共同議会と同様，加盟国の議会から指名された議員によって構成され，EEC 条約によって「与えられる決議及び監督の権限を行使する」（第137条）。総会は，年次総会及び過半数の構成員，理事会又は委員会の要請により，特別会期として会合することができる（第139条）。また，おおむね国の大小によって，各国に割り当てられる議員数を決定し，投票数の絶対多数により表決を行うこととした（第138条1項，第141条）。

　理事会は，各加盟国が派遣する1名の閣僚という「加盟国の代表」により構成される（第146条）。理事会は，加盟国の一般的経済政策の調整を行い，決定権を行使する（第145条）。また，委員会の提案に基づいて理事会が決定を行う場合は，全会一致の場合のみ修正することが可能である。また，総会が協議を受けた場合は，「委員会は，理事会が決定を行わない限り，原提案を修正することができる」（第149条）。また，おおむね国の大小によって構成員に割り当

てられる票数を決定し，理事会の決定は構成員の多数決により行われるとしつつ，特定の場合については一定の票数（12票）を得ることができれば採択されるとした（第148条１項・２項）。

委員会は，一般的能力によって選定され，独立した９名の委員によって構成される。委員会は，EEC 条約の規定及び EEC の諸機関が採択する規定の適用を監督し，条約による委嘱または委員会が必要と認める場合は勧告あるいは意見を表明し，独自の決定権を行使するとともに理事会と総会の議決の準備に参加し，理事会から与えられた権限を行使する，という幅広い任務が与えられている（第155条）。EEC の委員会委員は，ECSC の最高機関と同様，「共同体の一般利益のため，完全に独立してその任務を遂行」し，加盟国は委員の独立性を尊重して「委員会の委員に対し，その任務を遂行するにあたって影響を及ぼさないことを約束する」こととなっている（第157条２項）が，ECSC の最高機関のような「超国家性」に関する言及はない。

理事会と委員会の諮問機関である経済社会評議会は，「経済生活及び社会生活の各部門の代表者」により構成され（第193条），EEC 条約に定められている場合には「義務として理事会又は委員会の協議を受けなければならない」（第198条）。

司法裁判所は，独立した７名の裁判官で構成され（第165条），EEC 条約の解釈適用を行って法の遵守を確保する（第164条）。加盟国は，他の加盟国が EEC 条約上の義務を履行していない場合には，その事件を司法裁判所に付託することができ，裁判所が義務履行違反を認めた場合には，加盟国は判決を執行する措置を講じなければならない（第170，171条）。司法裁判所はまた，理事会や委員会の行為の合法性を審査する権限に加え，個人や法人も，自身が対象である又は関連する決定に対して訴訟を行うことができる（第173条）。また，理事会や委員会が EEC 条約に違反して決定を行わなかった場合には，加盟国や EEC の他の機関が，その違反につき提訴を行うことができる（第175条）。そして，司法裁判所は，仲裁裁判を行うことができ（第181条），加盟国間の紛争についても管轄権を行使できると定められている（第182条）。

EEC で最大の特徴を有するのが，EEC 内部機関によって採択される二次法

の効力である。EEC 条約第189条は，まず，理事会及び委員会が「規則及び命令を定め，決定を行い，かつ，勧告又は意見を表明する。」と規定する。そして，同条は，規則は，一般的な効力を有し，「そのすべての要素について義務的であり，すべての構成国において直接適用することができる。」，命令は，「これを受領するすべての構成国を拘束するが，方式及び手段については構成国の権限に任せる。」，決定は，「指定される受領者に対し，そのすべての要素について義務的である。」，また，「勧告及び意見は，なんら拘束力を有しない。」と定めている。

　これらの二次法のうち，特に注目されるのが，直接適用効力を有する「規則」である。平良は，特にこの「規則」につき，「従来の国際法規や条約は私人に対して必ずしも直接適用されるとはかぎらなかったのに対して，直接適用力を認め，加盟国の私人を拘束し，加盟国裁判所における法源となっている」と述べ，従来の国際法とは別個の枠組みで二次法を捉えるべきだという見解を示している[52]。そして，1960年代前半には，司法裁判所の判例上「EC 法の直接効果および国内法に対する優越性が判例法上確立され」，EC では設立条約や規則，指令，決定等の派生法（いわゆる二次法）などからなる固有の法制度が形成されている，と認識されるに至った[53]。

　また，この直接適用性から派生する問題として，加盟国国内の裁判所と EEC 司法裁判所による二次法の解釈適用の相違が考えられる。そのため，EEC 条約177条は，「先決決定（preliminary decision）」という制度を設け，加盟国の国内裁判所における二次法の適用に問題がある際には，まず国内裁判所が EEC 司法裁判所に付託あるいは照会を求め，そこで「中間判決あるいは先決決定をえてから国内裁判所としての判断」を行うというしくみを規定している[54]。

　EEC の内部機関に関する規定には，ECSC 条約のように「超国家性」を盛り込んだ条項はなく，また，特定多数決の導入のような現実的な方策も盛り込まれている。しかし，EEC 委員会が「理事会での加重特定多数決の大幅な採用，欧州議会の権限強化」などを求めた際，仏大統領ドゴール（当時）は，「超国家性を高め，加盟国の主権の優位を脅かす」として反対し，司法裁判所を除く

78 第Ⅰ部 比較地域統合論

EEC の諸機関からフランスの代表を撤収させた（1965年の危機）。そして，EEC は，「理事会では構成国の死活的な国益に関する問題については，条約の規定にかかわらず，全会一致が得られるまで審議を継続する」としてフランスに妥協し，以後，「構成国に事実上の拒否権を認める」という慣行となったのである（伏線ブルグの妥協）[55]。

　なお，EEC 条約発効と同時に，「欧州共同体に共通な機関に関する協定」が発効し，EEC と EURATOM の総会は単一に構成された（第1条）。また，司法裁判所は，ECSC，EEC，EURATOM を管轄することとなり，経済社会評議会も単一化された（第3，4，5条）。また，前述のとおり，1965年には EC 機関合併条約が締結され，ECSC，EEC 及び EURATOM の各理事会に代わる統一の欧州共同体理事会及び欧州共同体委員会を設立した（第1条，第9条）。

　単一欧州議定書は，「EC の制度上の改革」と「EC の主要諸機関の権限関係を整理」した[56]。まず，単一欧州議定書の第2条は，欧州共同体の加盟国首脳と EC 委員会委員長で構成される欧州理事会の設置と開催を規定し，1975年から慣習的に開催されてきた首脳理事会に法的基盤を与えた。次に，理事会における全会一致での決定を放棄し，「投票手続きの一部が，全会一致から加重特定多数決に改正された」[57]。また，欧州議会（旧総会）と理事会とが，新加盟国の承認など特定の決定を行う際の共同決定権，委員会の執行に関する評議会の制度化，司法裁判所における下級審の設置，EC の政策領域の明確化などが規定された[58]。

③　EU の内部機関

　1992年に締結され EU を設立したマーストリヒト条約は，内部機関としてまず「構成国の国家元首又は政府の長及び委員会の委員長で構成される」欧州理事会につき規定を置いている（D 条）。また，EC から引き継いだ欧州議会，理事会，委員会，司法裁判所については，一方で三共同体の諸条約による権限を，他方でマーストリヒト条約による権限を，それぞれ行使するとしている（E 条）。すなわち，これらの EU 内部機関は，「別個の法人格を有する」ECSC（2002年に廃止），EEC，EURATOM という三共同体の運営と，EU の第2の柱である

第3章　国際機構論からみたEUとASEANの比較　79

共通外交・安全保障政策及び第3の柱である司法内務協力の運営も行うこととなった[59]。

そして，EUの活動の整合性と継続性を確保するために，「最高意思決定機関である欧州理事会の政治的指針の下，EC諸機関が三本柱に共通の機関として，分野に応じて法的根拠をEC条約またはEU条約に置きながら行動する」という「単一制度枠組み」が採用された。そのため，EC条約に基づく活動分野（第1の柱）においては，委員会が二次法の提案権（二次法の法案提出権）を持ち，理事会が表決手続きに基づいて決定を行い，欧州議会が立法へ参加し，司法裁判所による審査もあるという「共同体方式」が「標準となっている」。他方，共通外交・安全保障政策（第2の柱）と司法・内務協力（第3の柱）については，理事会の全会一致による決定を原則とし，委員会の提案権が加盟国と共有となる，欧州議会の役割が限定的である，といった相違が生じた。

EUに対し単一の法人格を付与したリスボン条約では，EUの機関として，欧州議会，欧州首脳理事会，理事会，欧州委員会，EU司法裁判所，欧州中央銀行，会計検査院を設置している（第13条）[60]。これらの機関に加え，リスボン条約では，EUの個別の活動に対応した機関（警察協力を支援するユーロポールなど）も設置している。

欧州首脳理事会は，EUの最高意思決定機関であり，一般的な方針と優先順位を定める他，理事会の編成や欧州委員会委員長の候補者などの組織や人事上の決定を行い，特段の定めがなければコンセンサスにより決定を行う。

理事会は，各加盟国の閣僚級の代表により構成され，立法上及び予算上の機能を行使し，国際協定を締結する他，共通外交・安全保障政策の実施，経済的監視などを行う。決定は原則として特定多数決による。

欧州委員会は，加盟国国民の中から個人の資格によって選定され，独立した委員から構成される。欧州委員会の任務・権限は非常に幅広く，二次法の法案提出権を含む立法や政策決定，立法や政策の実施，予算の編成と執行，EU適用の監督，国際協定の締結等の際に対外的にEUを代表する，などがある。

欧州議会は，直接選挙により加盟国から選出されたEU市民の代表で構成され，立法過程への参加，予算関連事項における決定や理事会との協議，国際協

80　第Ⅰ部　比較地域統合論

定の締結における関与，などの権限を有する[61]。

　また，EU 司法裁判所は，リスボン条約により，司法裁判所，総合裁判所（旧称第一審裁判所），EU の「規則」により設置される専門裁判所により構成されることとなった。EU 司法裁判所は，EU 条約と EU 機能条約に関する一般的管轄権を有するが，共通外交・安全保障分野の一部や「自由・安全・司法領域」分野の一部，また加盟国の権利停止手続きに関する措置の違法性審査については，管轄権を有しない[62]。

3-2　ASEAN

①　ASEAN 設立宣言における内部機関

　ASEAN の組織的特徴は，加盟国とともに独立した欧州委員会や司法裁判所が重要な役割を担う EU とは対照的とされ，加盟国が平等な立場で参加する会合を定期的に開催し，加盟国が主要な意思決定主体となる点である[63]。

　1967年に採択された ASEAN 設立宣言は，ASEAN の機関として，年次外務大臣会議，常置委員会，臨時委員会及び常設委員会，そして各加盟国の国内事務局を設立すると規定している（3項）。

　年次外務大臣会議は，「輪番制によって開催され」，必要な場合には「特別外務大臣会議を招集することができる」として，通常会期以外での開催も可能としている。

　常置委員会は，「主催国の外務大臣又はその代表者を議長とし，かつ他の加盟国から派遣された大使を委員として，次期外務大臣会議までの期間，連合の事務を遂行する」。

　臨時委員会及び常設委員会は，専門家と政府関係者から構成され，特定の問題を扱う。そして，国内事務局は，加盟国を代表して連合の事務を遂行し，これらの会議及び委員会に対し役務を提供するという任務が規定されている。

　これらの内部機関に関する規定は極めて短く，また機関の詳細な権限や決定の効力に関する規定は置かれていない。黒柳米司は，EEC 条約における内部機関の詳細な規定と ASEAN 設立宣言における簡略な内部機関の規定を比較し，ASEAN は「基本的には，新興独立諸国としての ASEAN 加盟国が一国家主

権の維持を至上命題とするがゆえに―ASEAN という地域協力機構が「超国家的機構」という性格を有することを忌避する姿勢に終始した」ため，「非公式主義」を貫くこととなり，その結果，「制度面でも ASEAN の非公式主義は顕著であった」と評している[64]。

このため，ASEAN においては，定期的に開催される会議が主な意思決定の場であり，慣習としてコンセンサス制が採用されてはいるが，会議の運用ルールなど意思決定手続きは十分に明確化されていなかった。そのため，ASEANの各種会合では，「その意思決定において交渉ではなく，協議が重視されてきた」のが実態だったとされる[65]。このような ASEAN のコンセンサス制は，「協議（ムシャワラ）を通じたコンセンサス（ムファカット）形成方式」と称されることもあった[66]。

ASEAN は，設立宣言に規定された年次外務大臣会議に加え，1976年より，必要に応じて ASEAN 首脳会議を開催してきた。これらの外務大臣会議や外相会議では，平和・自由・中立地帯宣言，東南アジア協和宣言，ASEAN ビジョン2020や東アジア協力に関する共同声明など，ASEAN の共通課題に関する声明や方向性を示す国際文書が採択されてきた。また，東南アジア友好協力条約や，東南アジア非核兵器地帯条約など，法的拘束力のある「条約」の形式として採択された国際文書もある[67]。これらは，域内の協力を促進させ，ASEAN 憲章への基盤を徐々に形成していくなど活動の基盤となることもあったが，EU の「二次法」のように個別具体的な活動内容を形成していくものではなく，大局的な方向性を示す性格を有していたと考えられる。

② ASEAN 憲章における内部機関

ASEAN 憲章は，組織として，ASEAN 首脳会議，ASEAN 調整理事会，ASEAN 共同体理事会，ASEAN 部門別閣僚組織，ASEAN 事務総長及び事務局，ASEAN 常駐代表委員会，ASEAN 国内事務局，ASEAN 人権機構の設置を規定している。

ASEAN 首脳会議は，1976年から不定期に開催されてきたが，ASEAN 憲章の発足により正式な制度として位置づけられた[68]。ASEAN 首脳会議は，加盟

国の国家元首又は政府の長から構成され，最高意思決定機関と位置づけられている（第7条）。年に2回会合を開き，ASEANの活動の方向性や，協力の深化に関する決定を行う。ここでの決定は，部門別に分かれた閣僚組織に指示され，具体化される。

ASEAN調整理事会は，加盟国外相により構成される。首脳会議の準備機関という位置づけは，これまでの外相会議と相違はないが，ASEAN首脳会議とASEAN閣僚組織との調整も任務に加えられている（第8条）。

ASEAN共同体理事会は，各国代表によるASEAN政治・安全保障共同体理事会，ASEAN経済共同体理事会及びASEAN社会・文化共同体理事会により構成される。ASEAN共同体理事会は，共同体の「3つの柱」の目的実現のため，ASEAN首脳会議に関連する決定の実施を行うほか，ASEAN首脳会議に対して報告や提言を行う（第9条）。また，ASEAN共同体理事会を構成する3分野の理事会は，各々の権限のもとに関連するASEAN部門別閣僚組織を置くことが規定されている。ASEAN部門別閣僚組織は，各々の権能に従って職務を遂行する他，ASEANの統合と共同体建設のために分野間の協力を強化することとなっている（第10条）。そして，加盟国の大使級常駐代表より構成されるASEAN常駐代表委員会は，ASEAN共同体理事会や部門別閣僚組織の作業を支援する他，国内事務局との調整や域外パートナーとの協力の促進を行う（第12条）。

ASEAN事務総長は，個人の資格に基づき，国名のアルファベット順に加盟国国民の中から選出され，ASEAN首脳会議で任命される。また，事務総長と事務局職員は，職務遂行において最高水準の効率や能力，完全性を維持し，政治的中立や国際性が求められる。ASEAN加盟国は，事務総長及び職員に対し，政治的その他の影響を与えないことを約束する（第11条）。

また，ASEAN人権機構については，その設立と，「ASEAN外相会議によって決定された付託事項に従い行動する」という簡略な規定のみが置かれるにとどまった（第14条）。

そして，ASEAN憲章は　初めて意思決定方式を「協議とコンセンサスに基づく」と規定し，コンセンサスが得られない場合は，首脳会議が他の決定方法

を定めるとした（第21条）。そして、コミットメントの履行については、「ASEANマイナスX」方式（合意ができた国から履行する）も含め、コンセンサスにより柔軟な手続きをとることができるとする（第22条）。

ASEAN憲章の調印以降、いくつかの分野で統合に向けての進展があった。まず、憲章で想定されている分野別の「共同体」のうち、ASEAN経済共同体（AEC）については、2007年のASEAN首脳会議において実現に向けてのブループリント（工程表）が採択され、2008年からASEAN事務局が「各国の進捗状況を評価するためのスコアカード（採点表）を実施」した[69]。目標にしていた2015年内の発足は困難という見方もあったが、2015年11月にASEAN首脳はAEC発足に向けた宣言に署名し、2015年12月31日には、EUの域内人口を上回る6億2,000万人の人口を有し、域内総生産が2兆5,000億ドルという「巨大な経済圏」が誕生した[70]。また、2012年には、アジア地域で初めての国際人権文書となるASEAN人権宣言が首脳会議で採択された[71]。

一方、ASEANの内部機関が整備され、ASEANが「国際機構」化された後も、統合が進まない分野も存在することは事実である。例えば、設立が予定されている三共同体のうち、政治・安全保障共同体や社会・文化共同体については、ブループリントは作成されているものの、2016年12月現在、設立に至ってはいない。また、発足したAECについても、自由貿易協定（FTA）を進展させた枠組みにすぎず、部門別にみれば北米自由貿易協定（NAFTA）よりも統合の度合いは低いとする見方もある[72]。このように、ASEANが「国際機構」として成立した後も、「EUとは、統合の基本的な考え方が大きく違っている」[73]ことなどを要因とし、統合への道のりが進まないことも事実であろう。

4　おわりに

これまで概観したように、EUとASEANは、統合に関する歴史や背景、統合に向かう方法、内部機関とその権能など、様々な点で異なる要素を有しており、先に述べたように、国際機構の識者からは異なった意味で「特殊な国際組織体」と捉えられることもあった。一方、双方の共通点は、地理的にその地域

84　第Ⅰ部　比較地域統合論

に存在する国家のみに加盟を認めているという「地域的国際機構」という点である。そのためか，この2つの「国際機構」は，様々な点で比較の対象となってきた。例えば，山影進は，2つの「国際機構」を「統合の制度化からみた半世紀」という視点から比較している。山影は，1952年のECSC発足から始まったヨーロッパの地域統合は，紆余曲折を経ながらも深化・拡大し，半世紀の間に地域を大きく「統合・変貌」させたとする一方で，ヨーロッパ統合を「重要な参照基準」としつつ，「半世紀の間生き延びた」ASEANによる東南アジアの統合は，「遅々としているようにみえる」と述べ，ASEANがASEAN憲章に描かれた「建築物として実現し，機能しているかどうかを見極めるには，もうしばらく時間が必要である」とする[74]。

　国際機構は，基本文書で目的や原則，活動内容等を定めるが，実際に活動を行う中で，時代や国際社会の変化とともに，時に設立時の目的や原則から大きく自らを修正せざるを得ない状況に陥ることがある。第二次世界大戦中に構想された国連は，国家間の武力紛争に対処することを念頭に設立されたが，今日では，内戦やテロ行為のような民間人による脅威への対応など，必ずしも国家間の武力紛争のみに対処を求められているわけではない。「通貨の番人」として固定相場制度の維持を大きな目的として発足した国際通貨基金（IMF）は，ニクソンショック後にアメリカが変動相場制に移行したことを受け，基本文書を改定して平価維持監督に関する権限をなくすとともに，今日では債務危機等に陥った国家を支援する活動に重点を置いている[75]。

　その意味からすると，EUもASEANも，時代や国際社会の変化を受け，自らを修正しつつ自律的な活動を行ってきた国際機構として捉えられるであろう。人間の意思や理性によって設計され運営される超国家的な機構によりヨーロッパの平和を希求するというジャン・モネの理念から始まった欧州の統合への志向は，国家主権を重視する加盟国や国民の意向などから修正を迫られ，紆余曲折を経て，より「プラグマティック」な観点から今日のEUが形成されるに至っている。一方，国家間の主権を重視して法的な基盤に基づく制度設計よりも協議関係を採用し，実利的な利益が見込める分野での統合を促進しようとしてきたASEANでは，自らを「国際機構」化し，人権や法の支配などの加盟

国に対する理念を基本文書に明記するなど，これまでの「プラグマティズム」から脱却する姿勢も見て取れる。

　第一次世界大戦後に設立された国際連盟は目的を達成することができず，第二次世界大戦の勃発とともに崩壊し，冷戦を背景に設立されたワルシャワ条約機構は，国際情勢の変化とともに1991年に解散した。しかし，本書で扱うEUとASEANは，今日の世界にとって非常に大きな存在であることは事実であり，紆余曲折を経ながらも，これからも時代の変化とともに生き延びる国際機構であり続けるだろう。異なる歴史を持ちながら，今日大きな転換点を迎えている2つの「国際機構」の今後の変貌に注目し続けたい。

●注 ─────────────────

1　横田洋三編著『新国際機構論』（国際書院，2005年），34-35頁。

2　「条約法に関するウィーン条約」（1969年5月23日採択，1980年1月27日効力発生）第2条(i)。

3　一般的に，「宣言」は，国際法の法源の1つである「条約」とは異なり，何らかの法的効果は有するとする説はあるが（例えば「ソフト・ロー」と捉えるなど），一般的には「法として確立していない」形式の国際文書であると考えられている。横田洋三編『国際法入門（第2版）』（有斐閣，2005年），55頁。

4　横田，『新国際機構論』，35-36頁。

5　国末憲人『巨大「実験国家」EUは生き残れるのか？』（草思社，2014年），264-265頁。なお，「未確認政治物体」という用語は，当時欧州委員長だったジャック・ドロールが1985年に初めて使用したと紹介されている。国末，前掲書，261頁。

6　遠藤乾・板橋拓己「第1章　ヨーロッパ統合の前史」，戸澤英典・上原良子「第2章ヨーロッパ統合の胎動」遠藤乾編『原典　ヨーロッパ統合史』（名古屋大学出版会，2008年），8-164頁。

7　上原良子「4-2　シューマン宣言（1950.5.9）」遠藤編，前掲書，230-232頁。

8　上原良子・八十田博人「4-12　欧州石炭鉄鋼共同体設立条約（1951.4.18調印，1952.7.23発効）」遠藤編，前掲書，260-261頁。

9　Treaty establishing the European Coal and Steel Community（18 April 1951）（http://eur-lex.europa.eu/legal-content/EN/TXT/?uri=CELEX:11951K/TXT）（アクセス日：2016年12月11日）。

10　横田，『新国際機構論』，151頁。

11　押村高「カント・モーメント─ヨーロッパの平和実践における人間意思と理念の役割─」大芝亮・山内進編著『衝突と和解のヨーロッパ　ユーロ・グローバリズムの挑戦』（ミネルヴァ書房，2007年），76頁。なお，引用の一部は，エマニュエル・カント『永遠平和

86 第Ⅰ部 比較地域統合論

のために』の一部である。

12 EC 及び EU における「超国家性」に関する考察につき，最上敏樹『国際機構論』203-207頁，『国際機構論（第2版）』（東京大学出版会，2006年），177-187頁を参照。

13 Treaty establishing the European Economic Community（25 March 1957）（http://eur-lex.europa.eu/legal-content/EN/TXT/?uri=CELEX:11957E/TXT）（アクセス日：2016年12月11日）。

14 細谷雄一「欧州経済共同体設立条約（1957.3.25調印，1958.1.1発効）」「第4章　シューマン・プランからローマ条約へ　1950-58年」遠藤編，前掲書，326-328頁。

15 A/Res/3208（XXIX）（11 October 1974）。

16 *Protocole sur les priviéges et immunités des communautés européennes, Journal official des communautés européennes*, No. 152/13（13 Juillet 1967）。

17 川嶋周一「ハーグ首脳会議コミュニケ（1969.12.2）」遠藤編，前掲書，420-422頁。

18 橋口豊「「ヨーロッパ・アイデンティティ」宣言（1973.12.14）」遠藤編，前掲書，441-442頁。

19 *Single European Act, Official Journal of the European Communities*, L 169/1-19（29 June 1987）。

20 *Final Act, Official Journal of the European Communities*, L 169/20-29（29 June 1987）。

21 Committee for the Study of Economic and Monetary Union, "Report on economic and monetary union in the European Community".

22 *Treaty on European Union, Official Journal of the European Communities*, C 191（29 July 1992）。

23 *Treaty of Amsterdam amending the Treaty of European Union, the Treaties establishing the European Communities and certain related acts, Official Journal of the European Communities*, C 340（10 November 1997）。

24 シェンゲン・アキに関しては，イギリスとアイルランドは当初から条約を批准しておらず，アムステルダム条約後も適用除外が認められた。Protocol integrating the Shengen acquis into the framework of the European Union, 第4条。また，デンマークは，シェンゲン・アキ上の一部の権利義務につき，自国によって決定できる範囲を留保した。Ibid., 第3条。

25 田中俊郎『EU の政治』（岩波書店，1998年），31-32頁。

26 *Treaty of Nice, Official Journal of the European Communities*, C 80/1（10 March 2001）。

27 中村民雄「Ⅰ 欧州憲法条約の解説」衆議院憲法調査会事務局『欧州憲法条約—解説及び翻訳』（委託調査報告書，平成16年9月），1-63頁。

28 第Ⅰ-8条「連合の象徴」。中村，前掲書，44頁。

29 第Ⅰ-6条「連合法」。

30 第Ⅰ-60条「連合からの任意脱退」。もっとも，このような条項が存在しなくとも，加盟国の「権利停止が無期限に続く場合は事実上の除名となる可能性がある」。庄司克宏『EU 法　基礎篇』（岩波書店，2003年），101頁。また，通常「国際機構の基本条約は，通常の条約という側面と，国際機構にとっての基本法という側面の，二面性を持つ」（横田，『国

際法入門（第2版）』，226頁）ため，EU条約の「条約」としての側面に注目し，ウィーン条約法条約における条約の終了や脱退に関する規定を援用し，「すべての加盟国の間で合意があり」，脱退に関して条約改正や新たな条約の締結がなされれば，理論的には脱退は可能であるという説もあった。庄司，前掲書，101頁。

31 中西優美子「欧州憲法条約における脱退条項」『国際法外交雑誌』第103巻第4号（2005年），55-57頁。

32 欧州憲法条約の批准に関する加盟各国の動向の詳細については，吉武信彦「欧州憲法条約批准過程と国民投票」（1）（2・完）『地域政策研究』第9巻第2・3合併号（2007年）65-76頁，第10巻第2号（2007年）1-16頁を参照。

33 小林勝『リスボン条約』（御茶の水書房，2009年），272頁。

34 *Treaty on European Union and Treaty on the Functioning of the European Union, Official Journal of the European Union*, C 202（7 June 2016）.

35 庄司克宏「リスボン条約（EU）の概要と評価—「一層緊密化する連合」への回帰と課題—」『慶應法学』No. 10（2008年），197-198頁。

36 庄司，前掲書，202-203頁。

37 庄司，前掲書，205頁。

38 黒柳米司は，そもそも「東南アジア」という地域が認識されるに至ったのは第二次世界大戦末期であり，第二次世界大戦中に日本軍へ対抗するためにセイロン（当時）に設置された「東南アジア司令部」が始まりであると述べる。黒柳米司・金子芳樹・吉野文雄編著『ASEANを知るための50章』（明石書店，2015年），18頁。

39 山影進『ASEAN シンボルからシステムへ』（東京大学出版会，1991年），23-24頁。

40 黒柳・金子・吉野編著，前掲書，23-25頁。

41 山影進「アジア太平洋経済協力の制度化に見られる特徴—ASEANとAPECの組織原理と運営原則を中心に—」『世界法年報』第16号（1997年），7-8頁。

42 最上敏樹『国際機構論』（東京大学出版会，1996年），65-68頁。

43 黒柳・金子・吉野編著，前掲書，90-92頁。

44 山影，前掲書，249頁。

45 山影，前掲書，242-259頁。

46 清水一史「経済協力の構造変化とASEAN経済統合」石川幸一・清水一史・助川成也編著『ASEAN経済共同体—東アジア統合の核となりうるか』（ジェトロ，2009年），7頁。

47 *Charter of the Association of Southeast Asian Nations*（20 November 2007）（http://asean.org/asean/asean-charter/charter-of-the-association-of-southeast-asian-nations/）（アクセス日：2016年12月11日）.

48 黒柳・金子・吉野編著，前掲書，126頁。

49 黒柳・金子・吉野編著，前掲書，91-94頁。

50 横田，『新国際機構論』，67頁。

51 島田悦子『欧州石炭鉄鋼共同体 EU統合の原点』（日本経済評論社，2004年），7-8頁。

52 平良『ヨーロッパ共同体法入門』（長崎出版，1982年），27-29頁。

53 庄司，前掲書，109-130頁。

54 平，前掲書，40-43頁。

88　第Ⅰ部　比較地域統合論

55　田中，前掲書，22頁。

56　田中俊郎，「欧州連合と単一欧州議定書」『国際政治』第94号（1990年），6頁。

57　田中，同上，6頁。

58　田中，同上，7-11頁。

59　庄司，前掲書，15-18頁。

60　欧州連合を設立したマーストリヒト条約以後も，EUは「法人格をもつ固有の存在ではなく，あくまでも3つの共同体が依然として国際機構として存在している」ため，EUそのものを国際機構と見做すのは多少困難があるとも説明されてきた（横田，『新国際機構論』，37-38頁）。しかし，リスボン条約は，「連合は，法人格を有する。」（第47条）という条項を設け，EUそのものが法人格を有すると規定したため，この問題は解決した。

61　庄司克宏『新EU法　基礎篇』（岩波書店，2013年），45-75頁。

62　庄司，同上，130-136頁。

63　黒柳・金子・吉野編著，前掲書，55頁。

64　黒柳・金子・吉野編著，前掲書，47-48頁。

65　鈴木早苗『合意形成モデルとしてのASEAN』（東京大学出版会，2014年），27-31頁。

66　鈴木，前掲書，7頁。

67　遠藤聡「ASEAN憲章の制定—ASEAN共同体の設立に向けて」『外国の立法』No. 237（2008年9月），88頁。

68　黒柳・金子・吉野編著，前掲書，60-64頁。

69　浦田秀次郎「総論　近づくASEAN共同体（AEC）発足」浦田秀次郎・牛山隆一・可部繁三郎編著『ASEAN経済統合の実態』（文眞堂，2015年），11-15頁。

70　「ASEAN経済共同体，31日発足　域内総生産300兆円」『日本経済新聞』（2015年12月30日）。

71　ASEAN人権宣言（第21回東南アジア諸国連合首脳会議，プノンペン，2012年11月18日採択）。

72　三浦有史「ASEAN共同体（AEC）の行方」『JRIレビュー』Vol. 3, No. 33（2016年），30-32頁。

73　石川幸一「ASEAN経済共同体構築の進捗状況と課題」浦田・牛山・可部編著，前掲書，22頁。

74　山影進「クオヴァディス　ASEANへの問いかけ」『国際問題』No. 646（2015年），1-2頁。

75　横田，『新国際機構論』，63-65頁。

＊なお，本文中のEU及びASEANの基本文書等の和訳については，以下の書籍や資料を参考にしつつ，筆者が修正を加えた。

●参考文献
ECSC条約：上原良子・八十田博人「4-12　欧州石炭鉄鋼共同体設立条約」遠藤乾『原典ヨーロッパ統合史』，島田悦子『欧州石炭鉄鋼共同体』。
EEC条約，EC機関合併条約：横田喜三郎・高野雄一編『国際条約集（第2版）』（有斐閣，

1973年），平良『ヨーロッパ共同体法入門』。

EC条約：香西茂・安藤仁介編集代表『国際機構条約・資料集（第2版)』（東信堂，2002年）。

単一欧州議定書：遠藤乾「7‐9　単一欧州議定書」遠藤乾『原典　ヨーロッパ統合史』。

マーストリヒト条約・アムステルダム条約：香西・安藤『国際機構条約・資料集（第2版)』。

リスボン条約：岩沢雄司編集『国際条約集　2016』（有斐閣，2016年）。

ASEAN設立宣言：香西・安藤『国際機構条約・資料集（第2版)』。

ASEAN憲章：岩沢『国際条約集　2016』，遠藤聡「ASEAN憲章の制定—ASEAN共同体の
　　設立に向けて」。

第 **4** 章

EU と ASEAN
─比較地域統合の視点から

◆

1　はじめに

　本章の目的は，幅広い時間的・地理的枠組みの中で，欧州連合（European Union：EU）を中心とする欧州地域と，東南アジア諸国連合（Association of South-East Asian Nations：ASEAN）を中心とする東アジア地域を比較検討することにある。

　本書では，EU と ASEAN の地域統合[1]の経済的側面からの比較については第1章で，政治的側面からの比較については第2章で，そして国際機構論的側面からの比較については第3章で，それぞれ検討している。そこで，本章は屋上屋を架すことを承知で，より包括的に「EU を中心とする欧州地域」と「ASEAN を中心とする東アジア地域」の特徴を浮き彫りにしたい。

2　地域主義と地域化

　グローバリゼーションが「発想や知識，物品やサービス，そして資本や人的資源が国境を越えて行き来しやすくなったことにともなって，世界のある地域の出来事が他の地域へ波及することを意味」（スティグリッツ 2006, 406ページ）するならば，これに主権国家が単体で対応できる幅には限界が生じる。そこで，ナショナルとグローバルの中間項としてのリージョナルという枠組みに注目が集まった（李 2012, 131-132ページ）。つまり，グローバリゼーションによる国

第4章　EU と ASEAN　91

図表4-1　古いリージョナリズムとニュー・リージョナリズム

古いリージョナリズム	ニュー・リージョナリズム
超国家的主体の創出を目的 主権国家間の公式な関係が中心 保護主義・地域的閉鎖性	主権国家という枠組みを否定せず 非国家アクターが重要な役割 リベラル多国間主義

(出所)　金（2012），47-49ページをもとに，筆者作成。

家間競争の高まりを背景として，主権国家が「地域的な市場統合を進め，広域市場を形成し，競争力を高めよう」（山本 2012b，11ページ）としているのである。このような，グローバリゼーションが生み出した1990年代以降の「逆説的」（天児 2012，148ページ）なトレンドが，リージョナリゼーション（地域化）である。

　ところで，このリージョナリゼーションには，ボトムアップのプロセスである，という特徴がある。つまり，リージョナリゼーションとは，「一定地域内の社会統合が発展し，社会的・経済的相互作用が統合に向かっていく，その意図せざるプロセス」（金 2012，46ページ）であり，これは事実上の（de facto）市場誘導型統合を意味する。しかし金は，アジアにおけるリージョナリゼーションは，リージョナリズムへと発展しつつあると主張する。

　リージョナリズムとは，制度化にともなうトップダウンの政治プロセスを意味する。これは主権国家が，「一定の地域内で自らの行動を協調的に調整しようとする意図的な政策」（金 2012，46ページ）を採用するがゆえに，制度的・法的な（de jure）制度誘導型統合であるといえる。

　しかし，アジアに登場したリージョナリズムは，従前の古いリージョナリズムとは異なる（**図表4-1**参照）。政治統合の観点から見ると，古いリージョナリズムは連邦制などの超国家的政治主体の創出を目的とする（もしくは，目的としているアクターが含まれる）のに対し，ニュー・リージョナリズムでは主権国家という枠組みを否定することはない。アクター間関係の観点から見ると，古いリージョナリズムでは制度や法は地域統合を構成する主権国家間の公式な会合によって決定されることが多いのに対し，ニュー・リージョナリズムでは非国家アクター（とくに多国籍企業や市民社会）の影響が顕著に見られる。そし

て，地域経済統合の観点から見ると，古いリージョナリズムが保護主義や地域的閉鎖性を有するのに対し，ニュー・リージョナリズムはグローバル化に対応した「リベラル多国間主義」とでもいうべき性格を持つ。このように，アジアにみられるニュー・リージョナリズムは，多層的・多中心的であるという特徴を有する，と金は結論づけている（金 2012，49-50ページ）。

3　EU は地域統合における先進モデルか

　第2節で紹介した金の「古いリージョナリズム」と「ニュー・リージョナリズム」が，第二次世界大戦後に開始された欧州における地域統合と，グローバリゼーションによって加速化したアジアにおける地域統合を念頭に入れていることは明らかであろう（たとえば（Murau and Spandler 2016））。すると，次に考察すべきは，欧州における地域統合は，世界の他の地域における地域統合の先進モデルとすべきかどうか，という問題である。

　もちろん，欧州石炭鉄鋼共同体（European Coal and Steel Community：ECSC）に端を発して EU に至る欧州における地域統合を，単純に他地域（本章では東アジア地域）における地域統合のモデルとすることはできない（Murray and Moxon-Browne 2013，p.525）。たとえば，EU 政治を専門とする遠藤は，EU モデルが東アジア地域統合の議論に持ち込まれると「反面教師としてほとんど即座に脇に追いやられ，しばしば激しい拒絶の対象」（遠藤 2013，177-178ページ）になると述べる。また，中国政治を専門とする毛里も同様に，東アジアにおける何らかの地域統合をデザインする際には，「EU の「呪縛」からどう解き放たれるのかが鍵を握っているのかも知れない」と述べる（毛里 2007，16ページ）。このように，各々の地域を専門とする第一人者でさえ，東アジア地域の地域統合において，EU のモデル化には異を唱える[2]。

　しかし他方で，ASEAN 憲章によって ASEAN はより制度化された地域統合体を目指そうとしていること（Murray and Moxon-Browne 2013，p.523），EU は自らの地域統合モデルを，他地域に普及させることに前向きであり（Jetschke and Murray 2012，p.178），また，それを規範的アイデアとして把握している

（Wang 2013, p.243）ことを鑑みると，EU と ASEAN の比較研究に開拓すべき地平を認めることができる。また，毛里（2007）でも試みているように，欧州とアジアにおけるリージョナリズムや地域統合を比較する座標軸を定めることは重要な知的作業であるように思われる。もちろん筆者は，それらの単純な比較や優劣の議論に与するものではないが，ギャビンのいうように，学術研究において，相違点と「共通点を把握し，普遍的な問題は何かということを地域統合について考えてみることが必要」（ギャビン 2010, 299ページ）であると考える。

4　比較地域統合─欧州と東アジア

そこで本節では，欧州における地域統合環境と東アジアにおける地域統合環境を比較したい。比較の軸は，①安全保障環境，②機能構築か制度構築か，③国家主権，④域外依存，⑤中所得国の罠，⑥技術革命の形態，⑦域内共通の政治的価値，⑧弱い国，⑨多様性，⑩主要国関係，の10点とする。

4-1　安全保障環境

欧州と東アジアの比較をするにあたり，安全保障分野は共通点と相違点がはっきりしている分野であろう。共通点としては，ともに米国のプレゼンスが重要であるということである。しかし，米国の両地域における地域統合へのスタンスには相違がある。

欧州においては第二次世界大戦後，欧州の独立的立場を望むフランスとの一定の不協和音は存在したものの[3]，米国は一貫して欧州統合を支持した（マイヤー 2011, 81ページ）。これには，欧州には1975年のヘルシンキ宣言により全欧安全保障協力会議（Conference on Security and Cooperation in Europe：以下 CSCE）体制[4]，1995年以降は欧州安全保障協力機構（Organization for Security and Co-operation in Europe：以下 OSCE）が存在していたことが大きい。

他方で，米国は東アジア地域においてはその地域統合を目指す動きに横槍をいれることがしばしばであった[5]。このことは，アメリカの対東アジア安全保障政策と大きく関係する。アメリカは第二次世界大戦後，その圧倒的な軍事力

94 第Ⅰ部 比較地域統合論

を背景として，東アジアにおいてはハブ・アンド・スポーク型の安全保障体制を構築した。日本（日米安保条約），韓国（米韓相互防衛条約），フィリピン（米比相互防衛条約），台湾（米華相互防衛条約）といった資本主義諸国とは，とくに強固な二国間（バイ）の安全保障体制を構築した（小原 2005，121-122ページ）。

4-2　機能構築か制度構築か

いかなる地域統合にも，出発点がある。欧州の場合は，ECSC に端を発し，欧州経済共同体（European Economic Community：EEA），欧州原子力共同体（European Atomic Community：EURATOM），欧州共同体（European Communities：EC），EU と続く一連の制度構築から統合が深化した歴史をもつ。他方で，東アジア地域における地域統合は，金融危機，環境，農業，エネルギーなどの政策分野に対する地域的対応といった機能構築に端を発する（進藤 2007，210ページ）。つまり，機能構築から統合が始まる東アジアと，制度構築から統合が始まる欧州，という特徴が認められる。

これにより地域統合体の運営にも特徴が現れる。ヨーロッパでは欧州委員会を始めとする超国家機関が網羅的に存在し，EU 法は加盟国間の超国家的な法的地位を有する（舒 2011b　23ページ；Hwee 2014，p.4）。つまり，上から（政治決定を通じた）の制度化を通じた統合であり，デ・ジュール型であるといえる（清水 2012，291ページ）。他方，東アジアにおける地域統合体の運営は，ASEAN Way[6]に代表されるように，「様々な地域問題に対処するための実行可能な解決策」の模索であり，「拘束力のある地域上の決定ではなく，政府間の協定や合意などの上に行われ」るものである（舒 2011b，23ページ）。つまり，下から（非国家アクターの交流を通じた）の「事実上」の統合（渡辺 2009，54ページ；Wang 2013，p.252）であり，デ・ファクト(de facto)型であるといえる[7]。

また，地域統合の目的においても，両者には相違点がある。欧州においては1960年代以降，関税同盟や単一市場形成により，域内では貿易障壁の撤廃が，域外に対しては巨大な EU 市場の魅力創出が，目指されてきた。これにより，「単一市場形成の経済統合」（舒 2011b，36ページ）・「制度誘導型地域統合」（浦田 2005，128ページ）という特徴が看取できる。他方で，東アジアの地域統合

図表4-2 実質的な経済統合と制度的な経済統合

	実質的な経済統合＜あり＞	実質的な経済統合＜なし＞
制度的な経済統合＜あり＞	欧州における地域統合 AEC（部分的）	
制度的な経済統合＜なし＞	東アジアの地域統合	

（出所）　山本（2012a），7ページをもとに筆者作成。

の場合には，域内市場の大きさには限りがあることから，はじめから開かれた経済，つまり外資による生産拠点の立地を志向した。したがって，多国籍企業にとって開かれた，魅力的な「生産拠点配置の経済統合」（舒 2011b，36ページ）・「市場誘導型地域統合」（浦田 2005，128ページ）が希求された。

　これらの議論をまとめるものとして，山本による経済統合のタイポロジーを紹介したい（以下引用は（山本 2012a，7-8ページ）による）。山本は経済統合を「実質的な経済統合」と「制度的な経済統合」に分けて議論する。「実質的な経済統合」とは「国境を越えた貿易，企業活動が盛んであり，域内で経済分業が進むこと」である。他方で，「制度的な経済統合」とは「国家（政府）間で，意図的に，実質的な経済統合を進めるために，自由貿易協定とか関税同盟を創設すること」である。すると，**図表4-2**のような理解が可能となる。欧州における地域統合は，「実質的な経済統合」と「制度的な経済統合」をともに満たしているといえよう。また，ASEAN 経済共同体（ASEAN Economic Community：AEC）は関税同盟の創設までには至っていないことから，部分的にこのポジションに置くことができよう。他方，東アジア全体を見渡すと，「実質的な地域統合」は進んでいるものの，「制度的な経済統合」は進んでいないので，左下の枠に置くことができる。

　ここでの問題は，機能的・実質的な統合だけで，地域統合はさらなる深化を遂げることが可能であるか否かである。韓は「機能的なアプローチだけだと，東アジアにおける地域統合は，欧州統合の源泉となった崇高な政治的理想主義を欠いてしまう」ことから，東アジア地域において「自由貿易圏になるためには非常に時間がかか」り，「関税同盟そして共通市場というのは夢のまた夢」と指摘する（韓 2010，201-202ページ）。ASEAN ではこの問題を解決するため

96　第Ⅰ部　比較地域統合論

に AEC を含む三共同体を2015年末に創設したわけだが，ASEAN Way の慣習
も手伝い，欧州と比較して制度化のレベルは低次のままにとどまっている[8]。

4-3　国家主権

　欧州における地域統合の端緒は，第一次世界大戦にある。「ヨーロッパの自
殺」とも称される欧州諸国を焦土と化した総力戦により，ヨーロッパ全盛期に
終止符が打たれ，このことがヨーロッパ人エリートの意識に大きな影響をもた
らした（戸澤 1999，65ページ）。それは，権益を武力で争う国家への失望となり，
国境線を消し去ることで，戦争を克服し平和を構築しようという思想へとつな
がった（脇坂 2006，13ページ）。その代表的な人物が，リヒャルト・クーデン
ホーフ・カレルギー（Richard Coudenhove-Kalergi）である。彼は，①欧州諸
民族の結合，②石炭・鉄鋼共同体の設立，③欧州諸国家の結合を通じた，ソ
ヴィエトの欧州征服阻止，④欧州関税同盟の設立，を中心とした汎欧州運動を
展開し（田中 2009，3-4ページ），最終的には「欧州合衆国」の設立を提起し
た（藤井 1995，11-12ページ）。この運動は，1929年9月にジュネーブの国際連
盟における仏首相ブリアン（Aristide Briand）による「欧州統合演説」，さらに
は，1930年5月の欧州連合に関する文書，いわゆる「ブリアン覚書（Briand
Memorandum）」にまで発展したが，1931年のナチスの台頭，1932年のブリア
ンの死，1938年のカレルギーのアメリカ亡命により，下火となった。
　第二次世界大戦後，欧州においては2つの主要な問題が浮上した（島田 1995，
35ページ）。第1は，経済問題である。2度にわたる世界大戦の主戦場となっ
た欧州は，ソ連とアメリカの間に埋没する形となり，再び経済発展をしなけれ
ばならない事態に直面した。第2は，政治問題である。それは，これ以上欧州
大陸において戦争を起こしてはならないという強い平和への希求である。また，
戦後ヨーロッパ主要国が，キリスト教民主主義政権であったことも，欧州にお
ける地域統合に拍車をかけた。シューマン（Robert Schuman），アデナウアー
（Konrad Adenauer），デガスペリ（Alcide de Gasperi），スパーク（Paul-Henri
Spaark）など EU のファウンディング・ファーザーズは，いずれも厚い信仰を
もつカトリック信者だった（島野 2000，5ページ）。さらに，欧州統合に強く拍

車をかけたのは，チャーチル（Winston Churchill）によるチューリッヒ大学での演説である。ここでチャーチルは，「もしも，欧州諸民族が団結しうるならば，３億ないし４億のヨーロッパ人は無限の幸福感を持ち，無限の繁栄と名誉を感じるであろう。（中略）われわれは一種の欧州合衆国を創設しなければならない。この緊急な使命を達成するためには，独仏の和解が必要である。そして，強化された国際連合の下で，欧州合衆国と称される欧州の家族を再興しなければならない」（田中 2009，６ページ）と訴えた。これに触発されて1946年末に欧州同盟運動国際委員会が創設され，この委員会によりハーグ欧州会議が1948年５月に開催された。チャーチル，シューマン，アデナウアーなどが出席したハーグ会議によって，欧州審議会が1949年に創設された（福田 2004，４-５ページ）。欧州審議会はその後，欧州の基本的共通理念の創設に大きな役割を果たした（4-7を参照のこと）。その間，1947年６月には米国のマーシャル国務長官が欧州への経済支援計画（マーシャル・プラン）を発表する。そして，この資金を管理する団体として1948年４月に欧州経済協力委員会（Organization for European Economic Co-operation：以下 OEEC），後の経済協力開発機構（Organization for Economic Co-operation and Development：以下 OECD）が設立された。1950年５月には，仏外相シューマンによる「フランスとドイツの石炭と鉄鋼の生産を，共通の「最高機関」，すなわち他の欧州諸国にも参加の機会が開放された組織の管理下におく」（平島 2004，40ページ）という提案，すなわちシューマン・プランが発表され，ECSC 創設の端緒となったのである。

　以上，欧州統合の開始を概観したが，ここからわかることは，欧州における地域統合は，その当初から主権国家を乗り越える，換言すれば主権を国家よりも上位の機関に委譲することが考慮されていたことである。しかし，東アジア地域においては，主権を乗り越えようという動きはまったく見られない（袴田 2012，217ページ；Murray and Moxon-Browne 2013，p.530）。この状況を舒は「柔軟性の ASEAN」と「確実性の EU」という独自の表現で適切に分類する。「柔軟性の ASEAN」とはつまり，ASEAN のインフォーマル性についてであり，国家主権を制限する可能性のある地域制度の発展が避けられていることを意味する（舒 2011a，190-191ページ）。また，「確実性の EU」とは，EU 法が国内法

98　第Ⅰ部　比較地域統合論

に優越し，超国家的地域機構が存在し，特定多数決などの政策決定方式を持つことを意味する（舒 2011a，195-196ページ）。

　山影はかつて，ASEAN は具体的に「何をするのか」については明確な合意はなかったが，「何をしないのか」については明確な合意がある，と述べ，それが「互いに主権を尊重し国内政治に干渉しない」ことであると述べた（山影 1991，299ページ）。この主権委譲を避ける傾向は，AEC（特に金融・サービス分野の自由化）の大きな障害となるだろう（石川 2015，23ページ）。国家主権を尊重するというのは ASEAN Way の中心的な柱であるが，これは「ASEAN における連帯の源泉であると同時に地域統合の阻害要因」（黒柳 2003，170-171ページ）となっている。国家主権維持と地域統合の深化のあいだに整合性を保てるか否かは，東アジアにおける地域統合の大きな挑戦となっている。

4-4　域外依存

　山影は1991年の論文の中で，「ASEAN 自体にはその加盟国を政治的に団結させる力も，経済成長させる力もない。ASEAN は，それ自身として加盟国をコントロールできるような能力・権限を持ち合わせていない」と述べている（山影 1991，298ページ）。25年以上前に書かれたこの一節は，アジア地域における地域統合体としての ASEAN の特徴を見事に衝いている。

　鈴木も同様に，「域外に依存的な ASEAN」と「域内を重視した EU」という概念を採用する（鈴木 2006，233ページ）。EU は第二次世界大戦後，原加盟国6ヵ国からはじまり，一貫して域内単一市場の形成に邁進してきた。つまりEU は「小国と化した西欧諸国による政治経済的自己回復運動」（鈴木 2006，233ページ）であり，グローバル化の国家への影響を緩和する機能を果たしている一方，ASEAN の地域協力は「グローバル化に対する地域的セーフティネットとしては機能しにくい」（鈴木 2006，233ページ）という。これは，ASEAN の「開かれた地域主義」の所以であるが，他方で「開かざるをえない地域主義」とでもいうべき状況を垣間見ることができる。

　なぜならば東アジアにおける地域統合は「地域内生産ネットワークの設置」がその主目標となっているからである。舒によれば「東アジアにおける地域統

第 4 章　EU と ASEAN　　99

合は国家が企業に協力し，その利益を後押しするという傾向がある」という（舒 2011b，23-24ページ）。これは，（欧州における地域統合と比較すると）域内に十分な中産階級以上をもたない ASEAN において，地域内に外資を誘導し，その生産拠点形成化および製品輸出によって経済成長を果たすことが期待されているからである（Hwee 2014，p.4）。したがって，ASEAN 諸国においては，「高い経済成長によって社会全体が利益を得られれば，雇用・税収を一時的に犠牲にしても企業の利益を優先することが多い」（舒 2011b，23-24ページ）。

　以上のように，域外依存に着目すると，外資誘導による経済発展を重視するアジア地域における地域統合（石川 2015，20-21ページ）と，域内単一市場形成・維持を重視する欧州における地域統合という，はっきりとした性格の違いが見て取れる。

4-5　中所得国の罠

　東南アジア諸国のうち，シンガポールとブルネイを除き，また，逆に経済発展段階の低いラオスとカンボジアを除くと，その大半の国が苛まれる問題が，中所得国の罠である。ここでいう中所得国とは，一人あたり国内総生産（Gross Domestic Products：以下 GDP）が2,000～15,000ドルの国である（朽木 2015，47ページ）。そもそも，低所得国から中所得国への移行は，資本や労働を低生産部門から高生産部門へ移すことで実現することが多い（たとえば，農村の余剰労働者を都市の工業労働従事者とするなど）（可部 2015，215ページ）が，この戦略によって中所得国となった国々は，次に新たな壁にぶつかる。これが「中所得国にはなったが，高成長を長期間にわたって維持できず，なかなか高所得国へ移行できない状況」を意味する中所得国の罠である（可部 2015，212ページ）。これは，中所得国となることで余剰労働力が消滅，賃金が上昇し，さらには産業構造がサービス産業化することで低賃金労働者に依拠した低価格品を中心とする輸出主導型の経済構造が維持できなくなることによる（可部 2015，215ページ）。これにより，中所得国は，価格競争では低所得国に敗れ，知識産業やイノベーション面では高所得国にはかなわない，という「挟み撃ちの状態」（可部 2015，212ページ）となるのである。

100　第Ⅰ部　比較地域統合論

インドネシア，マレーシア，フィリピン，タイ，ベトナムといったASEAN諸国がこの問題に苛まれている。浦田はこの問題が，4-4で指摘したこの地域の諸国の「開かざるをえない地域主義」と関係があることを喝破する。引用しよう（浦田2015，10ページ）。中所得国として「これらの国々の経済発展を可能にした1つの重要な要因は，多国籍企業によって構築された生産ネットワークに組み込まれたこと」である。そして，さらに中所得国の罠から抜け出すための処方箋についても以下のように指摘する。「高所得国となるには，生産ネットワークにおける役割を低付加価値生産から高付加価値生産へとレベルアップさせることが必要である。この課題への対応としては，高度な知識・能力をもつ人材の育成が欠かせない」。

　この高度人材育成については，東アジア地域も手をこまねいているわけではない。たとえば，タイの首都バンコクにあるアジア工科大学（Asian Institute of Technology：AIT）が指摘できる。AITは国際機関である東南アジア条約機構（Southeast Asia Treaty Organization：SEATO）の一部として1959年に設立されたSEATO工科大学院大学を前身とする大学院大学である。1966年にAITに改称され，1967年からタイ国内法に基づく大学院大学として運営されている。わが国も1969年からAITへの支援を行っている（外務省2010）。

　しかし，EUのErasmus +（エラスムス・プラス）スキームと比較すると，東アジア地域における学生交換は大学や学生個人に依存し，包括的な域内プログラムによる大規模な域内学生交換や外部地域からの学生の受け入れが行われているとは言い難い[9]。東アジア地域でこの点を改善するために，日本の大学をはじめとする高等教育インフラが貢献できることは多いと思われる。

4-6　技術革命の形態

　進藤は東アジアにおける地域統合と欧州における地域統合の比較において，その開始時期の違いに着目する論者である。ここでは彼の，技術革命の形態の違いが地域統合体の性格付けに影響を与えた，とする議論を紹介したい（進藤2007，110ページ）。

　欧州における地域統合（ここではEU）において，技術革命の形態は工業革

命であった。第二次世界大戦後に具現化した欧州における地域統合は，20世紀型グローバル化のもとで進展し，地域を脅かす主な脅威はソ連を中心とする共産主義勢力であった。統合は石炭鉄鋼資源の共同生産を初期形態とし，単一市場の形成を主眼とする閉ざされた地域主義としての性格を持っていた。共同体は域内単一市場を梃子とした規模の経済を利用した生産共同体としての性格を本質とし，独仏のイニシアティブのもと，現在28の構成国へと成長した。

　他方で，アジアにおける地域統合（進藤は東アジア共同体を念頭に置いている）においては，技術革命の形態は情報革命である。1989年の共産主義の崩壊後，とくに進展を見せた東アジアにおける地域統合は，21世紀型グローバル化のもとで進展し，地域を脅かす主な脅威はカジノ・グローバリズムであった（Wunderlich 2012, p.128）。統合は自由貿易協定から開始され，通貨融通・債券市場を初期形態とし，開かれた地域主義（4-4参照のこと）としての性格を持っていた。共同体は域外からの直接投資を受け入れ，生産拠点を域内に配置するというプロセスを通じた開発共同体としての性格を本質とした。

　地域統合体の形成にあたっては，その形成初期に置かれた国際環境は，その地域統合体の性格を決定づける。東アジア共同体については，2016年現在，議論も現実もやや下火の傾向にあり，欧州における地域統合との直接の比較対象としては弱いといわざるをえないが，このような技術革命の性質や初期国際環境に着目する視点は極めて重要である。

4-7　域内共通の政治的価値

　地域統合体を形成・運営・維持していくためには，域内各国および域内市民が共有しうる政治的価値が存在していることが望ましい。欧州においては，欧州審議会が存在し，法の支配，人権，基本的自由といった共通の政治的価値を認めている。4-3でも言及した欧州審議会は，1948年のハーグ会議の決議に基づき，49年にロンドンにおいて西欧10ヵ国により設立された。その前文には，「人民の世襲の財産であり，かつ，すべての真正の民主主義の基礎をなす原則である個人の自由，政治的自由および法の支配の真の根源である精神および道徳の価値のために貢献する」との記載がある（訳は（来栖 2000, 124ページ）に

依った）。また，第1条では「共通の遺産である理想と原理を保護促進し，また経済的社会的進歩を促すために，加盟国間のより緊密な連合を実現すること」（訳は（上原 2008，121ページ））とされ，ここでの理想と原理とは，前文で記載された民主主義，自由，法の支配を意味した。このような強い民主主義，自由，法の支配への固執は，当時の政治環境から生まれたといってよい。それは，「ファシズム・ナチズムを否定し，独裁を阻止し，改めて民主主義的諸価値を共有すること」（上原 2008，122ページ）が戦後ヨーロッパの出発点だったからである。このように，ファシズムと共産主義という2つの形態の独裁の「否定」（上原 2008，121ページ）が，共通の政治的価値の「肯定」を生み出した。

　欧州では上記のように基本的政治的価値が措定され，これをもとに欧州における不戦共同体や単一欧州市場の形成が目指された（田中・神保 2005，63-64ページ）。このように蓄積され，認知されてきた欧州共通の政治的価値については，リスボン条約前文において規定されており（森井 2012，181-182ページ），現在のEUの礎としてはたらいている。

　他方で，東アジアでは共通の政治的価値を見いだすことが難しい。欧州においては基本的な政治的価値とされている，法の支配，人権，基本的自由などについて，すべての東アジア諸国において十分に自明視されているとは思えない。欧州と同じ政治的価値を採用しなくとも，機能構築（市場誘導型統合）から制度構築（制度誘導型統合）へと歩を進めて行く際に，政治的理念におけるある種の方向性が必要となるという論者が多い（たとえば（田中・神保 2005，64ページ；森井 2012，182ページ））。

　これは4-9で再度述べるように，東アジア諸国における政治的・経済的・文化的多様性に基づくものであり，この地域が不可避的に抱える問題である。しかし，青木は東アジアにおける「開かれたソフトな共同体意識の育成は可能である」と前向きである（青木 2005，107ページ）。青木の指摘はとくに文化交流面に重点が置かれる。たとえば韓流ドラマ，日本のアイドルのコンサート，香港・韓国・日本など各国の映画，日本を中心とした漫画やアニメ，そしてロー・コスト・キャリア（Low-cost Carrier：以下LCC）の普及による地域内での観光の発展，および，活力のある文化交流によって，下からの「共同体」意

識が醸成される，という（青木 2005, 108ページ）。また，欧州の研究者の視点
からは，東アジアに認められる共通の価値観とは，調和，コンセンサス重視，
共同作業，他人の気持ちを慮ること，即断即決を避け時間をかけて意思決定す
ること，にあると評価される（レオン 2010, 398ページ；Wunderlich 2012, p.138）。
青木の議論は，欧州の域内共通の政治的価値が「上から」であるのに対して，
東アジアにおける域内共通の政治的価値が「下から」であるという重要な指摘
であるが，そこで形成される基本的価値は，文化的な価値を超えて政治的価値
に昇華しうるのか，また，域内市民にいかに普及するのか，いかに成文化され
うるのか，などの問題がある。またレオンと Wudnerlich の議論は興味深いが，
これらの項目は東アジア域内共通の政治的価値というよりは，政治過程におけ
る手法である点が指摘できる。

　いずれにせよ，ASEAN 共同体が動き出し，それが継続的に維持・運営・発
展していくためには，なんらかの共通の政治的価値が生み出される必要があろ
う。この点について，今後の ASEAN および東アジア地域における議論に注
目していく必要がある。

4-8　弱い国

　欧州における地域統合と東アジアにおける地域統合を比較するにあたり，地
域統合体を構成する国家へのまなざしは不可欠である。ここでは，「強い国
（strong power）」と「弱い国（weak power）」の議論を紹介しながら，両地域
の特徴を浮き彫りにしたい。

　「強い国」とは，政治社会制度が成熟し，統治の正当性が確立されているた
めに政治的安定度が高く，国民統合も進展し，社会的結合度も高く領域の正当
性も高い国家を指す（吉川 2012, 45-46ページ）。「強い国」においては，その政
治的安定度の高さから，国民統合が相当程度進展しているため，国家の安全保
障は「外部からの侵略や外部干渉から国家を守ること」に主眼が置かれる（吉
川 2012, 46ページ）。また，国民統合が進展していることから，地方分権や地
域統合が国家の安全保障上の脅威となることは少なく，アイデンティティの多
層化をともないながら，国家主権が，上位に向けてはスープラナショナル（超

104　第Ⅰ部　比較地域統合論

国家的）な組織へ，下位に向けては地方自治体へ拡散する傾向にあるほか，複数国家の国境地域協力といった現象も見られる（柿澤 2010，189ページ）。

　他方で「弱い国」とは，国民統合の途上にあり，また，「国家建設が途上にあるために社会的結束度は弱く，政治的安定度も低い」国家を指す（吉川 2012，46ページ）。そしてそれゆえ，「弱い国」における安全保障は，「強い国」のそれとは性格を異にする。つまり，「弱い国」においての脅威は，外部というよりはむしろ内部にあり，内戦やテロ，麻薬取引，国家における少数民族の抑制，といった問題が中心的課題となる（中西 2010，245ページ）。そうなると必然的に，国内メディアへの監視の徹底や国家統制，反体制派への思想統制，分離主義者に対する監視・弾圧，といった強権的な政策が採用されがちとなる（吉川 2012，46ページ）。山影は「弱い国」が国民統合と地域統合体の設立を同時進行で行っていることを以下のように表現する。「ASEAN 諸国は ASEAN 共同体の基礎づくりを進めてきた。しかし各政府は，それ以上の熱心さで各国の近代化と国民共同体の形成とを同時に進めている」（山影 1991，308ページ）。その上で，ASEAN Way の原則の中心に存在する主権尊重について，「それは単に内政干渉を禁じようとするだけでなく，国民国家の枠組みが必ずしも堅固に根づいていない ASEAN 諸国同士の対等な関係を確認する作業であった」と喝破する（山影 1991，265ページ）。

　「強い国」で構成される欧州における地域統合体と，「弱い国」で構成される東アジアの地域統合体。両者は，おのずとその性質を異にするわけである。

4-9　多様性

　すべての国には多様性が存在し，すべての地域統合体にも多様性が存在する。EU の主要なモットーの1つは「多様性の中の統合（United in Diversity）」である。それを体験したければ，ブリュッセルにある欧州議会の議場を見学してみるがよい。議場の上部には数多くの通訳ブースが存在し，各国から選出された欧州議会議員は，議長でさえも自国語で話し，域内で話される24の言語[10]が公用語扱いとなっている。もちろん，欧州議会を出ても多様性を感じることはできる。ブリュッセルにおいてもイスラーム教徒をはじめ非キリスト教徒を目

にすることは，珍しいことではない。しかし，多様性の程度を比較すると，東アジア地域における多様性と欧州地域における多様性には大きな差がある（Murray and Moxon-Browne 2013，p.527）。

　欧州においては，不戦共同体を作るという政治的目標と，米ソの間に埋没した経済を復興するという経済的目標を叶えるため，欧州審議会による共通の政治的価値の採用，および，「ほぼ同質の国民国家の競争的併存体制」（原 2002，218-219ページ）を梃子として，ギリシャ・ローマの伝統文化，キリスト教社会という社会環境，類縁語の多い言語環境（青木 2005，86-87ページ），などを基礎として地域統合体が築かれていった。とくに，「キリスト教に強く規定された個人主義的文化信念の共有」（原 2002，221-222ページ）という側面は，欧州を1つの社会として結束させる際に，大きな役割を果たした。

　他方で，東アジアの特徴とされる「多様性」（渡辺 2009，57-58ページ）は，経済規模，経済発展段階，経済制度（システム）（原 2002，223ページ）のみならず，人権や民主主義といった西欧発の政治的価値への考え方（勝間田 2011，59ページ），言語，宗教，人種，人口規模に至るまで，指摘することができる。いわば，「均質な西欧」と「不均質な東アジア」（進藤 2010，219ページ）が浮かび上がる。ASEAN においては，「ASEAN ディバイド」ともよばれる国家間の格差が指摘されており，とくに拡大後の ASEAN においては「ASEAN ディバイド」によって地域統合体としての弱体化が危惧されている（高橋 2006，226ページ）。

　このように，地域統合体の制度化の程度を，域内の多様性から議論する傾向が強い一方で，多様性をむしろ肯定的に捉える論者もいる。そこで青木が用いる概念は「混成化」である。青木は，「東アジアは地球上でも稀に見る「多文化」地域であり，また地域を越えて外部に広く開かれていることでも，他の地域」とは異なると指摘した上で，「異文化を受容し，「混成化」，新しいものと古いものを共存させてきた」と指摘する（青木 2005，68ページ）。白石も，アジア人のアイデンティティは「一般的・包括的（generic）」であると指摘し，それは「日本のマンガ，アニメ，韓国のテレビ・ドラマ，台湾のポップ・ミュージック，香港の映画，シンガポールのライフスタイル雑誌」の混成体であると

106 第Ⅰ部 比較地域統合論

述べる（白石 2004，12ページ）。さらに小原は，多様性は「むしろ貴重な要素であり，新しいものを生み出すダイナミズムの源泉」であると述べる。そして，市場経済や民主主義という西欧発の政治経済的システムは，むしろ，多様な社会においてこそ真価を発揮しうる，と指摘するのである（小原 2005，4ページ）。

　もちろん制度構築においては，多様性は一定の阻害要因として機能する。しかし，ヒト・モノ・カネの域内移動を通じて，政治・経済・文化などにおける多様性がふれあい，影響しあい，新たな混成体をダイナミックに生み出し続けていくプロセスは，多様性の程度の高い東アジアの大きな特徴となりえよう。

4-10　主要国関係

　地域統合体を形成し，維持・運営していくにあたり，その主要加盟国関係は非常に重要な要素である。第二次大戦後の欧州では，2度の世界大戦で激しい敵対関係にあったにもかかわらず，加盟国は互いを敵対者や脅威とみなすよりはむしろ，パートナーとみなす（リー 2006，74ページ）ことで，和解や信頼醸成へと歩を進めた。加盟国の中でもとくに，常に敵対し凄惨な戦争を引き起こしてきたドイツとフランスの和解は，欧州における地域統合において決定的に重要であった。独仏枢軸ともコア・パートナー（the Core Partnership）（山下 2010，411-412ページ）ともよばれるドイツとフランスのパートナーシップ[11]は，ECSC，EC，EUと続く欧州における地域統合の発展に大きく寄与した。特筆すべきは，ドイツとフランスとの間の協力関係を規定した1963年のエリゼ条約である。このような和解が可能となったのは，ドイツによる先の大戦への深い反省と，そのことについてのフランス首脳の自国民への説得によるところが大きい（梅 2006，43-44ページ）。

　他方，東アジアではどうか。日本と中国，日本と韓国のあいだの歴史認識および先の大戦に対する補償への認識は，しばしば乖離を見せる。欧州におけるドイツとフランスは，東アジアにおける日本と中国であろうが，時として日中関係は軋みをみせる。中国ではしばしば反日デモが起こり，日本でも2010年9月7日の尖閣諸島沖での中国漁船衝突事件のような事件が発生すると，国民の嫌中感情が高まることもしばしばである。今後，かなり先になろうが，

ASEAN＋3もしくはASEAN＋6を軸とした東アジアにおける地域統合が可能となるためには，日本と中国が相互に補完しあう良好な関係を築くことが重要となろう。二国間首脳による上からの関係修復もさることながら，東アジア酸性雨モニタリング・ネットワーク（Acid Deposition Monitoring Network in East Asia：EANET）のような環境協力，より緊密な両国の経済関係の構築，さらには，東シナ海に眠る資源の共同開発・共同管理，といった機能的な協力関係を通じて，信頼関係が醸成されることが望まれよう。

5　おわりに─求められる日本の役割

本章では，ASEAN共同体の創設に代表されるアジアにおける地域統合の流れをニュー・リージョナリズムとして把握し，欧州における地域統合（EU）と東アジアにおける地域統合（主に焦点はASEANであるが，ASEAN＋3などの枠組みについても射程に入れた）を，単純に比較することはできないものの，両者の性格を炙りだすために10点の参照軸を用いて考察した。

その結果，東アジアにおいては，①米国とのバイの安全保障体制に重きが置かれ，②機能構築が先行し，制度構築が今なお途上にあり，③国家主権の委譲は認められず，④域外依存が高く，⑤東南アジアを中心に中所得国の罠に陥っている国が存在し，⑥地域の主な脅威はカジノ・グローバリズムであり，⑦域内には共通の政治的価値をなかなか見いだせず，⑧自国の国民統合に問題を抱える国も多くあり，⑨多様性に富み，⑩地域内主要国の和解・信頼醸成プロセスも未だ途上である，という性格が浮き彫りになった。

そこで，日本はどのような役割を果たしていくべきなのだろうか。マイヤーに習って考察してみたい[12]。

第1に，日本はヨーロッパにおけるイギリスの役割を果たすことができるだろう。イギリスは（2016年6月23日にイギリスにおいて「イギリスの欧州連合離脱の是非を問う国民投票」が実施され，離脱派が勝利し，いわゆるBREXITのプロセスに入ったとはいえ，それまでは），アメリカとの特殊な関係と，ヨーロッパの一員という2つの要素を，巧みに天秤にかけて平衡を保ってきた。日本は明治

維新以降，西欧の政治・経済制度および価値や概念を東アジア地域では先進的に受け入れてきた国である。アジア的価値の創造と西欧的価値への理解を架橋する役割が望まれよう。

　第2に，ドイツの役割である。今でこそ「ドイツ帝国（German Empire）」とか「ドイツの覇権（German Hegemony）」などと揶揄され，EUにおける重要な意思決定において中心的存在として機能するドイツ（Telò 2015，p.37）だが，ドイツはECSEからEUに至るまで，一貫して「ドイツのためのヨーロッパ」ではなく，「ヨーロッパのためのドイツ」としての役割を演じてきた。日本も，東アジア諸国の現状を直視し，東アジアのための日本としての役割を果たすことが望まれよう。具体的には，ASEANにおける地理的連結性に寄与するインフラ整備や，気候変動枠組み条約第21回締約国会議で採択されたパリ協定の目標であるカーボン・ニュートラルな社会の構築に向けた低炭素社会化事業の支援，などが挙げられよう。

　そして第3に，ベルギーの役割である。初代欧州首脳理事会常任議長であるファンロンパイ（Herman Van Rompuy）の手法に代表的に見られるように（（松尾 2015）を参照のこと），EUの首都ブリュッセルを抱えるベルギーは，EU加盟諸国のファシリテーターとして機能する場面が多い。日本は，先の大戦の影響から，東アジア諸国を強いリーダーシップをもって先導することは事実上困難である。したがって，経済的にも政治的にも文化的にも多様な諸国を，自らのイニシアティブでまとめあげるのではなく，むしろ，つなぎあわせてシナジー効果を生み出すファシリテーターとしての役割を演じることで，当該地域のまとまりを高めることに貢献できるのではないか。

　いずれにせよ，トランプ（Donald Trump）米大統領の環太平洋戦略的経済連携協定（Trans-Pacific Strategic Economic Partnership Agreement：TPP）離脱で混迷しそうな東アジア地域の政治・経済環境にあって，日本に対しては，当該地域に対して多面的な役割を提供することが求められよう。

第 4 章　EU と ASEAN　109

●注

1　地域統合とは，複数の政策領域における地域アクターが反復的に行う協力ゲームである，と定義される。国際レジームと比較すると，国際レジームは一政策領域における協力であり，世界中のすべての国を包括的にカバーするのに対して，地域機構は複数の政策分野において協力を行い，メンバーシップが地理的に制限される点が異なる（Krapohl and Fink 2013, p.472）。

2　（Tripathi 2015, p.381）は，「ヨーロッパの現在が，アジアの未来にはなりえない」と表現する。

3　1960年代後半のド・ゴール（Charles de Gaulle）仏大統領（当時）による英国の EC 加盟反対を思い起こせばよい。

4　これは東西欧州諸国と米国・カナダによる多国間安全保障体制（マルチ）であり，①欧州の安全に関する諸問題，②経済，科学技術および環境の分野での協力，③地中海の安全と協力に関する問題，④人道およびその他の分野における協力，⑤会議の検証，からなる（吉川 1986，56ページ）。とくに冷戦下で④の「人道およびその他の分野における協力」が果たした役割は大きい。東側諸国としては，西側諸国からヒト，モノ，カネを流入させることによって停滞していた社会主義体制を立て直そうという目論見があった（岩間 2008，155ページ）ものの，西側諸国としてはこれにより西側の思想や文化を東側諸国へ浸透させることによって，社会主義体制の弱体化を図ろうとのねらい（吉川 1986，53ページ）もあった。

5　その好例は，1990年12月にマレーシアのマハティール（Mahathir bin Mohamad）首相による東アジア経済グループ（East Asia Economic Group：EAEG）構想（のちの東アジア経済評議会（East Asia Economic Caucus：EAEC）構想）に対する米国の反対である。マハティールは関税および貿易に関する一般協定（General Agreement on Tariffs and Trade：GATT）ウルグアイ・ラウンド決裂後，東アジア諸国が共有するさまざまな問題を話し合う場の創出（ムスタファ 2006，245ページ）と，発展途上国の声を先進国首脳会議（Group of Seven：G7）に届ける役目を日本に期待（寺田 2011，50ページ）し，EAEC を構想した。これに対して米国は，1991年のアジア太平洋経済協力（Asia Pacific Economic Cooperation：APEC）閣僚会議でベーカー（James Baker）国務長官が日韓の外相に EAEC 構想を支持しないよう要請した（ムスタファ 2006，244-245ページ）。また，アマコスト（Michael Armacost）駐日大使は，EAEC はアジア諸国間の自由貿易地域の創設をもたらすものではないと，同構想に強く反対し，ダン・クエール（Dan Quayle）副大統領は APEC と EAEC の重複により，APEC が瓦解するとの見解を示し，同構想に反対した（ムスタファ 2006，251ページ）。

6　ASEAN Way とは1990年代になって頻繁に使われるようになった用語であり，ASEAN における「主権の尊重と内政不干渉原則」「コンセンサス方式」「対話の重視と武力の不行使」によって特徴づけられる（鈴木 2006，239ページ）（首藤 2006，242ページ）。また，アチャリヤのいうように，（EU を意識してか）「インフォーマル主義」や「最小限組織主義」を指すこともある（アチャリヤ 2007，348ページ）。このような ASEAN Way によって地域統合体が運営できるのは，「公式・非公式の頻繁な会議，通訳なしの英語によるコミュニケーション，間接的表現から逸脱しない批判の応酬，自制と挑発回避の微妙なバラ

110　第Ⅰ部　比較地域統合論

ンス，「総論賛成」部分の強調，「各論反対」部分の先送り」にあるという（山影 2001，7-8ページ）。これらを総合して，黒柳は ASEAN Way の特徴を，①曖昧性（断定を避け，解釈の余地を残す），②過敏性（主権・国益・面子への過敏なまでの配慮），③漸進主義（対話の継続や試行錯誤から漸進的に相互理解や親近感が醸成される），④婉曲主義（利害対立に焦点を当てず，可能な限りこれを封じ込め，棚上げする），⑤善隣主義（域内に不協和音があっても，域外からの圧力には最大限の結束を図る）の5点に集約している（黒柳 2003，155ページ）。

7　（Jetschke and Murray 2012，p.175）では，「よりフレキシブルで，ネットワーク的な制度」と表現される。

8　このことから ASEAN Way は，ソフト・インスティチューショナリズム（soft institutionalism）（Tripathi 2015，p.378）や，関係性基礎を置くアプローチ（relation-based approach）（Wunderlich 2012，p.134）と表現される。

9　詳しくは参考 URL に掲載した欧州委員会の Erasmus+ のウェブ・ページを参照のこと。

10　アルファベット順に，ブルガリア語，クロアチア語，チェコ語，デンマーク語，オランダ語，英語，エストニア語，フィンランド語，フランス語，ドイツ語，ギリシャ語，ハンガリー語，アイルランド語，イタリア語，ラトビア語，リトアニア語，マルタ語，ポーランド語，ポルトガル語，ルーマニア語，スロヴェニア語，スロヴァキア語，スペイン語，スウェーデン語。

11　たとえば，ド・ゴールとアデナウアー，シュミット（Helmut Schmidt）とジスカール・デスタン（Valéry Giscard d Estaing），コール（Helmut Kohl）とミッテラン（François Mitterrand），そしてメルケル（Angela Merkel）とサルコジ（Nicolas Sarközy）など，ドイツとフランスの首脳のコンビは常に EU を牽引してきた。

12　（マイヤー 2011，83ページ）は，日本が果たすべき役割として，①イギリスの役割（統合過程の完全な一部となることを拒んでも，同時に統合過程を支援し，操縦し，そして歯止めをかけること），②ドイツの役割（統合過程を操縦し，助け，資金を供給しても，鍵となる決断を他国に委ねること），③フランスの役割（米国から距離を置き，挑戦するために地域統合を利用しつつも，米国の安全保障に依存すること）を挙げる。

●参考文献

青木保（2005）「「混成文化」の展開と広がる「都市中間層」」青木保・浦田秀次郎・白井早由里・福島安紀子・神保謙『東アジア共同体と日本の針路』NHK 出版，67-116ページ。

アチャリヤ，アミタフ（2007）「ASEAN と安全保障共同体—構成主義アプローチからの理解—」山本武彦・天児慧編著『新たな地域形成』岩波書店，347-366ページ。

天児慧（2012）「アジア太平洋国際関係と地域統合の新機軸」，山本吉宣・羽場久美子・押村高編著『国際政治から考える東アジア共同体』ミネルヴァ書房，147-161ページ。

石川幸一（2015）「ASEAN 経済共同体構築の進捗状況と課題」浦田秀次郎・牛山隆一・可部繁三郎編著『ASEAN 経済統合の実態』文眞堂，19-46ページ。

岩間陽子（2008）「多極化する世界の中のヨーロッパ」渡邊啓貴編著『ヨーロッパ国際関係史〔新版〕』有斐閣，149-196ページ。

上原良子（2008）「ヨーロッパ統合の生成　1947-50年—冷戦・分断・統合—」遠藤乾編著

『ヨーロッパ統合史』名古屋大学出版会，94-130ページ。

浦田秀次郎（2015）「近づく ASEAN 経済共同体（AEC）創設―実態面での統合は既に進展
　　―」浦田秀次郎・牛山隆一・可部繁三郎編著『ASEAN 経済統合の実態』文眞堂，1 -18
　　ページ。

浦田秀次郎（2005）「貿易・投資主導の経済成長と地域統合」青木保・浦田秀次郎・白井早
　　由里・福島安紀子・神保謙『東アジア共同体と日本の針路』NHK 出版，117-178ページ。

遠藤乾（2013）『統合の終焉―EU の実像と論理―』岩波書店。

小原雅博（2005）『東アジア共同体―強大化する中国と日本の戦略―』日本経済新聞出版社。

外務省（2010）「わが国のアジア工科大学（AIT）憲章の締結」http://www.mofa.go.jp/
　　mofaj/press/release/22/8/0825_02.html。

柿澤弘治（2010）「21世紀の東アジアと日本」山下英次編著『東アジア共同体を考える―ヨー
　　ロッパに学ぶ地域統合の可能性―』ミネルヴァ書房，186-192ページ。

勝間田弘（2011）「規範と地域制度―東アジア共同体の胎動―」松岡俊二・勝間田弘編著『ア
　　ジア地域統合の展開』勁草書房，52-75ページ。

可部繁三郎（2015）「ASEAN 統合に向けた各国経済の課題―「中所得の罠」を巡る議論か
　　ら考える―」浦田秀次郎・牛山隆一・可部繁三郎編著『ASEAN 経済統合の実態』文眞
　　堂，207-221ページ。

韓昇珠（2010）「欧州統合の東アジアに対する地政学的インパクト」山下英次編著『東アジ
　　ア共同体を考える―ヨーロッパに学ぶ地域統合の可能性―』ミネルヴァ書房，200-207
　　ページ。

吉川元（2012）「西欧的国際政治システムへ回帰するアジア―受容，抵抗，そして衝突の軌
　　跡―」中村雅治，イーヴ・シュメイユ編著『EU と東アジアの地域共同体―理論・歴史・
　　展望―』上智大学出版，38-66ページ。

吉川元（1986）「ヘルシンキ・プロセスの進展―東西緊張緩和への制度化に向けて―」『広島
　　平和科学』第 9 号，45-76ページ。

ギャビン，ブリジッド（2010）「ヨーロッパの地域統合研究機関」山下英次編著『東アジア共
　　同体を考える―ヨーロッパに学ぶ地域統合の可能性―』ミネルヴァ書房，292-299ページ。

金ゼンマ（2012）「グローバリゼーションとニュー・リージョナリズム―拡散と収斂の相互
　　作用―」浦田秀次郎・金ゼンマ編著『グローバリゼーションとアジア地域統合』勁草書
　　房，40-65ページ。

朽木昭文（2015）「現代の ASEAN 経済と課題―マクロ経済，中所得国の罠など―」石川幸
　　一・朽木昭文・清水一史共編著『現代 ASEAN 経済論』文眞堂，46-65ページ。

来栖薫子（2000）「欧州における人権・民主主義レジームと紛争予防」吉川元編著『予防外
　　交』三嶺書房，123-147ページ。

黒柳米司（2003）『ASEAN35年の軌跡― 'ASEAN Way' の効用と限界―』有信堂。

島田悦子（1995）「欧州石炭鉄鋼共同体」大西健夫・岸上慎太郎編著『EU 統合の系譜』早稲
　　田大学出版部，35-57ページ。

島野卓爾（2000）「EU の誕生」島野卓爾・岡村堯・田中俊郎編著『EU 入門』有斐閣，1 -10
　　ページ。

清水聡（2012）「戦後ドイツと地域統合―西ヨーロッパと東アジアの国際政治―」山本吉宣・

羽場久美子・押村高編著『国際政治から考える東アジア共同体』ミネルヴァ書房，277-296ページ。

舒旻（2011a）「インフォーマルな制度デザイン—ASEANの経験と地域制度の比較—」松岡俊二・勝間田弘編著『アジア地域統合の展開』勁草書房，187-209ページ。

舒旻（2011b）「国家と地域主義：東アジアとヨーロッパの比較から」吉野孝・弦間正彦編著『東アジア統合の政治経済・環境協力』東洋経済新報社，23-43ページ。

白石隆（2004）「東アジア地域形成と「共通文化圏」」添谷芳秀・田所昌幸編著『日本の東アジア構想』慶應義塾大学出版会，11-30ページ。

進藤榮一（2010）「21世紀情報革命が促す東アジア共同体」山下英次編著『東アジア共同体を考える—ヨーロッパに学ぶ地域統合の可能性—』ミネルヴァ書房，208-219ページ。

進藤榮一（2007）『東アジア共同体をどうつくるか』筑摩書房。

鈴木隆（2006）「マレーシアの地域共同体戦略」進藤榮一・平川均編著『東アジア共同体を設計する』日本経済評論社，231-240ページ。

スティグリッツ，ジョセフ・E（2006）（楡井浩一訳）『世界に格差をバラ撒いたグローバリズムを正す』徳間書店。

首藤もと子（2006）「インドネシアから見たASEAN共同体との重層性」進藤榮一・平川均編著『東アジア共同体を設計する』日本経済評論社，241-249ページ。

高橋正樹（2006）「ASEANが主導する東アジア地域協力と日本」佐々木寛編著『東アジア〈共生〉の条件』世織書房，215-246ページ。

田中明彦・神保謙（2005）「「東アジア共同体」論の背景と方向性」青木保・浦田秀次郎・白井早由里・福島安紀子・神保謙『東アジア共同体と日本の針路』NHK出版，13-66ページ。

田中友義（2009）『EU経済論—統合・深化・拡大—』中央経済社。

寺田貴（2011）「米国と東アジア地域主義：受容・排除の論理と日本の役割」吉野孝・弦間正彦編著『東アジア統合の政治経済・環境協力』東洋経済新報社，45-74ページ。

戸澤英典（1999）「ヨーロッパ統合の歴史と現在」小川有美他編著『EU諸国』自由国民社，61-126ページ。

中西寛（2010）「東アジア共同体構築のための地域的安全保障」山下英次『東アジア共同体を考える—ヨーロッパに学ぶ地域統合の可能性—』ミネルヴァ書房，242-247ページ。

梅雪芹（2006）「「平等互助」の東アジアのために—〈歴史〉を抱きしめて—」佐々木寛編著『東アジア〈共生〉の条件』世織書房，29-47ページ。

袴田茂樹（2012）「「東アジア共同体」への疑問—ロシア研究者の視点から—」山本吉宣・羽場久美子・押村高編著『国際政治から考える東アジア共同体』ミネルヴァ書房，213-234ページ。

原洋之介（2002）『新東亜論』NTT出版。

平島健司（2004）『EUは国家を超えられるか』岩波書店。

福田耕治（2004）「欧州統合のプロセスと理論」堀口健治・福田耕治編著『EU政治経済統合の新展開』早稲田大学出版部，3-26ページ。

藤井良弘（1995）『EUの知識』日本経済新聞社。

マイヤー，ハートムット（2011）「ヨーロッパの視点からみるアジア統合：舒論文と寺田論文

へのコメント」吉野孝・弦間正彦編著『東アジア統合の政治経済・環境協力』東洋経済新報社，75-89ページ。

松尾秀哉（2015）「初代EU〈大統領〉ファンロンパイの合意型リーダーシップとその変容―大会に飛び出した井の中の蛙―」臼井陽一郎編著『EUの規範政治―グローバルヨーロッパの理想と現実―』ナカニシヤ出版，99-115ページ。

ムスタファ，ルジハン（2006）「東アジア経済協議体（EAEC）構想とASEAN＋3」西口清勝・夏剛編著『東アジア共同体の構築』ミネルヴァ書房，244-262ページ。

毛里和子（2007）「「東アジア共同体」を設計する―現代アジア学へのチャレンジ―」山本武彦・天児慧編著『新たな地域形成』岩波書店，1-36ページ。

森井裕一（2012）「東アジア統合のモデルとしてのEUの可能性」中村雅治，イーヴ・シュメイユ編著『EUと東アジアの地域共同体―理論・歴史・展望―』上智大学出版，177-195ページ。

山影進（2001）「転換期のASEAN―拡大，深化，新たな課題―」山影進編著『転換期のASEAN―新たな課題への挑戦―』日本国際問題研究所，1-20ページ。

山影進（1991）『ASEAN―シンボルからシステムへ―』東京大学出版会。

山下英次（2010）「アジア統合の推進に向けて」山下英次編著『東アジア共同体を考える―ヨーロッパに学ぶ地域統合の可能性―』ミネルヴァ書房，408-420ページ。

山本吉宣（2012a）「地域統合の理論化と問題点」山本吉宣・羽場久美子・押村高編著『国際政治から考える東アジア共同体』ミネルヴァ書房，3-34ページ。

山本吉宣（2012b）「複合的グローバリゼーションと東アジア―国際政治学からの鳥瞰図―」浦田秀次郎・金ゼンマ編著『グローバリゼーションとアジア地域統合』勁草書房，5-39ページ。

李鐘元（2012）「東アジア共同体と朝鮮半島」山本吉宣・羽場久美子・押村高編著『国際政治から考える東アジア共同体』ミネルヴァ書房，131-146ページ。

リー，スー・フーン（2006）「北東アジアにおける平和と安全保障の新しい枠組みの創造」東海大学平和戦略国際研究所編『東アジアに「共同体」はできるか』社会評論社，72-77ページ。

レオン，ステファン（2010）「ASEANからみた東アジア共同体の建設」山下英次編著『東アジア共同体を考える―ヨーロッパに学ぶ地域統合の可能性―』ミネルヴァ書房，393-400ページ。

脇坂紀行（2006）『大欧州の時代』岩波新書。

渡辺利夫（2009）「東アジア共同体に慎重に対処すべし」浦田秀次郎・渡辺利夫・石川幸一・西澤正樹・大西義久編著『東アジア共同体を考える』亜細亜大学アジア研究所，47-86ページ。

Hwee, Yeo Lay (2014), "In Pursuit of Peace, Prosperity and Power - What ASEAN and EU can Learn from Each Other", *EU Center Policy Brief of EU Center in Singapore*, No.7, pp.1-9.

Jetschke, Anja and Philomena Murray (2012), "Diffusing Regional Integration: The EU and Southeast Asia", *West European Politics*, Vol.35, No.1, pp.174-191.

Krapohl, Sebastian and Simon Fink (2013), "Different Paths of Regional Integration: Trade

114　第Ⅰ部　比較地域統合論

Networks and Regional Institution-Building in Europe. Southeast Asia and Southern Africa", *Journal of Common Market Studies*, Vol.51, No.3, pp.472-488.

Murau, Steffen and Kilian Spandler (2016), "EU, US and ASEAN Actorness in G20 Financial Policy-Making: Bridging the EU Studies-New Regionalism Divide", *Journal of Common Market Studies*, Vol.54, No.4, pp.928-943.

Murray, Philomena and Edward Moxon-Browne (2013), "The European Union as a Template for Regional Integration? The Case of ASEAN and Its Committee of Permanent Representatives", *Journal of Common Market Studies*, Vol.51, No.3, pp.522-537.

Telò, Mario (2015), "The EU in a Changing Global Order: Is Emergent German Hegemony Making the EU Even More of a Civilian Power?", in Bacon, Paul, Hartmut Meyer, and Hidetoshi Nakamura, *The European Union and Japan: A New Chapter in Civilian Power Cooperation?*, Surrey, Ashgate, pp.33-50.

Tripathi, Maneesha (2015), "European Union and ASEAN: A Comparison", *International Journal of Research*, Vol.2, No.1, pp.376-383.

Wang, Hongyu (2013), "Comparative Regionalization: EU Model and East Asia's Practice for Regional Integration", *Journal of Global Policy and Governance*, Vol.2, No.2, pp.245-253.

Wunderlich, Jens-Uwe (2012), "Comparing Regional Organisations in Global Multilateral Institutions: ASEAN, the EU and the UN", *Asia Europe Journal*, Vol.10, No.2-3, pp.127-143.

【参考 URL】

European Commission, "ERASMUS+ EU programme for education, training, youth and sport", https://ec.europa.eu/programmes/erasmus-plus/node_en

第Ⅱ部

比較地域統合政策論

第 5 章　ASEAN における地域開発政策
　　　　　—大陸部 5 ヵ国の産業立地に焦点を当てて

第 6 章　EU の地域開発政策および ASEAN との比較

第 7 章　EU と ASEAN の競争政策

第 8 章　ASEAN における空港運営の特徴
　　　　　—EU との対比による考察

第 **5** 章

ASEAN における地域開発政策
―大陸部 5 ヵ国の産業立地に焦点を当てて

◆

1　はじめに

　冒頭から少々固い話になってしまうが，地域経済は，域内の資本と労働を投入し，域内もしくは域外からの中間投入物を用いて生産活動を行い，できあがった生産物を域内で消費するか，もしくは域外に販売することで成立する（黒田・田淵・中村 2014）。生産活動を通じて雇用機会が生まれ，こうした生産活動を活性化するために，産業立地は不可欠となる。

　産業立地は，地域の人口，主要な市場からの距離，その経済発展条件などにより，望ましい産業が変わる。本章では，地域を(1)港湾隣接型大都市，(2)（大都市ではない）臨海都市，(3)内陸部大都市，(4)国境地域，(5)内陸部人口希少地域，に分類した上で，産業立地促進のための政策を述べ，最後に望ましい産業立地に向けた政策提言をする。なお，対象地域は，タイ，ベトナム，カンボジア，ラオス，ミャンマーから構成される ASEAN 大陸部に焦点を充てる。この地域は，いずれの国もメコン川流域国であり，これら 5 ヵ国に加え，中国の雲南省と広西チワン族自治区を含めた大メコン圏（Greater Mekong Subregion：GMS）で，東西経済回廊，南北経済回廊，南部経済回廊といった越境輸送インフラ整備が行われてきた。なお，本章では具体的かつさまざまな地名が出てくるが，**図表 5-1** で GMS を示し，本章で重要と思われる地名には下線（縦書きの場合右線）を示しておく。

　本章の構成は以下の通りである。まず，上述の(1)～(5)の地域条件ごとに産業

第5章 ASEANにおける地域開発政策　117

図表5-1　本章で参照する主要な地名（下線・右線）

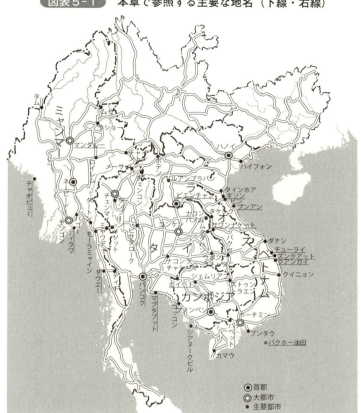

立地条件を次節で述べた後，輸送インフラ，投資誘致，経済特別区政策など産業立地政策について述べ，「おわりに」で全体を総括する。

2　産業立地条件

　企業が工場や店舗，事務所を立地する場合，どのような状況を考えるのであろうか。たとえば，日本では本社を東京に置き，研究開発拠点を大都市郊外に置き，京浜工業地帯や阪神工業地帯といった大都市近郊の工業地帯に工場を立

地し，地方都市に部品産業の立地がみられる（松原 2014）。古典的な工業立地の要因を説明するアルフレッド・ウェーバー（Alfred Weber）によると，工業立地は，①輸送費，②労働費，③集積の利益によって説明されるとする（杉浦 2003）。これらはいずれも重要な要素ではあるが，労働費に加え，土地代も重要な要因であるし，地域固有の地理的条件や人口なども重要な要因である。

2-1 港湾隣接型大都市

大都市は人口が多く，ビジネスを行う上で，市場として，また労働力調達の源泉としての魅力がある。さらに港湾や空港に近ければ，世界中から国内にない原料や国内では製造できない高い技術を要する部品などの輸入が可能になる。同時に，港湾や空港からの輸出を通じて，国内市場だけでは達成できない「規模の経済」のメリットが得られる（石田 2012）。

こうした港湾・空港隣接型大都市近郊に工業団地を立地し，港湾や空港へのアクセス道路を整備し，マレーシアやタイ，フィリピン，インドネシアは1980年代後半から輸出志向型外資導入政策により外国企業を誘致してきた。1980年代後半という時期は，1985年のプラザ合意を契機に円が高騰，その後は韓国や台湾などアジアNIEsの通貨が同様に高騰し，輸出競争力を失ったこれらの国・地域の企業が，こうしたASEAN諸国への投資を増やしていった。

筆者はかつて日系企業がどのような州や県に投資をしているのかを調べたことがあるが，外国投資を多く受け入れている都市のほとんどが港湾隣接型大都市であった（図表5-2）。具体的にマレーシアでは，クアラルンプール近郊のクラン・バレーとよばれる地域，ペナン州，シンガポール対岸のジョホール州などマレー半島西岸の都市が多かった。タイでは，2011年に洪水に見舞われたバンコク近郊のアユタヤ，東部臨海工業地帯とよばれるラヨン県やチョンブリ県，タイ北部の都市チェンマイ近郊のランプーン県などへの進出が多かった。インドネシアでは，ジャカルタ近郊のブカシ県，カラワン県，スラバヤ近郊のパスルワン県，シンガポールに近いバタム島が多くの外国投資を受け入れていた。フィリピンでは，マニラ近郊のラグナ州およびカビテ州，セブ島といった地域への投資が多かった（Ishida 2009および石田 2010a）。

図表5-2　ASEANにおける日系企業の主要製造業拠点

(出所)　『アジ研ワールド・トレンド』2010年8月号より抜粋。

　大都市経済の発展により，労働需要が増え，地方からは雇用を求めて人口の流入が起こる。こうして増加した人口は，大都市中心部の地価上昇により，次第に郊外に広がる。大都市近郊では，一時的に既存の工場と新たな住宅が共存し，交通事故の増加や大気汚染などの問題を抱えるが，時とともに工場がさらなる外延に移動することで，新たな棲み分けができる。一方，経済発展により，人々の所得水準も上昇し，バイクや自動車も当然ながら増加，さらに同じく経済発展を通じて製造業やサービス業では部材や製品輸送用のトラック，商業・営業用の自動車が増加し，大都市は交通渋滞問題を抱える（石田 2012）。

　また大都市には，元来河川港として発展してきた都市が多く，都市そのものがデルタ地帯で発展を遂げていたり，都市内に運河が張り巡らされていたりする。ところが，水運から陸運中心の時代になると，こうした河川や運河に架橋が必要となり，発展途上の国にとり，大河の場合その建設は技術面と資金面から容易ではない。このため，橋の手前で交通渋滞が起こりがちである。加えて，大都市近郊に工場が立地するようになり，近郊の工場から大都市中心部を隔てた側にある市場や港湾への製品輸送の頻度が増えると，交通渋滞はさらに悪化

120 第Ⅱ部 比較地域統合政策論

する。交通渋滞の緩和には，大都市内主要交差点の立体化，橋梁の建設ないし
拡幅，外環道路の建設などいくつかの解決策がある。また大都市内の拠点と郊
外を結ぶ都市鉄道の建設も有効な解決手段となる。しかし，こうしたハード・
インフラの供給が急速な経済発展に追いつけないと，将来の経済成長は交通渋
滞による負の外部効果により，停滞を余儀される（石田 2012）。

　ここでは，港湾隣接・大都市近郊モデルとして1980年代から顕著な急成長を
示し，現在ではアジアの大都市としてその存在感を示すバンコク近郊を取り上
げてみたい。

東南アジアの大都市バンコク

　東南アジアのなかには，河川の西岸ないし東岸のみが経済発展を遂げたとい
う都市が少なくないなか，バンコクはその中心がチャオプラヤー川東岸にある
ものの，西岸も比較的発展した都市である（**図表5−3**）。その意味で，チャオ
プラヤー川の架橋は首都バンコクにとって重要な課題であった。

　先述の通り，タイの工業化が輸出志向型外資導入政策により本格的に進展す
るのは1980年代後半であるが，それ以前に工業化が進展したのはバンコク市内
および隣接するサムットプラカン県とパトゥムタニ県であった。1971年に設立
されたナワナコン工業団地はパトゥムタニ県（図表5−3のPT2，以下同様），
1976年と1982年にそれぞれ設立されたラートクラバン工業団地（BK3）とバ
ンチャン工業団地はバンコク市内（BK1），1977年に設立されたバンプー工業
団地はサムットプラカン県（SP3）にある。

　ところが，進出企業のバンコク一極集中緩和のため，タイ投資委員会（Board
of Investment：BOI）は，バンコクから離れるにしたがって法人税免税期間を
長くするゾーン制（その詳細は後述）を1987年に導入，この政策によりゾーン
1となったバンコクとサムットプラカン県，パトゥムタニ県の魅力は相対的に
減退した。この政策により，パトゥムタニ県の北のアユタヤ県では，ロジャナ
工業団地アユタヤ（1988年設立，AY3，以下同様），バンパイン工業団地（1989
年，AY1），ハイテック工業団地（1989年，AY2），サハラッタナナコーン工
業団地（1991年，AY4）が設立された。また，サムットプラカンの東のチョン

第 5 章 ASEAN における地域開発政策　121

図表5-3　バンコク近郊の工業団地立地状況と空港および港湾の位置

AY1：バンパイン工業団地
AY2：ハイテック工業団地
AY3：ロジャナ工業団地（アユタヤ）
AY4：サハラッタナナコーン工業団地
AY5：ファクトリーランド工業団地
BK1：バンチャン工業団地
BK2：ジェモポリス工業団地
BK3：ラートクラバン工業団地
CS1：ゲートウェイシティ工業団地
CS2：TFD 工業団地
CS3：ウェルグロー工業団地
CS4：304工業団地2

CB1：アマタナコーン工業団地
CB2：ヘマラート・チョンブリ工業団地
CB3：レムチャバン工業団地
CB4：ピントン工業団地（シラチャ）
CB5：サハ・グループ工業団地
PT1：バンカディ工業団地
PT2：ナワナコン工業団地
PT3：チュムヌムサップ工業団地
RY1：アマタシティ工業団地
RY2：アジア工業団地
RY3：イースタンシーボード工業団地

RY4：GK ランド工業団地
RY5：ヘマラート・イースタン工業団地
RY6：マプタプット工業団地
RY7：パデーン工業団地
RY8：ヘマラート・イースタンシーボード工業団地
RY9：ヘマラート・ラヨーン工業団地
RY10：ロジャナ工業団地（ラヨーン）
RY11：サイアム・イースタン工業団地
SP1：バンコク・フリートレード・ゾーン
SP2：バンプリ工業団地
SP3：バンプー工業団地

（注）　サムットサコン，サラブリー，プラチンブリ県の工業団地名は直接地図に記してある。
（出所）　各種資料に基づき，筆者作成。

ブリ県では，ヘマラート・チョンブリ（1988年，CB2），アマタナコーン工業団地（1989年，CB1），レムチャバン工業団地（1992年，CB3）が設立された。

122　第Ⅱ部　比較地域統合政策論

さらにその先のラヨーン県とチャチュンサオ県は優遇措置がさらに手厚いゾーン 3 ということで，ラヨーン県ではロジャナ工業団地ラヨーン（1988年，RY10），ヘマラート・イースタン工業団地（1988年，RY 5），イースタンシーボード工業団地（1995年，RY 3），アマタシティ工業団地（1995年，RY 1），チャチュンサオ県ではゲートウェイシティ工業団地（1990年，CS 1）が設立された（石田 2014）。加えて，現在水深14m と16.5m のターミナルを擁するレムチャバン港が日本の円借款により1993年に開港，またバンコク－チョンブリ高速道路（国道 7 号線）も1993年に開通，さらに同高速道路の南側に2006年にスワンナプーム国際空港がオープンした。

　さてここで図表 5 - 3 をみると，従来からの河川港であるクロントイ港，レムチャバン港，スワンナプーム国際空港はいずれもチャオプラヤー川東岸にあり，工業団地はバンコクの北側と東側に向かって発展し，これらの拠点を相互に結ぶ上で，チャオプラヤー川を渡る必要はない。しかし，今日自動車産業の部品がティア 1 ，ティア 2 ，ティア 3 と「部品の部品のそのまた部品」といったように階層化された自動車産業で，アユタヤ県とラヨーン県で部品の相互融通が求められる場合も少なくない。こうしたニーズに応えるべく，バンコク近郊では環状道路 9 号線が2010年に開通，同道路はこうした拠点のみならず，放射状に伸びた国道をも，交通渋滞するバンコク中心部を通過せずに，結んでいる。

　このように工業地域がバンコクから100km 圏の外まで外延化するなかで，地価の上昇したバンコク中心部ではオフィスやショッピング・モールなどの商業施設，高所得者向けコンドミニアムが開発され，これらの不動産の外延化を進めているのが都市鉄道である。

2-2　臨海都市

　臨海という点で，海港の条件には恵まれているものの，大都市ではない場合，産業はどのように立地されるのか。「臨海」というと，日本の高度経済成長期に建設された鹿島や水島などの臨海工業地帯をはじめ重工業地帯が想起される。

　重工業は，原油を蒸留・熱分解や脱硫プロセスを経て，液化石油ガス

（Liquefied Petroleum Gas：LPG），ナフサ，ガソリン，灯油，軽油，重油，アスファルトなどを生成する石油精製業と，ナフサを主原料にさらに加工し，合成繊維，ペットボトルなどプラスチックやポリ袋の原料となる合成樹脂，合成ゴム，シャンプーに使われる界面活性剤などを生成する石油化学工業，鉄鉱石とコークス，石灰石を原料として高炉で銑鉄を生成する製鉄業と銑鉄を転炉で強度を高める製鋼過程ならびに鋳造・圧延過程を経て自動車や造船に用いられる薄板や厚板，建設現場に用いられる型鋼，配管やパイプラインなどの鋼管を生成する製鋼業から主として構成される[1]。また，原油ではなく，天然ガスからエタンとプロパンを分離し，プラスチック原料となるエチレンを生成したり，接着剤や合成繊維，合成樹脂の原料となるメタノールを生成するガス化学工業も重工業に分類される。また，製鋼業に関しては，銑鉄を原料とはせず，スクラップ鉄を原料に電炉によって生成する場合もある。なお，重工業の場合，川上で生成された素材や副産物を川下の工程で用いることがより合理的なことから，通常は川上から川下までコンビナートないしコンプレックスが形成される。

　国内の内陸部に油田やガス田がある場合，または鉄鋼業の原料となる鉄鉱石や石炭の鉱山がある場合，精製プロセスを経てその容積・重量を十分に減らしてから，供給先に輸送するため，鉱区や鉱山の近接地点での工場立地が合理的と考えられる。しかし，こうした鉱物資源を中東など海外から輸入する場合や沖合の海底油田やガス田からタンカーやパイプラインで陸上に輸送する場合，重工業の立地は臨海部が望ましい。ただ，川下の精製品の輸送の観点から消費地である大都市に近い臨海部が望ましい一方で，大都市に近くなれば，広大な敷地を要し，土地代が高くなるため，輸送費と土地代のトレード・オフとなる。

　石油精製，石油化学およびガス化学，鉄鋼業は，大部分がプラントによって処理される「装置産業」であり，プラント自体が数億ドルから数100億ドルなど多額の投資を必要とするため，発展途上国にとって自前で開発する場合，少なからぬ困難を経験した国が少なくない。さらに，これらの産業は，火気や化学物質を取り扱う意味でほかの産業と比べより一層の安全が求められること，また原油流出事故や後述するマプタプットで起きた大気汚染問題など，環境汚染と無縁ではない点には留意が必要である。なお，上述の重工業に加え，天然

124　第Ⅱ部　比較地域統合政策論

ガスや石油，石炭に依存する火力発電所，輸入した小麦をサイロに貯蓄する小麦粉関連の工場も臨海部に多くみられる。

　以下ではタイのマプタプット石油化学工業開発とベトナム中部の重工業開発について述べたいと思う。

①　タイのマプタプットにおける石油化学工業開発

　図表5-3に示されるバンコクおよびその近郊を含む地図の南東部分にあるマプタプットは，バンコクから190km離れている（国際臨海開発センター1987）。マプタプットがタイの石油化学産業の集積地となったのは，1973年にシャム湾沖合425km地点で発見されたエラワンガス田の天然ガスをパイプラインで輸送する上陸地点がマプタプットであったということに大きく依存する（アジア経済研究所1974，丸田2001，向山1996）。

　マプタプットを立地点とする国家石油化学コンプレックス計画第1期（NPC1）は，この天然ガスから天然ガス分離プラントにより，エタンとプロパンを分離し，化学肥料やプラスチック原料となるエチレンとプロピレンを生成することから始まった（丸田2001）。1985年完成の天然ガス分離装置により生成されたエチレンおよびプロピレンは，その後スーパーの袋などの原料となる低密度ポリエチレン，ポリバケツなど硬質な高密度ポリエチレン，プラスチック・パイプなどに用いられる塩化ビニールや自動車用プラスチック部品など耐熱性と強度に優れたポリプロピレンに精製されている。NPC1に続くNPC2では，増大する石油化学製品の需要にNPC1では追いつかないとの見通しから，輸入原油から精製されるナフサをベースに石油化学製品を精製するもので1987年の計画に基づく。NPC2では，エチレンやプロピレンなどオレフィン系コンプレックスに加え，発泡スチロールの原料となるスチレンやポリエステルなどの原料となる高純度テレフタール酸を精製するアロマティック系のコンプレックスも加わった。1990年代後半に計画されたNPC3では，再びシャム湾でその後開発されたガス田からの天然ガスから，増設された天然ガス分離プラントを用いてエチレンおよびプロピレンを精製するものである（東1996，丸田2001）。なお，NPC1の天然ガス分離装置に加え，マプタプット工

第5章 ASEANにおける地域開発政策 125

業港，マプタプット工業団地の開発は，先述のレムチャバン港やレムチャバン工業団地などレムチャバン地区とともに，東部臨海工業地帯の開発2大拠点であり，1982年度から1993年度までの日本からタイへの円借款のなかでも主要な部分を占める[2]。なお，マプタプットで生成されるプラスチック製品が，レムチャバン地区の自動車産業の発展に貢献しただけではなく，輸入に依存していたプラスチック製品を国産品で代替し，国際収支の改善にも貢献した点は評価すべきであろう。

　しかしながら，マプタプットの石油精製施設周辺の住民から悪臭に対する苦情が1996年頃から寄せられていた。それでもこの地域の大気汚染問題はその後改善がみられず，この地区の住民と非政府組織（NGO）は，同地域の工場の新増設の政府許可は，環境影響評価などを義務付けた2007年憲法に反するとして提訴，この訴えを受けタイ中央行政裁判所は2009年に工場の新増設の許可を受けた76件の投資プロジェクトの建設中止を命じた（大友 2010）。その後タイ政府の最高行政裁判所への上告および政府，住民，企業，専門家を含む調整委員会の設置を通じ，国家環境委員会が2007年憲法規定に従わなければならない11業種を選定し，タイ政府が天然資源環境省令として布告したことで，2010年9月の時点で4案件を除き事業の再開が認められた（溝之上 2012）。

② ベトナムの中部の重工業地域の形成

　ベトナム南部のホーチミン市近郊のブンタウの沖合125kmに，バクホー（白虎）油田がある。この油田は，南ベトナム末期の1975年にエクソン・モービル社が発見，その後ベトナムとロシアの合弁企業ベトソフペトロ社により1986年から原油が生産されている[3]。

　バクホー油田の原油精製拠点は当初油田に近いブンタウ港周辺に建設される予定であった。ところが，1994年の米国のベトナムに対する経済制裁解除により，ホーチミン市とハノイへの外国投資が急増，開発の恩恵に浴さないベトナム中部との格差はますます拡大した。そうしたなか，1994年にベトナム政府はバクホー油田から約1,000km離れたベトナム中部クアンガイ省ズンクアットでの製油所の建設を決定した（アジア経済研究所 1995）。ズンクアットは，ハノイ

からもホーチミン市からも860km離れた両都市の中間地点に位置づけられる[4]。

　この決定により，油田から500km離れたバンフォン湾で建設の話を進めていたフランスのトタルSA社は，原油と石油製品の輸送費がかかりすぎることを理由に撤退（アジア経済研究所 1996），その後の紆余曲折を経て，製油所の建設に日本，フランス，スペインの三者連合とペトロベトナム社が携わることとなり，2009年に製油所が稼働（アジア経済研究所 2010），同製油所と隣接する石油化学プラントではガソリン，軽油，ジェット燃料，液化石油ガス（LPG），ポリプロピレンなどの石油製品を生産している。

　ズンクアット製油所に続くベトナム第2の製油所が，ハノイから約200km離れたタインホア省沿岸部のギソン製油所である。同製油所は，クウェートをはじめとする中東諸国からの原油日量20万バレルを精製し，ガソリン，ディーゼル油，灯油，ジェット燃料，ポリプロピレンなど石油化学製品を生産する計画で，商業生産は2017年開始予定である。

　鉄鋼に関しては，南部のバリア・ブンタウ省で棒材や線材などが生産される一方，前述のズンクアット，ハティン省のブンアン近郊，さらにはゲアン省のホアンマイ工業団地などベトナム中部で建設が計画されてきた。しかし，中国製鋼材の供給過剰などで採算の確保が難しくなっている。このうちハティン省ブンアン近郊のスンズオン地区で建設されている台湾系と日系の合弁で高炉を持った製鉄所の建設が進められており，2016年の商業生産が予定されている[5]。

2-3　内陸部大都市

　臨海でなく内陸部ではあるが，人口100万以上の都市をここでは考えてみたい。内陸部は港湾からの距離が臨海部と比べ遠く，輸出入には不利である。ところが，図表5-2のタイ北部ランプーン県では，日本企業の集積が認められる[6]。

　ランプーン県はチェンマイの南21km，バンコクからは北に665kmの位置にある。1985年タイの工業団地公社（Industrial Estate Authority of Thailand：IEAT）は，このランプーンに北部工業団地（Northern Region Industrial Estate：NRIE）を開発した。1980年代後半頃から1990年半ば頃にかけて，日本

第5章 ASEANにおける地域開発政策 127

図表5-4 北部工業団地内の部門別・国別企業件数

	タイ	日本	スイス	仏国	米国	台湾	合弁企業	総　計
電子部品		14	2				6	22
農産物	6			1	1		2	10
宝石関連		1		1			3	5
装飾品	1	3						4
化粧品	2			1			1	4
機械			2				1	3
二輪車部品		2						2
その他製造業	3	2					3	8
サービス業	2	1					1	4
総　計	14	23	4	1	2	1	17	62

(注)　合弁企業の列は，複数国籍の企業による合弁企業を集計している。
(出所)　2013年5月31日北部工業団地を筆者が訪問した際の資料をもとに筆者が分類。

企業をはじめ数十社がNRIEに工場を建設した。

　図表5-4は筆者が2013年の現地調査の際に入手した資料に基づき，NRIE
への進出企業を部門と国籍で分けたものである。部門別にみると，最も主要な
部門は電子部門であり，次いで農産物加工，宝飾品，化粧品の順となっている。
農産物加工の部門での進出企業10社のうち6社はタイ企業であり，これらの企
業はバンコクないしチェンマイなどの近隣市場を対象に生産しているものと思
われる[7]。他方，農産物以外の電子部品，宝飾品，化粧品は，軽量かつかさば
らず，それでいて付加価値が高いという共通の特徴を有している。NRIEの産
業構造は，日本でいうと長野県の中小都市などと似通っている。しかし，よく
考えてみると，電子部門の工場はバンコク近郊の臨海部にも立地は可能であり，
その場合物流コストはランプーンに立地するよりも安くなる。それでも企業が
NRIEへの立地を選択したのは，賃金や土地代が安いことがある。加えて，タ
イ政府が1980年代後半から採っているバンコクから離れるにしたがって，免税
期間を長くする政策があったためである。

　宝飾品部門での投資は，チェンマイ近郊のミャンマーとの国境地域で採掘さ

れたルビーやサファイアなどの原石を研磨するチェンマイの伝統産業とも関係がある。インド企業と香港，ベルギー，イタリアの合弁企業はダイヤカット技術を用いた金属製品を製造，またフランス企業とタイとフランスとスイスの合弁企業は宝飾品を生産している。このほか，日本企業では，光学レンズやハード・ディスクドライブに用いるガラスの研磨，コピー機や洗濯機，炊飯器のスイッチ，液晶パネルを生産している。また，化粧部門では化粧用ブラシやアイ・ペンシル，装飾部門ではステンレス製時計バンドの製造企業が進出している。

　こうした軽量高付加価値製品は，製品の販売を通じた利益に比べ，輸送費が相対的に低くなる。この点は，たとえば低付加価値の砂利を遠路，大量に運ぶ場合，砂利を運んで得られる利益に比べ，輸送費が高くつくため，輸送に見合わない点とは逆となる。それでは，どのような輸送手段が採られているのであろうか。日系企業の場合，85％の生産物がバンコクのスワンナプーム国際空港までトラックで輸送され，同国際空港から日本に空路輸送される。企業はチェンマイ－スワンナプーム間の空路をなぜ利用しないのか。その理由は，チェンマイとスワンナプーム国際空港をスルーして，成田に輸送した（3,261mile）場合，スワンナプーム－成田間（2,891mile）の２倍の費用がかかるためである。バンコク－成田間は，複数の航空会社が就航し競争が激しいが，チェンマイ－バンコク間はタイ国際航空の独占となっているため，このような状況が生じている。他方，ランプーンからバンコクまでの陸送は一晩あれば輸送が可能であり，日本の工場に到着する日数も１日しか違わない。

　それでも15％の企業がチェンマイ－バンコク間で空路を利用している点を軽視すべきではない。通常はスワンナプーム国際空港までを陸上輸送している企業も，緊急に製品を日本に輸送したい場合に空路を利用できる点は重要である。実はタイ国際航空は，スワンナプーム－チェンマイ間を客席がエコノミー・クラスで９列あるボーイング777-300を毎日５往復，客席６列のエアバス320を３往復させ，客室の下の貨物室には十分なスペースが存在する。この点は，チェンマイが内外の観光客が訪ねる観光地であることが，プラスに働いている。

2-4　国境地域

　ラオスの首都ビエンチャンやサワンナケートなど主要都市がタイとの国境に並ぶ場合を別にすると，国境は大都市から離れた辺境としてしばしば位置づけられる。東南アジア大陸部は，海岸線が短く，長い陸上国境を互いに共有する国々から構成される。国境地域は，たとえば賭博が禁止されている隣国でカジノを楽しみたい市民にとり，越境すればすぐカジノで遊べる利便性ゆえ，外国人向けカジノや，免税店など商業施設が立地される場合が多い。ここでは，こうした事例に加え，国境地域が製造業の立地拠点となっている事例を紹介したい。

　東南アジア大陸部は，タイとカンボジアやラオス，ミャンマー（CLM 諸国）との間に国境があり，ベトナムがカンボジアやラオスと国境を接するように，国境を隔てて国の所得水準に多少の格差が存在する。所得水準の低い側の国には，低賃金のメリットがある。加えて，CLM 諸国の場合，国連で後発途上国（Lower Developing Countries：LDC）の指定を受け，米国や EU，日本などは，発展途上国からの輸入製品を優遇する一般特恵関税制度（Generalize Systems of Preference：GSP）の税率よりもさらに低い特別特恵関税制度（GSP-LDC）の恩典を，CLM 諸国に与えている。他方，所得水準の高い国では，電力や港湾までのアクセス道路など良好なインフラが提供され，カンボジアの国境地域ではタイやベトナムから，またミャンマーの国境地域ではタイから，それぞれ電力供給を受けている。このため，国境地域は，所得水準の高い側の国と低い側の国の双方の「良いとこ取り」が可能となる（工藤・石田 2010）。

　たとえば，カンボジアのベトナムとの国境があるバベットでは，プノンペンまでの距離が約165km であるのに対し，隣国ベトナムの大都市ホーチミン市までの距離は75km，タンソンニャット国際空港までは70km 弱で，プノンペンよりホーチミン市が近い。このため，ホーチミン市内ないし郊外の港湾施設へのアクセスが可能で，ベトナムから送電される電力料金もプノンペンよりも安価である。さらに，カンボジア国内にあることから，ベトナムでは得られない GSP-LDC の特恵関税の恩典を米国，EU，日本に輸出する場合に得られ，

賃金もベトナムの賃金よりも安価であった。またSEZ（Special Economic Zone：経済特別区）内企業はSEZ内で税関検査を受け，コンテナにシールを貼れば（施錠する），国境での税関検査を受けずにホーチミン市内および近郊の港湾で船積みされる越境保税通関が可能となる。さらにバベット進出外国企業はカンボジアのみならずベトナムの二重ビザの取得が可能であり，休日はホーチミン市で過ごしている駐在員もいる。こうしたことから，稼働中のマンハッタンSEZとタイセン・バベットSEZには数十社の外国企業が進出した。ところが，ベトナムから送電される電力が十分ではなく，停電が頻発していることと，2012年以降労使関係が悪化し，企業は最低賃金に加えて様々な手当てを支払わざるを得なくなり（石田 2014），さらにカンボジアの最低賃金も2017年1月には160米ドルまで引き上げられることで，明らかにベトナム側の賃金が低くなっている（石田 2015）。

　一方，カンボジアのタイとの国境があるポイペトでも2015年，オーネアンSEZとサンコーSEZの2軒のSEZが稼働中であり，3軒目のポイペトSEZも現在建設が進められている。タイの最低賃金が2017年に1日300〜310バーツに引き上げられることでおおよそ月額220〜230米ドルであるのに対し，160米ドルのカンボジアの賃金に辛うじて競争力を持つ。タイの自動車産業の部品を製造する企業がバンコクから100km以上も離れた地域に外延化するなか，こうした立地企業の労働集約的な工程をカンボジアで生産し，加工された半製品を再びタイに戻して製品化するタイプラスワンの投資が近年増えており（大泉 2013），サンコーSEZ内に設置された豊田通商のハイテク工業団地にもすでに日系企業数社が進出している。

　ただ，タイ政府が2015年，カンボジアの労働者のタイ側への越境通勤を認めた上で，サゲオ県の一部をSEZに指定し，開発を進めようとしている。タイ政府は，サゲオ県のほか，ミャンマー，マレーシア，ラオス，そして同じくカンボジアと国境を接するターク県，ソンクラー県，ムクダハン県，トラート県の一部をSEZとして2014年以降同様に開発を進め，進出企業に法人所得税の8年免税5年減税など優遇措置を付与することを決めている。この政策は，カンボジアなど低所得国の側では法人税を含む国境地域経済発展の機会を奪われ

第 5 章 ASEAN における地域開発政策 　131

ることになるため，表立った反発はないものの懸念の声が聞こえている。ただ，
これまでのところ，タイ側の SEZ への投資誘致が成功しているわけでもない。

2-5　内陸部人口希少地域

最後に人口は希少で，かつ港湾からも離れた内陸部の可能性について考えたい。内陸部の人口希少地域は，経済発展をしていく上では最も大きなハンデを背負っている。ただ，まったく可能性がないわけではない。

企業立地の理論では，消費地近接型産業と原料近接型産業に分ける場合がある（杉浦 2003）。前者は原料の重量・体積より，製品の重量・体積が大きい場合である。たとえば，冷蔵庫や洗濯機などシロモノ家電は，遠隔地で組み立て，かさばった家電を消費地まで輸送するより，消費地近郊の工場に部品を輸送し，そこで組み立てた方が効率的である。逆に原料の重量・体積の方が，製品の重量・体積よりも大きい原料近接型産業の場合，たとえばセメントは石灰石のまま輸送するより，必要のない鉱物を削除し，袋に詰め，コンテナで輸送する方がより合理的である。したがって，セメント加工のプロセスは，原料が得られる鉱山に近接した立地が選択される。鉱物資源のほか，天然ゴムの樹液からゴム・シートを製造する工程，サトウキビから砂糖やエタノールを精製する工程，キャッサバから澱粉や糊，エタノールを精製する工程は内陸部でも目にすることが多い。これらの原料は，山間部でも生産が可能ないしより適した植物でもある。また，水力発電も，水量が多く，水流の傾斜がある山間部でより効率的であり，メコン川の支流が多いラオスなどで電源開発が進められている。

以上のような原料近接型産業ならびに鉱物資源や農産物など，ASEAN 大陸部の内陸地域で可能性のあると考える産業を**図表5-5**に示しておく。ただ，これらのうち鉱物資源で金属の場合は鉱害発生の原因になり得ることに留意すること，天然ゴムの場合は廃棄物の管理に注意が必要であるなど，環境面への配慮が必要である一方，水力の電源開発は住民移転の補償をしっかり行うとともに，下流地域で洪水や旱魃が起こらないよう配慮することが求められる。

132   第Ⅱ部　比較地域統合政策論

図表5-5   東南アジア大陸部の内陸地域での一次産品加工事例

＜食用作物＞

一次産品	加工品	一次産品	加工品
1）コメ	加工食品	6）コーヒー豆	焙煎コーヒー
2）トウモロコシ	飼料	7）胡椒	同胡椒
3）キャッサバ	タピオカ，糊	8）カシューナッツ	同加工品
4）大豆および豆類	加工食品	9）ピーナッツ	同加工品
5）サトウキビ		10）果物	ドライ・フルーツ，缶詰

＜家畜・水産加工品など＞

一次産品	加工品	一次産品	加工品
1）家畜	加工肉，ミルク，乳製品	2）魚介類	魚介加工品，冷凍魚

＜非食品＞

一次産品	加工品	一次産品	加工品
1）天然ゴム	ゴム・シート	4）桑の葉	茶，シルク（養蚕）
2）ユーカリ／アカシア	パルプ・チップ	5）綿花	糸
3）丸太	木材，家具，木炭		

＜鉱物資源＞

一次産品	加工品	一次産品	加工品
1）石灰石	セメント	2）ボーキサイト	アルミナ

（出所）　Ishida and Isono（2012）に基づく。

3　地域開発政策

3-1　輸送インフラ開発

　これまで地理的条件と人口規模に応じた望ましい産業立地について述べてきたが，産業立地を誘致し，さらには望ましいビジネス・環境を提供していくた

めには，電力や水道，通信，道路や港湾などの輸送インフラの整備が求められる。このうち，以下では輸送インフラについて述べていくこととしたい。

港湾隣接型大都市の場合，すでに述べたように環状道路やバイパス，立体交差化など都市内輸送インフラ整備が重要な政策となる。さらに製造業が外延化する場合，外環状線の道路開発に加え，放射状と環状で地下鉄や高架線など都市鉄道の整備が求められる。製造業の外延化が進み，大都市中心部では商業施設とオフィスなどの立地が進む一方，都市鉄道に沿ってショッピング・モールや住宅地の外延化も進み，大都市および大都市圏はますます発展していく。

ASEANではシンガポールやマレーシア，タイなどで，地下鉄やモノレール，高架鉄道の開発が進んでいる。また，大都市近郊の製造業を支える意味でも，港湾と空港などの規模の拡大も同時に求められる。バンコクではバンコク高速輸送システム公社（Bangkok Mass Transit System Public Company Limited：BTS）によるBTSスカイトレインが1999年に，地下鉄が2004年に，空港とバンコク中心部を結ぶエアポート・リンクが2010年にそれぞれ開業している。また，ベトナムのハノイやホーチミン市でも都市鉄道が建設されている。

臨海都市の場合，鉄鉱石運搬船やタンカーが停泊できる港湾整備が求められる一方，天然ガスや原油が沖合や陸上から供給される場合は，パイプラインの開発が求められる。同時に鋼材や石油化学製品が川下産業に供給される場合，自動車や電機などの産業集積地とのアクセス道路の建設が求められる。

内陸部の大都市，国境，人口希少地域の場合，大都市や港湾など市場や大都市近郊の工業地域と結ぶための都市間輸送が求められる。特に東南アジア大陸部のなかでも，内陸国であるラオスの場合，近隣諸国の市場や港湾との越境輸送インフラの開発が求められ，アジア開発銀行のイニシアティブで進められた大メコン圏経済協力での東西経済回廊，南部経済回廊，南北経済回廊はこうした内陸部のニーズに応じた開発として評価できる。越境輸送インフラの場合，国境での通関・出入国・検疫（Customs, Immigration and Quarantine：CIQ）の手続の簡素化を通じて，手続に要する時間を短くしていくことが求められる。その一環として，CIQの窓口を1つ屋根の下で行うシングル・ウィンドーと，出国と入国とで2回行われる通関や検疫の手続を，国境を隔てた国の職員が

1ヵ所で行うことで1回に減らすシングル・ストップ化が，東西経済回廊のベトナム－ラオス国境を皮切りに進められている（石田 2010b；石田 2016）。

3-2　投資誘致政策

　産業立地を進めていくには，企業の投資誘致が求められる。企業誘致のため，発展途上国の政府は税制などインセンティブを与える政策を実施している[8]。

　通常各国政府は売上から費用を差し引いた利益の一定割合の税率を法人所得税として課税する。他方，新規に進出した企業は当初は工場の建設や機械の導入費用がかさむことからなかなか利益が出ない。こうした新規進出企業が投下資金を回収するには数年かかる場合もあるが，そうした新規進出企業の負担軽減のため，投資時点ないしは利益が出るようになってから，何年間か法人所得税を免除し，その後も何年か課税額を50％減税する政策がとられている。どのような企業が免税ないしは減税の対象になるのかについては，たとえば製品の輸出比率が80％以上とか100％など高い企業や，ハイテク製品など発展途上国にとってそれまで製造したことのない製品を製造した企業に与えることがある。しかし，他方で通常インセンティブを与えないと投資が来ないような地域に高いインセンティブを与える場合がある。

　たとえば，前述のようにタイは1980年代後半からバンコクおよびその近郊から離れるに従い，第1，第2，第3ゾーンに分け，たとえば第3ゾーンの免税期間を8年にするなどの政策をとってきた。この政策により，バンコクの東方100km あまりの東部臨海工業地域や先述のランプーンなどで外国投資が増加したが，その他の地域では第3ゾーンでも投資が増えたわけではなかった。2015年1月1日よりタイ政府は従来のゾーン制をとり止めたが，現在でも所得水準の低い20県には3年間の免税措置が残される一方，政府指定の10の国境県[9]の特別経済開発区の指定業種[10]に該当する投資の場合，8年免税5年減税の優遇税制が適用されている。また，ラオスでも，経済インフラの整備状況を3段階に分け，インフラ整備が遅れた地域ほど免税期間を長くする政策を採用している。

　また，部品など中間財を輸入し，製品の100％を輸出する企業に対しては，

輸入関税を免除する政策が採用されている。この場合は，工場ないし工業団地で税関検査が行われ，貨物をコンテナに積み込んだ後は，シールが貼られ，港湾までコンテナが開けない状態にし，製品が国内市場に流れないよう管理される。こうした取扱いを「保税」とよび，工業団地のような敷地全体が保税対象となる場合は「輸出加工区」として扱われる場合がある。

3-3　経済特別区政策

　経済特別区（Special Economic Zone：SEZ）は，「ある国の領域内にありながら，領域内その他の地域と異なるビジネス上の規定が適用される地理的に隔離された地域」（Farole and Akinch 2011）を意味する。ただその面積の規模，適用範囲は多様である。前項末で述べた輸出加工区の性格を持った SEZ がある一方で，工業団地の性格を持ったものもあり，観光促進のため設定される場合もある。東南アジア大陸部 5 ヵ国の SEZ 政策も，いくつかの点で多様である。

　カンボジアの場合[11]，SEZ 開発を希望する業者が投資適格プロジェクト（Qualified Investment Project：QIP）として認定を受けるとともに，カンボジア SEZ 評議会（Cambodian SEZ Board：CSEZB）に申請の上認可されれば，一民間事業者でも SEZ の開発事業者となることができる。その意味で，民間主導で SEZ が進められる。また，SEZ の総面積も50ha 以上と，他国の SEZ 制度と比べ緩い。加えて，カンボジアの SEZ は生産地域を有していなければならないと規定されており，製造業の誘致が重視されている。しかしながら，SEZ への進出企業も，先述の QIP の認定を受ければ，SEZ に立地したからといってより優遇された免税や減税措置が受けられるわけでもない。これらの点を考えると，カンボジアの SEZ は他国の工業団地ときわめて似通っている。

　ラオスは[12]，SEZ が経済特別区（Special Economic Zone）と経済特定区（Specific Economic Zone）に分けられる。経済特定区は，工業団地や観光都市，免税地域など特定目的のため設定された地域である。他方，経済特別区は包括的な目的のため開発され，複数の経済特定区を包含することもあり，総面積は最低1,000ha 以上で，独自の優遇政策の実施が可能であり（Ishida 2014），後述するサワン・セノ SEZ では，通常の外国投資法の優遇税制よりも投資家に手

厚い政策が実施されている。ラオスの SEZ 政策の場合，前述のカンボジアの場合と異なり，製造業部門を特に重視したものではない。なお，ラオスでは2003年認定のサワンナケート県のサワン・セノ SEZ の開発は当初首相府主導で進めてきたものの，予算面の制約などで開発が一向に進展しなかった。こうしたなか，同 SEZ 内にマレーシアの開発事業者がサワン・パークという工業団地を立地してから，進出企業も増えたことから，SEZ 政策をカンボジアと同様民間主導のものに方向転換している[13]。

　ミャンマーの SEZ 政策は，カンボジアやラオスと異なり国家主導の性格が強い[14]。SEZ を設立するのは政府機関である中央機関（Central Body）であり，開発事業者は SEZ の経験などをもとに中央機関により入札を通じ選出される。また，SEZ 設立には，国会の同意が必要となる。ただ製造業に重点を置く点ではカンボジアと類似しているが，免税・減税期間を外国投資法で規定されている５年を，最大７年まで延長するなど，SEZ 投資企業により高い優遇措置を与えている。現時点で，ヤンゴン近郊のティラワ，臨海部のダウェー，中国向け石油・ガスのパイプラインの基地があるチャオピューが SEZ に指定されている。

　カンボジアとラオスでは，民間活力を活用した SEZ 政策を採用しているため，カンボジアではプノンペンなど大都市や港湾都市シアヌークビル，バベットやポイペトなど国境地域で SEZ が運用されているほか，ラオスではビエンチャンやサワンナケートなどタイとの国境沿いの都市に SEZ がこれまで設立されてきた。また，ミャンマーでもヤンゴン近郊のティラワなど大都市近郊でSEZ が設立されている。これら３ヵ国はまだ十分に外国投資を受け入れてはおらず，大都市が産業開発の拠点として SEZ に指定される傾向にある。他方，ベトナムのホーチミン市やハノイおよびその近郊，タイのバンコク近郊ではSEZ に指定しなくてもすでに工業団地が設立され，外国企業が工場立地を進めている。このため，ベトナムではハノイやホーチミン市との格差を削減する必要のある中部の沿岸地域を経済地域（Economic Zone：EZ）に，国境地域を国境ゲート経済地域（Border Gate Economic Zone：BGEZ）に指定している[15]。またその規模も10,000ha 以上と，工業ゾーンや輸出加工ゾーンのみならず，商

業地域やサービス地域，観光ゾーン，住宅地域などをも含んでいる（白石 2010）。ただ，ベトナムの場合，各省が EZ および BGEZ を中央政府に申請し，それらが承認されたため乱立傾向にあるが，近年中央政府が支援対象を絞るようになっている。他方，タイでは国境地域のなかに低所得地域が少なくないことから，国境地域を SEZ に指定し，同地域への投資に優遇措置を与える政策を採用している。第 1 フェーズと第 2 フェーズでそれぞれ 5 県が SEZ として指定されている。

4 おわりに

本章では，まず人口規模と地理的条件により，港湾隣接型大都市，臨海都市，内陸部大都市，国境地域，内陸部人口希少地域に分けて，それぞれどのような産業立地が望ましいのかを示す一方，産業立地政策として輸送インフラ整備と外国投資誘致，経済特別区（SEZ）政策について論じてきた。しかしながら，紙幅の関係で，ごく限られた点しか紹介することができなかった点は否めない。そこで，若干の補足をして，本章を終えることとしたい。

バンコク以外の東南アジア大陸部の大都市のうち，ハノイ市では環状道路と放射状の高速道路整備が急速に進んでいる。ホーチミン市近郊は市内の立体交差化や高速道路整備は進展したが，環状道路整備は進んでいない。ヤンゴンも近郊でティラワ SEZ の整備が進むが，大都市中心部と同 SEZ を結ぶ際のバゴー川の橋の拡張が求められる。プノンペンは，バンコクとホーチミン市を南部経済回廊の陸路で結んだ場合，中間都市としてバイパスや環状道路整備が不可欠であるが，徐々に整備が始まっている。ビエンチャンは，人口も100万人未満とその他の大都市と比べその規模は小さいが，朝夕の交通渋滞は顕著となっている。こうしたなか，外環道路整備と政府官庁の郊外移転が進められている。

臨海都市に関し，重工業を誘致するわけではなく，環境保全を優先した都市も存在する。ベトナム中部沿岸のダナン市は，漁業と美しいビーチを維持する観点から，2008年に環境都市宣言をし，重工業など環境汚染の原因となる投資

は受け入れないことを表明している（石田 2014）。また，深海港とともに重工業の産業立地が検討されるミャンマーのダウェー SEZ でも，きれいな砂浜を観光資源として残したいとの話を筆者が2013年に訪問した折り，聞いた。

内陸部大都市の産業発展の可能性として，ミャンマーのマンダレーやラオスのビエンチャンは人口規模を考えると，電子産業や IT 産業発展が潜在的に可能かと思える。それでも，これら二都市とその他の都市を結ぶ航空機がまだ小さい。その意味ではランプーンにとって観光地チェンマイが近接しているように，周辺の観光施設を整備することで，中型の航空機が飛び，客席の下の貨物スペースの有効活用を促すとともに，精密機械や電子部品の輸送に耐えられるよう振動の少ない道路の整備が求められる。

投資誘致政策については，法人所得税の減免により遠隔地により多くの優遇措置を与える政策を紹介したが，こうした政策により遠隔地への投資が進展しているとはいえない。筆者の意見になるが内陸部大都市は電子産業，臨海都市には重工業や観光開発など特定産業に絞ってより高い優遇措置を与えることで，産業クラスターをめざす方向性が必要であると考える。この点で，2015年以降タイ政府が進めている特定県に産業を指定し，該当する産業に投資が行われた場合に税制上の優遇措置を与えるクラスター政策の今後の動向が注目される。

本章では大都市の地域開発政策と人口希少地域の地域開発政策の双方を論じた。しかしながら，国として限られた予算をどちらの地域開発に配分するかの正解を見出すことは容易ではない。それでも大都市の場合，交通渋滞の慢性化など生活環境が悪化したとしても，集中による純便益（便益−費用）が地方分散のそれを上回っている以上，大都市への人口移動は増え続け，内陸部など人口希少地域からの流出を止めることは難しい（黒田・田淵・中村 2014）。その点を考えると，非効率の代名詞といわれながらハノイやホーチミン市から離れたズンクアットに製油所を立地したことは評価しても良いように思える。ただ，都市部の問題を放置したまま，遠隔地の開発ばかりを支援すれば，国としての競争力が下がる可能性もあり，そのバランスをとることは容易ではない。

第5章 ASEANにおける地域開発政策 139

●注

1 以下の記述は主として石田（1991）および東（1996）などを参考に作成した。

2 JICAウェブサイトの『東部臨海開発計画総合インパクト評価』（http://www2.jica.go.jp/ja/evaluation/pdf/1999_TXVII-9_4_s.pdf，2015年12月9日参照）に基づく。

3 東・東南アジア地球科学プログラム調整委員会ウェブサイト（http://www.ccop.or.th/epf/vietnam/vietnam_explor.html，2015年12月10日参照）に基づく。

4 ズンクアット経済区ウェブサイト（http://dungquat.com.vn/English/，2015年12月10日参照）に基づく。

5 2016年に4月に同製鉄所の排水処理施設の試運転で有毒化学物質が排出され，近海の魚介類が大量に斃死した（2016年7月1日付けVIETJO）。ベトナム政府は同製鉄所に5億ドルの罰金を命じ，環境汚染防止の徹底を求めたことで，2016年6月1日に予定されていた「火入れ」は延期されている。

6 本項に関しては，Ishida（2015）に基づいて，執筆されている。

7 チェンマイ周辺の気温はバンコクよりも5度程低く，熱帯のタイ国内のその他の地域に亜熱帯の野菜や果物を栽培・販売する農家も少なくない。これらの野菜や果物も電子部品などと同様に付加価値が高い。

8 以下の記述はIshida（2013）に基づく。

9 フェーズ1でムクダハン，サゲオ，トラート，ターク，ソンクラーの5県，フェーズ2でノンカイ，チェンライ，ナコンパノム，カンチャナブリ，ナラティワートの5県が指定された。

10 ①農業，漁業およびこれらに関連するビジネス，②セラミック製品の製造，③繊維，衣類，皮革産業，④家具製造，⑤宝石および宝飾産業，⑥医療機器産業，⑦自動車産業，機械および部品産業，⑧電子・電機産業，⑨プラスチック産業，⑩製薬業，⑪物流業，⑫工業団地開発，⑬観光支援の13業種。これら13業種に61の奨励事業が該当する。

11 カンボジアのSEZについては，2005年12月19日付け経済特別区の設立および運営に関する政令第148号に基づき，記述している。

12 ラオスのSEZに関する以下の記述は，2009年7月8日付け投資促進に関する法律第2号，2010年10月26日付け経済特別区および経済特定区に関する法令第443号に基づいている。

13 2015年8月18日におけるラオス国家経済特別区委員会事務局（Secretary to Lao National Committee for Special Economic Zone：N-NCSEZ）でのヒアリングに基づく。

14 ミャンマーについての以下の記述は，2014年1月23日付け経済特別区法第1号および2012年11月2日付け改正外国投資に関する法律第12号に基づく。

15 他方でベトナム政府は，ハノイ近郊およびホーチミン市などにホアラック・ハイテクパークやサイゴン・ハイテクパークを立地し，ハイテク企業を誘致し他地域よりもより良い優遇策を供与している。

●参考文献

アジア経済研究所（各年版）『アジア動向年報』アジア経済研究所。

石田暁恵（1991）「石油化学産業」三平則夫・佐藤百合編『インドネシアの工業化：フルセット主義工業化の行方』アジア経済研究所。

石田正美（2010a）「CLMV 諸国外国投資誘致のための拠点開発の検討」『アジ研ワールド・トレンド』第179号，2010年8月号。

石田正美（2010b）「越境交通協定（CBTA）と貿易円滑化」石田正美編『メコン地域 国境経済をみる』アジア経済研究所。

石田正美（2012）「メコン地域：CLMV 諸国の拠点開発の取り組み」『KG-SANKEN Discussion Paper』No.10。

石田正美（2014）「ASEAN 域内の物流ネットワーク：GMS 経済回廊の現状と展望」北陸環日本海経済交流促進協議会－アジア経済研究所『ASEAN 経済の動向と北陸企業の適応戦略』アジア経済研究所。

石田正美（2015）「メコン地域の投資環境変化」『BTMU Global Business Insight, Asia & Oceania』三菱東京 UFJ 銀行国際業務部。

石田正美（2016）「南部経済回廊開発の経緯・展望：インフラ整備の更なる進展に期待」『南部経済回廊に迫る：メコン圏の注目地域』公益社団法人日本経済研究センター。

大泉啓一郎（2013）「タイプラスワンの可能性を考える：東アジアにおける新しい工程間分業」『環太平洋ビジネス情報 RIM』Vol.13, No.51, 日本総合研究所。

大友有（2010）『環境アセスメントと憲法：マプタプット公害訴訟』国立国会図書館調査及び立法考査局。

工藤年博・石田正美（2010）「越境移動の進展と国境経済圏」石田正美編『メコン地域 国境経済をみる』アジア経済研究所。

黒田達朗・田淵隆俊・中村良平（2014）『都市と地域の経済学［新版］』有斐閣ブックス。

国際臨海開発センター（1987）「世界が注目する総合開発計画」『国際開発ジャーナル』1987年11月号。

椎野幸平（2013）「GSP のアジア各国適用で日米 EU に差異：新新興国への進出と GSP の活用（1）」『通商弘報』JETRO。

白石昌也（2010）「ベトナムの工業団地と経済区」早稲田大学ベトナム総合研究所編『東アジア新時代とベトナム経済』文眞堂。

杉浦章介（2003）『都市経済論』岩波書店。

東茂樹（1996）「石油化学・鉄鋼業におけるタイ地場資本の成長」『アジ研ワールド・トレンド』1996年9-10月号。

松原宏編著（2014）『地域経済論入門』古今書院。

丸田敬（2001）「東南アジア経済の象徴，タイ石化プロジェクト（上）」『日本プラント協会会報』第46巻7月号・8月号。

溝之上純一（2012）「タイ日系企業を取り巻く事業環境：2010年のデモ，マプタプット問題等を振り返って」『タイ国情報』第46巻1号。

向山英彦（1996）「本格的な成長段階に入るタイの石油化学産業」『タイ国情報』第30巻1号。

Farole, Thomas and Gokhan Akinci ed. (2011), Special Economic Zones: Progress, Emerging Challenges, and Future Directions, Washington DC: World Bank.

Ishida, M. (2009), "Special Economic Zones and Economic Corridors," *ERIA Discussion Paper*, 2009-16, Jakarta: ERIA. (http://www.eria.org/pdf/ERIA-DP-2009-16.pdf).

Ishida, M. (2013), "Attracting FDI: Experiences of East Asian Countries," Lim, H. and Y.

Yamada ed. *Economic Reforms in Myanmar: Pathways and Prospects*, Bangkok: Bangkok Research Center.

Ishida, M. (2014) "Evaluation of the New Foreign Investment Law in Myanmar: Is It Market-friendly, or Not?" Lim, H. and Y. Yamada ed., *Myanmar's Integration with Global Economy Outlook and Opportunities*, Bangkok: Bangkok Research Center, IDE-JETRO.

Ishida, M. (2015), "Feasibility for Vientiane as a Precision and Electronics Industrial Cluster," in *Policy Recommendation on Industrial Location in Lao PDR*, Chiba: Institute of Developing Economies (available with http://www.ide.go.jp/Japanese/Publish/Download/Seisaku/pdf/2015_a03.pdf).

Ishida, M. and I. Isono (2012), "Old, New and Potential Economic Corridors," Ishida, M. ed. *Emerging Economic Corridors in the Mekong Region*, Bangkok: Bangkok Research Center.

第II部　比較地域統合政策論

第 **6** 章

EU の地域開発政策および ASEAN との比較

1　はじめに―EU と ASEAN の地域開発政策

　EU と ASEAN は，それぞれ地域全体が均衡的に発展し，経済全体の国際競争力を向上させることを目指す政策を立案・実施している。それらの政策の中には，インフラ整備や企業誘致を促すような伝統的な手法だけでなく，研究開発やイノベーション，教育の改善等を目指し，経済発展を促進するための水平的な施策が含まれている。なお，本章では，「地域開発政策」の意義として，厳密な意味での特定の地域の発展を進める政策としてだけでなく，より幅広い意味で経済全体の競争力を高めるための取組みも含めて議論する。

　EU と ASEAN の地域開発政策の主な共通点と相違点は，**図表6-1**のとおりである。まず，EU の地域開発政策は競争力向上政策と明確に統合されているのに対して，ASEAN の地域開発政策と競争力向上政策はそれぞれ別個に扱われ，実施されていることが挙げられる。しかし，EU と ASEAN の関連政策を大局的にみると，実施方法は異なるものの内容は類似していることがわかる。

　EU と ASEAN との大きな違いは，地域開発政策の実施にあたり，金融取り決めがどこまで共同で行われるか，ということである。これは両機構の政治的・金融的統合の発展の程度という基本的な違いに依存する。EU は成熟した経済的・政治的共同体で，自らの予算を持ち，共通の決定機関で政策を実現できる機構である一方，ASEAN は政府間の協力に基づく ASEAN 経済共同体を設立したばかりの段階にある。

第6章 EUの地域開発政策およびASEANとの比較　143

図表6-1 EUとASEANの地域開発政策の主な共通点と相違点

	EU	ASEAN
目的	地域間経済的格差の縮小，各地の競争力を高めることにより経済全体の繁栄をはかる	
実施方法，地理的範囲	共通の原則や連携体制に従って領域全体に及ぶ政策を実施	特定の小規模プロジェクト以外，協力があっても基本的には加盟国ごとに実施
融資	大規模な資金を投入し，EU中央予算と加盟国との資金分担	各加盟国の資金で実施
事業内容	インフラ，中小企業の資金，環境改善，エネルギー，観光，新技術の応用，教育・訓練，各分野の政策調整	EUに近似。しかしインフラ事業以外の政策は，ASEAN経済共同体の発展の一端として協力や最良な慣行の普及によって実施

　EUの地域開発政策は，共通の原則に従って，EU領域全体でEUと加盟国との連携システムや金銭分担で実施されている大規模な政策である。一方，ASEANは，共通の地域開発政策が少なく，小区域プロジェクトに限られている。

　EUにおける地域開発政策は，地域間格差の縮小，競争力の向上に効果があると見られているため，そのまま当面継続されるであろう。他方ASEANの場合は，EUのような共通の資金源，共通の政治プロセスを欠く状態が続くと考えられ，現状通り競争力の向上を目指すさまざまな政策の調整や協力活動が続く見通しである。2025年までのASEAN経済共同体の発展設計図は，「より公正なASEAN市民を受け入れるような経済成長」を目指している。その目的を達成するために，ASEANが焦点を合わせるのは，より貿易を容易にする施策に加えて，マイクロ企業・中小企業の発展，企業経営環境の近代化，研究開発，イノベーション，情報通信技術を通しての生産性の向上に基づく成長，そしてエネルギー，観光等の部門間の協力が挙げられている。

144　第Ⅱ部　比較地域統合政策論

2　EU の地域開発政策

2-1　地域開発政策の成立，予算の拡大

　EU の地域開発政策は，1957年の欧州経済共同体設立条約に遡る。欧州経済共同体設立条約の前文には，加盟国は「彼らの経済の結束を強化し，さまざまな地域間格差や低開発地域の後進性を縮小することにより調和のとれた経済発展を確保することに意欲的である」と記載されている。しかし地域開発に費やすために，特定の資金が供与されたのは，1975年になってからであった。イタリアやイギリス政府から要請を受けて，欧州地域開発基金（ERDF）が創設され，当初欧州委員会がその基金を管理したが，1986年の条約改正により「単一欧州議定書」が地域開発の範囲を「経済・社会的結束」を目指す「結束政策」に広げたのである。

　1988年に行われた改革の結果，地域開発政策の運営は EU と加盟国の間の連携制度（共同管理）に転換した。それに応じて，EU と各加盟国が長期にわたるプログラムに合意し，各プログラムに特定の予算が割り当てられるようになった。さらに，地域開発基金と欧州経済共同体設立条約の発足から導入された欧州社会基金（ESF），そして欧州農業保護育成基金の一部である農村開発基金との間の協調を深め始めた。これらの3つの基金は「構造基金」にまとめられた。同時に2つ以上の国が参加する国境を越えた協力プログラムが導入され，以後このような活動は「ヨーロッパ地域間協力」とよばれ，隣国のみならず，地理的に離れている国の間での（多国籍）協力あるいは広範囲な地域間協力に広げられた（UK Government 2014, pp.13-17）。

　EU の地域開発政策（別名「結束政策」）の基本的な性格は，1988年の改革以降ほとんど変わらないままである。ただし，1993年のマーストリヒト条約に基づいて，「結束基金」というインフラ設備投資基金が創設され，そして輸送，エネルギー，通信相互接続を改善するための「ヨーロッパ横断ネットワーク」（TENs）という政策が加わった。TENs ネットワークは現在，主に近年加盟し

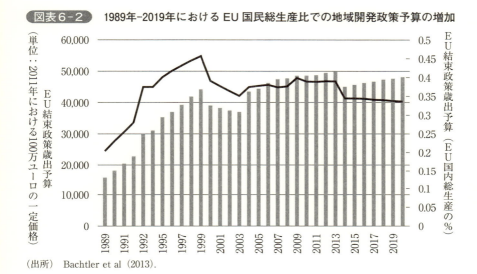

図表6-2　1989年-2019年における EU 国民総生産比での地域開発政策予算の増加

(出所) Bachtler et al (2013).

た中東欧諸国との接続に活用されている。2002年には「欧州連帯基金」という災害救助基金も創設された (UK Government 2014, pp.17-21)。

この間，地域開発政策の予算は，絶対量としても，総合予算比でも，着実に増加していった。2000-2006年の予算は2,130億ユーロで，その期間の総合予算の30パーセントに達し，2007-2013年の期間には3,470億ユーロ，その期間の総合予算の36％に上った (UK Government 2014, pp.21-23, 70)。現在の2014-2020年に対応する予算は3,518億ユーロである。EU 国民総生産比での予算の増加は**図表6-2**に示す。

2-2　EU 地域開発政策の目的，基本的特徴

地域開発政策は，経済の発展・成長が一様でないことを，その動機としており，EU 全体の発展をより均一化するために，開発が遅れている地域の開発を促進する政策である。政策は過密地域の成長に人工的な制限を課すことはない。例えば，EU 加盟国の中には，国全体あるいはその国のいくつかの地域における発展が，他の国や地域と比べて遅れていることがある。それは特に EU の新規加盟国に当てはまることが多い。開発の不均衡は，さまざまな負の側面を生

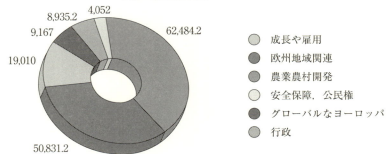

図表6-3 EUの2016年度の予算の分配

(出所) European Commission (2016a).

む。過度に開発された人口過密地域では，生活費が高く，環境汚染が進んでいるところが多い。それに対して，開発が遅れている地域では，失業が増えて，開発済みの地域への流出により人口が減少し，公共サービスの提供が難しくなり，生活の質が悪化している。

地域開発政策を実施するために用いられている主な手段は，EU予算の再分配である（下記⑦および図表6-3参照）。予算に支払う金額より取り戻す分が少ない裕福な「純拠出国」からの資金を，支払う金額より取り戻す分が多い低開発の「純受益国」に再分配することによって，純受益国の開発を純拠出国の水準に引き上げることを目指す（UK Government 2014, pp.29, 41-42）。同時にEUは融資する活動をできるだけ効果的にするため，融資を適切に計画し，相互に調整されるようにしている。

① 予 算

地域開発政策に割り当てられる予算は，EU予算全体の約3分の1を占める（図表6-3参照）。「欧州地域関連」の予算（2016年は508億ユーロ）には，地域開発政策の3主要基金（ERDF, ESF, CF）に使われる融資が含まれる。

地域開発政策における2014-2020年にわたる3,518億ユーロの総予算は，下記の特別な目的に対応するための基金に分けられる。

第6章　EUの地域開発政策およびASEANとの比較　　147

- 欧州地域開発基金（ERDF）：広範な地域・都市開発を進める活動
- 結束基金（CF）：輸送，環境設備投資
- 欧州社会基金（ESF）：雇用向上，教育訓練に関する活動

なお，「農業農村開発」予算の一部も地域開発活動に使用される。それは下記の基金である。

- 欧州農業農村開発基金（EAFRD）：農業近代化，農村開発
- 欧州海事漁業基金（EMFF）：沿海地方の開発，漁業開発

上記を「欧州地域関連」予算に加えると，2014-2020年の「欧州構造的・投資基金」の総合予算配分額は4,540億ユーロに上る。

他の特定の基金や予算配分額にも，地域開発や競争力向上のために使用されるものがある。その一部には特別な予算配分や上記の基金から資金が使われる。具体的には，次のものが挙げられる。

- ヨーロッパ横断ネットワーク（TENs）：輸送，エネルギー，通信インフラ設備の計画（European Commission 2016b）　※TENsは現在「ヨーロッパ接続基金」にまとめられている。
- 欧州連帯基金（EUSF）：災害救助
- 中小企業競争力基金（COSME）：中小企業発展(UK Government 2014, pp.23-24)　※COSMEは欧州投資銀行が経営するJEREMIEローン，資本の資金。

また，2008年以降続いた景気後退の関連で，雇用や経済成長を進める下記のような新しい取組みがなされている。

- ヨーロッパグローバル化調整基金（EGF）：失業者の再雇用（UK Government 2014, p.23)
- 若年層雇用取組み（YEI）：若年層失業率が25％を超える地域での見習い，訓練
- 欧州戦略投資基金（ESIF）：欧州投資銀行（EIB）や欧州投資基金（EIF）の協力のもと不景気に取り組む「ヨーロッパ投資計画」（IFE）を実施。目的はインフラ，教育，研究やイノベーション，中小企業資金調達等の部門に3年間で3,150億ユーロの投資を動員すること（European Commission 2016c）

148　第Ⅱ部　比較地域統合政策論

② 複数年開発プログラム

現在，地域開発政策は通常「共同管理」という方法に従って実施されている。TENs のように欧州委員会が直接に管理するのは例外である。「共同管理」の主な特性は，1989年以降ほぼ変わっていない。

開発は7年間にわたる開発フレームワーク（プログラム）に基づいて計画を立てる。プログラムの対象は，主に3種類に分けられる。

2014-2020年の予算期間に全部で530以上のプログラムが決定している（European Commission 2016d）。

- 地域ごとのプログラム：加盟国の特定の地域，例えばドイツのザクセン州，イタリアのシチリア，ギリシャの西トラキア，イギリスのコーンウォール半島等に及ぶ開発プログラム
- 国全体のプログラム：例えば教育訓練，輸送インフラ等の特定の部門を全国で発展させるためのプログラム
- 複数の国々にわたるプログラム：他国（加盟国か未加盟国）の隣接地域を開発するための越境協力プログラム（例えば，フィンランド，スウェーデン，ノルウェー，ロシアの国境地域に及ぶ「バレンツ」プログラム），地理的に離れた地域が参加する地域間プログラム，そして EU の複数の地域にわたる他国間プログラム

③ 政策により取り組まれる開発問題の種類

政策により取り組まれる開発問題として，以下のものが挙げられる。

- 低開発地域の問題：低開発地域には，農業に頼る地域，または先進国に追い付くために長期的な取組みが必要な中東欧の地域が挙げられる。取り組むべき問題に，輸送，エネルギー，水道，下水，通信インフラ，環境汚染，雇用を提供する産業の欠如，教育訓練の不足などがある。こうした地域は，かつては「第一種優先地域」あるいは「キャッチアップ地域」とよばれ，例えばギリシャ，ブルガリア，ポーランドが挙げられる。
- 移行地域の問題：石炭，鉄鋼，造船，繊維等の斜陽産業の衰退で新しい経済活動に移行しなければならない地域の問題に対して，革新的な方法に基づく産業立地，中小企業の増加，従業員研修の改善，文化財，観光地の発展等が必要となる。例えばドイツのノルトライン＝ヴェストファーレン州，イギリスのウェストミッドランド地域，ベルギーのワロン地域等が挙げられる。これらの地域は，

かつて「第二種優先地域」あるいは「競争力地域」とよばれた。
- 過疎化，高齢化に加えた，周辺的・地理的不利益の問題：例えば北フィンランド，イギリスのスコットランド，ギリシャ諸島等，国の経済活動の中心地から離れた国境地域がこのような問題に取り組んでいる。

加盟国間の格差の推移を見ると，加盟後の期間に他の加盟国間との格差が縮まることがわかる。しかし，最近では逆に地域間の格差が広がったという動向もみられる（2-5参照）。

④　運営（EUと加盟国との間での「共同管理」）

欧州委員会と加盟国当局間の協力で開発プログラムが決定された後，加盟国が欧州委員会の監視の下，プログラムを実施する（2-3参照）。

⑤　融資される活動の種類

融資される事業（プロジェクト）は，インフラ，企業投資，環境，省エネルギー，職業訓練，教育制度改善，文化，観光，農村（地方）開発，国境を越えた協力等，多岐にわたる。「RegioStars」というコンテストで評価を得たプロジェクトは，融資される事業の好例である。このコンテストで受賞するプロジェクトは，たいてい革新的で，多くの利益を生み出す。2014年の「RegioStars」で受賞したプロジェクトには，以下のものがある（European Commission 2014a；UK Government 2014, p. 53）。

- ポーランドの大都市における環境に優しい公共交通機関（トローリバス）への転換プロジェクト：クリーンな公共交通機関による環境汚染の減少，自家用車の使用から公共交通機関の活用への切り替えを促進し，交通渋滞削減や移動時間節約，障害者対応等のメリットを生む。
- イギリスのウェールズにおけるバイオテクノロジーの研究開発プロジェクト：大学間の研究協力，研究結果を利用して新しい商品を産業化する新事業の設立，失業を減らす経済活動の増加，といった利益を創出する。
- ポルトガルのオポルト地方の家具産業を復興させる「椅子の芸術」プロジェクト：新技術や設計専門知識の活用，見本市，マーケティング等，広範囲にわたる現地産業や中小企業間の協力によって同産業での活動や雇用の増加などの効果が見込まれる。

150 第Ⅱ部 比較地域統合政策論

- 若いシェフの訓練：テレビで有名なシェフである「ジェーミ・オリバー」が所有するイギリスのコーンウォールにあるレストランで若いシェフが研修を受ける。特徴的なのは，研修生は以前に麻薬問題等と闘って来た，恵まれない若者の中から選ばれること。プロジェクトは，若者自身だけでなく，食糧を供給する現地の農家，そしてレストランが生む利益の一部を寄付される途上国の学校にもプラスになる。

⑥ 費用分担

　プログラムの費用は，EUと加盟国の間で，地域開発の程度に応じて異なる割合で分担される。プログラムの開始後，欧州委員会が前払金を振り込み，残りは加盟国が費用を支出してから返還される。加盟国に分担金は要求されるが，これは開発活動に対して国としての当事者意識を持たせ，プログラムを全力で実施し，かつ，浪費を抑制するためである。

⑦ 加盟国への予算の配分

　予算の配分は，各国の一人当たりの国内総生産に基づく。EUの平均国内総生産の75％以下である地域では，EUが一人当たりに支払う金額が大きくなる。ゆえに，EUの地域開発政策には財政再分配効果がある。加盟国に配分される金額は，国民総生産の4％に制限される。なぜなら，それ以上の配分は資金吸収の問題や無駄になるリスクを高める可能性があるからである。

　2014-2020年のEU地域開発政策における適用地域は**図表6-4**に示すとおりである。費やされる金額の相対強度，つまりは再分配効果で色分けされている。同期間における国ごとの地域開発予算の配分総額や一人当たりに費やされる金額は，**図表6-5**に示すとおりである。

⑧ 管理制御システム，監査

　EUの地域開発資金は，EUと関係加盟国によって共同管理されている（2-3参照）。日常業務の大部分は，加盟国当局が行う。欧州委員会の役割は，主に杜撰な管理や不正管理を防ぐための監視である。加盟国のEU地域開発プログラムにおいて行われた規則違反は，最終的に欧州委員会の責任となるので，欧

第6章 EUの地域開発政策およびASEANとの比較　151

図表6-4　2014年-2020年のEU地域開発政策（ERDF, ESF）における融資レベルおよび再配分効果

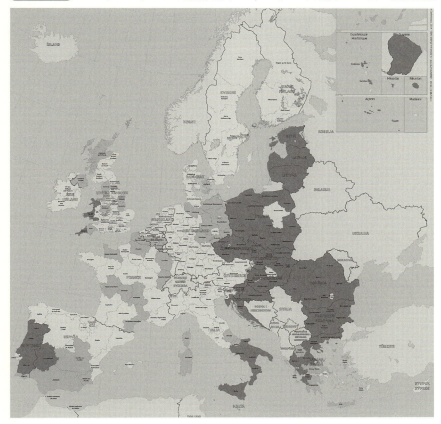

■　低開発地域（一人当たりのGDP ＜ EU27平均75％）
▨　移行地域（一人当たりのGDP ＝ EU27平均75％と90％の間）
□　高度に開発した地域（一人当たりのGDP ＞ EU27平均90％）

（出所）　European Commission（2016e）.

州委員会は加盟国に信頼できる管理制御や監査システムを設けることを義務づけている。

　加盟国が築く内部監査システムは，欧州委員会が行うシステム監査としてEUの外部監査院としての役割を果たす欧州会計監査院が行う監査とともに，一定の事業の実施において一般的なEU法規制や，プログラムに特有の条件が

152　第Ⅱ部　比較地域統合政策論

図表6-5　2014年-2020年のEU構造的・投資基金の配分（総額：4,540億ユーロ）─加盟国ごと，人口一人当たり

加盟国	人口 （100万人）	配分総額 （10億ユーロ）	人口一人当たりの金額 （ユーロ）
オーストリア	9	4.9	579
ベルギー	11	2.7	242
ブルガリア	7	9.9	1,363
クロアチア	4	10.7	2,529
キプロス	1	0.9	1,019
チェコ	11	24.2	2,302
デンマーク	6	1.3	223
エストニア	1	4.5	3,389
フィンランド	5	3.8	690
フランス	66	26.7	406
ドイツ	81	27.9	345
ギリシャ	11	20.4	1,865
ハンガリー	10	25.0	2,532
アイルランド	5	3.3	729
イタリア	61	42.8	704
ラトビア	2	5.6	2,815
リトアニア	3	8.4	2,849
ルクセンブルグ	0.5	0.1	255
マルタ	0.5	0.8	1,946
オランダ	17	1.7	102
ポーランド	38	86.0	2,262
ポルトガル	10	25.8	2,474
ルーマニア	20	30.8	1,546
スロバキア	5	15.3	2,830
スロベニア	2	3.9	1,880
スペイン	46	37.4	804
スウェーデン	10	3.6	378
イギリス	65	16.4	255

（出所）　EU Commission（2016d）.

第6章 EUの地域開発政策およびASEANとの比較　153

遵守されたかを監査する。

　規制が遵守されていない場合，融資の取り消しあるいは返済を求められる。最も重要なEU法的規制は，下記のとおりである。

- 政府調達：一定金額を超える調達は，EU全体の企業からの入札制度による。
- 競争：政府補助金の制限（例えば，投資費用の数％）を超えてはならない（EUと国家補助金は合計される）。
- 環境法：投資事業の環境に与える影響を評価する。

　会計監査院は，他のEU予算からの支出と同様に，地域開発事業がすべての条件に従って実施されたかを監査する。監査の結果に関する会計監査院の年次報告は，欧州議会に提出され，議会がこれに基づいて欧州委員会の予算執行を評価する（European Court of Auditors 2015, European Parliament 2016）。

　2014-2020年では，財政難に陥った国はEUが定めた改善策の遵守も地域開発支援を受けるための条件とされた（UK Government 2014, pp.30-31）。

2-3　EUと加盟国との共同管理，多角的実施制度

　地域開発政策は，EUと各加盟国が連携して実施する政策である。政策の融資・決定権限は，EUと加盟国の双方にある。EUと加盟国は，双方が異なるレベルで権限を行使して，共同の決定制度の下で協力をする。すなわち協議に基づく多角的で多層的な決定制度であるといえる（European Parliament 2014）。EUは政策の枠組みを提供し，加盟国（中央政府省庁，自治体）は詳細な規定の制定や政策選択を行い，事業の選別や融資を実施し，開発プログラムを実現するという分業である。

　地域開発プログラムの実施過程において，EU機関や加盟国の当局はそれぞれ**図表6-6**に示す役割を果たしている。

2-4　EU経済の一般的発展，競争力を高める政策をサポートする役割

　EUの地域開発政策は，そもそもEU先進国の資金を低開発地域に再分配し，EU全体の経済発展をより均衡化する目的であった。しかし，地域開発政策に

154　第Ⅱ部　比較地域統合政策論

図表6-6　地域開発の「共同管理」でのEUと加盟国の役割

機関，当局	役　割	年度，期間
欧州理事会（加盟国の首脳），欧州議会との協議後	7年間の予算の決定	予算期間開始前の1年
欧州委員会（EUの執行機関）	機関内と第三者とで行われた審議後，規則の起草，欧州連合理事会および欧州議会への提出	予算期間開始前3年から1年の間
欧州連合理事会（加盟国の担当大臣）と欧州議会との共同合意	欧州委員会の規則案に基づいて，規則（政策の目的や対象，加盟国の政策対象になることができる地域を決定する基準，7年間の予算総額および加盟国間に予算を配分する基準等）の決定	予算期間開始前の1年
欧州委員会，各国の中央省庁や地域当局（協力して実施）	各国の戦略方針についての連携契約の承認，特定のプログラムの交渉，承認	予算期間開始前1年
自治体・業界・労働組合・環境当局・女性代表協会・市民等を含むさまざまな利害を代表し自治体に拠点が置かれている委員会	各プログラムを起草，実施，入札公告を開催し，提出された入札の中から融資する事業の選択，実施の監視	予算期間開始後1年から予算期間終了後3年まで
プロジェクトマネジャーとスタッフ，および多様な利害を代表する管理委員会	事業の実現	プロジェクト開始後時点により，予算期間1年から予算期間終了後3年まで
自治体の公務員	事業のマネジャーが提出する報告，事業への訪問に基づいて事業の実現を監視・調査	予算期間開始後1年から予算期間終了後3年まで
欧州委員会（地域開発・雇用社会政策・農業総局等）	プログラムの管理，収支報告の調査の上，EU予算からの分担金を支払う，事業の実施において融資条件が順守されたかを監査	予算期間開始後の1年目から予算期間終了後3年目まで
欧州会計監査院	事業の実施において融資条件が順守されたかを監査	予算期間の間，予算期間終了後も，毎年
自治体に拠点が置かれている委員会の代表者と欧州委員会の公務員を含める高官委員会（監督委員会）	プログラム全体の実施を監督，プログラムの効果を評価する研究開催	予算期間開始後の1年から予算期間終了後3年まで

割り当てられる予算が増加すればするほど，その予算がEU経済全体の発展に繋がり，競争力を高める政策の達成に貢献するようになった。そのため，地域開発政策は，EUの経済発展や競争力の最も重要な投資手段になってきたのである。

EU地域開発政策の実施方法は，ほとんどが下から（bottom-up）のアプローチに基づいており，各プログラムの対象や採用されるプロジェクトは地域で決められる。しかし現在では，規則，指針の策定やプログラムの交渉の際に，EUの一般的発展，競争力の向上を目指す政策に配慮し，それらを進める活動をプログラムに盛り込むように促しており，政策の一部は上からのアプローチ（top-down）に依っている。

例えば，中小企業は成長や雇用の主要な牽引役なので，彼らへの投資を大企業より優先して，COSMEや他の該当プログラムを利用させることを強調する。同様にヨーロッパ横断輸送，エネルギー，通信ネットワーク（TENs）を発展させる投資を実施している（2-2①参照）。

2007-2013年，2014-2020年の予算期間では，地域開発政策はEUの競争力を強化する「リスボン議題」や「ヨーロッパ2020戦略」とも緊密に繋がっている。「ヨーロッパ2020」は「賢く（＝知識・技術基盤の），持続的で，すべての人に開放された成長（「smart (knowledge, technology-based), sustainable and inclusive growth」)」を実現するという目的がある。さらに，EU全体として2020年までにそれらを達成するために努力すべき，研究開発，環境や社会・教育面での目標が設定されている。それらの目標は各国へおろされ，目標達成へのプロセスも設定される。欧州委員会は，加盟国が提出する報告を通して目標への進捗状況を監視し，政策についての加盟国間での意見交換・交流を促し，必要に応じて活動を見直す提議をする。加盟国が目指している目標には拘束力がないが，周囲の圧力（ピア・プレッシャー）や監視，交流が役立つと見られている。

2020年までに達成しようとする戦略は，次のとおりである。

- 20-64歳の雇用率を69％から75％へ（この目標の達成は経済後退の結果，後れをとった）。

- 研究開発の支出を GDP の 3 ％まで上昇（現在，研究開発の支出は 2 ％以下に低迷）。
- 1990年比温室効果ガスの排出を40％減少，最終エネルギー消費における再生可能エネルギーのシェアを20％まで増加，エネルギー効率を20％増加（2014年10月に欧州理事会が行った決定によると，2030年までに温室効果ガスを20％削減，再生可能エネルギーのシェアとエネルギー効率も27％増加を目指す）。
- 学生の中退率を現在の15％から10％まで減少させ，高等教育を卒業する人口の割合を31％から少なくとも40％まで増加させる。
- 貧困線以下の生活をする人々の人数を25％低下させ，2 千万人を貧困から脱出させる（この目標の達成も経済後退の結果，後れをとった）。

2-5　EU の地域開発政策の効果

　2000-2011年の間，EU 加盟前後の中東欧諸国では開発が加速し，国民総生産の増加が EU の先進国より早かった。その結果，彼らは先進国に徐々に追いついてきた（European Commission 2014b）。EU 新規加盟国が急速な経済発展を経験することはよくある現象であり，同じ現象は1980，1990年代に，アイルランド，ポルトガル，ギリシャでもみられた[1]。

　国内の地域間格差に関しても，2000年代にほとんどの加盟国について，地域間の国民総生産の格差が縮小したということを示すデータもあるが，他方で格差が増加した例外もある（European Commission 2014b, Becker 2012）。

　加盟後に生じる低開発地域の急速な成長は，どの程度地域開発支援を受けたことに起因するのか，どの程度 EU の広大な共同市場に参加することに起因するのか，または他の要因が貢献するのか，推定しにくい。アイルランドの場合，外国直接投資を容易にした要因は，地域開発支援以外にも低い法人税率，母国語が英語であること，教育制度等も挙げられる。

　とはいえ，EU の地域開発政策は成長に貢献する確率が高い。というのは，地域開発政策は積極的に主要な成長要素，すなわち生産性の向上や追加雇用に影響を及ぼすからである。設備投資，イノベーション，教育制度改善等を通して生産性を高め，同時に追加雇用も促進しようと取り組んでいる。その影響は地域開発政策が他の競争力の向上を目指す政策を支援することで強化される。

このような政策として，中小企業，TENs，ヨーロッパ2020，そして欧州戦略投資基金がある。

2000-2007年にわたって1.8％であったEU全体の成長率において，労働者一人当たりの国内総生産（生産性）が1.4％，雇用率の上昇が0.4％貢献した（European Commission 2010）。中小企業，TENsのインフラ事業，そしてその他のEU経済の競争力を高めるためのヨーロッパ2020の環境，社会，研究開発等の政策も地域開発の一助となっており，地域開発政策がその他の政策目的の達成に貢献している。

先進国地域では，地域開発支援による地域経済への直接的な影響は推定しにくいが，特定のプロジェクトが現場環境によい影響を及ぼすことはよく知られている（UK Government 2014, p.54；2-2⑤「RegioStars」も参考）。その上，低開発国の成長は，先進国全体の経済成長に間接的な影響を及ぼす。低開発地域が成長することにより，先進国の輸出市場が拡大するからである（UK Government 2014, p.55）。

EUの地域開発政策は，経済に関する効果以外にも，さまざまな間接的な効果があると考えられる。たとえば，次のようなものが挙げられる。

- 加盟国の地域開発政策に及ぼす影響：プログラムのデザイン，すなわち優先分野への融資集中，長期計画，評価。
- 実施方法への影響：幅広い利害（自治体，業界，労働組合，環境当局，女性代表協会，市民等）を代表する決定機関，事業選択方法，厳格な管理，監査。
- EU法の順守の向上：政府調達，公共支援，環境，その他のEU法規定を守ることを資金利用の条件として課され，それが監査されるので，不正とみなされた場合資金を取り消されるリスク[2]がある。
- EUの国民が感じる団結，結束の上昇：たとえば，地域間協力プログラム，「PEACE」という北アイルランドでの教団の間の和解など（UK Government 2014, p.52）。
- 地域開発政策の安定化および維持：加盟国が緊縮財政を余儀なくされる時代により，地域開発支出に圧力がかけられる（UK Government 2014, p.6）。
- 国の行政制度における自治体の地位強化：プログラムの計画や実施に強い役割を果たしているため。

2010年，*Financial Times*紙はEU地域開発政策に関する調査を実施した。

158   第Ⅱ部   比較地域統合政策論

この調査によると，政策は効果的であるが，もっと優先分野に焦点を合わせて，無駄な事業を省き，不正防止の強化を盛り込むべき，との指摘があった（Financial Times 2010）。

　時として，地域開発政策においては，無駄なプロジェクトに融資されることがある。例えば，水不足のためと称して南イタリアで建設された，利用されていないダムと貯水池，あるいは多国籍企業への投資事業のための補助金交付等があげられる。しかし，厳格な監査や支援の取消しにより無駄な融資の数は抑えられている。

　地域開発融資を不正に受給する例もあるが，その割合は1％以下である。それらのほとんどは政府調達違反に関連するものである。

3   おわりに

　現在 EU の地域開発政策は，2014-2020年の予算期間途中にある。したがって，2020年までは，大きな変更が起こる見込みは少ない。むしろ，現在は次の予算期間における改善点を議論するべき時であろう。その課題の1つは，先進国の地域への支援を続けるか，またはそれらの国には自身の地域開発を任せて，政策を中東欧諸国の低開発地域や新規加盟国に限るかである。

　ASEAN 経済共同体は発展段階にあり，予算額が少ないため，EU に類似する地域開発政策はないが，EU の地域開発政策と同様に，経済格差の縮小や経済の競争力向上を促進する政策を立案・実施していくものと思われる。

●注
1   2000年代に発生したアイルランド，ポルトガル，ギリシャの財政問題は，ユーロ導入がもたらした銀行の低い貸出金利，国債金利，アイルランドの場合は，政府による銀行の救済が原因である。
2   この規則の順守を確かめる直接な監督機関は EU の他にない。

第 6 章　EU の地域開発政策および ASEAN との比較　　159

●参考文献

Bachtler J., Mendez C., and Wishlade F (2013), EU Cohesion Policy and European Integration-the Dynamics of EU Budget and Regional Policy Reform, European Policies Research Centre, University of Strathclyde.

Becker S (2012), *EU Structural Funds: Do they generate more growth?* Economic and Social Research Council-Chatham House, London.

European Commission (2010), Investing in the future: Fifth Report on Economic, Social and Territorial Cohesion.

European Commission (2014a), Directorate General for Regional and Urban Policy, RegioStars Awards 2014. http://ec.europa.eu/regional_policy/index.cfm/en/regio-stars-awards/2014/#6

European Commission (2014b), Investment for jobs and growth-Promoting development and good governance in EU regions and cities : Sixth Report on Economic, Social and Territorial Cohesion.

European Commission (2016a), Directorate General for Budget. http://ec.europa.eu/dgs/budget/mission/index_en.htm

European Commission (2016b), Innovation and Networks Executive Agency (2016), https://ec.europa.eu/inea/en/connecting-europe-facility

European Commission (2016c), European structural and investment funds and European Fund for Strategic Investments-Complementarities. http://ec.europa.eu/regional_policy/sources/thefunds/fin_inst/pdf/efsi_esif_compl_en.pdf

European Commission (2016d), Directorate General Regional and Urban Policy. https://cohesiondata.ec.europa.eu/countries

European Commision (2016e), EU regional funding 2014-2020 — Structural Funds 2014-2020 (ERDF and ESF) eligibility. http://ec.europa.eu/regional_policy/sources/graph/poster2014/eu28.pdf

European Court of Auditors (2015), Annual Report of the Court of Auditors on the implementation of the budget concerning the financial year 2014, together with the institution's replies, Official Journal of the EU, C373, 10.11.2015. http://www.eca.europa.eu/Lists/ECADocuments/annualreports-2014/annualreports-2014-EN.pdf

European Parliament (2014), An assessment of multilevel governance in cohesion policy 2007-13, Study by Metis GmbH and EPRC University of Strathclyde.

European Parliament (2016), Decision granting discharge for the implementation of the budget for 2014, April 2016. http://www.europarl.europa.eu/sides/getDoc.do?pubRef=%2f%2fEP%2f%2fNONSGML%2bTA%2bP8-TA-2016-0147%2b0%2bDOC%2bPDF%2bV0%2f%2fEN

Financial Times (2010), "EU's hidden billions-Cohesion for a reason". http://www.ft.com/intl/cms/s/0/e594c934-fe52-11df-abac-00144feab49a.html#axzz4AFFiQC9t

UK (HM) Government (2014), Review of the balance of competences between the United Kingdom and the European Union-Cohesion policy.

第　**7**　章

EU と ASEAN の競争政策

1　はじめに

　競争政策における EU と ASEAN の発展段階は極めて異なる。EU の成熟した競争政策と比較して，ASEAN の競争政策は未だ発展途上である。まずは，両者の主な違いを**図表 7 - 1** に示す。

　EU の競争政策は，今まで対象になっていない分野にも広がり，さらなる技術革新への適応も視野に入れている一方，2025年までの ASEAN 経済共同体の設計図（いわゆる「ブループリント」）によると，ASEAN でも，加盟国間の競争政策の調整，国家間協力の強化が企図されている。

図表 7 - 1　EU と ASEAN の競争政策の主な違い

EU	ASEAN
EU 全体に及ぶ共通の競争法と国ごとの競争法が存在し，並行して適用されるが，共通の競争法（EU 法）が優位	国ごとの競争法のみ存在（いくつかの国々では競争法の制定はごく最近） ASEAN 全体に及ぶ共通の競争法はない
すべての競争政策分野に対して権力を行使する中央競争監視機関(欧州委員会)がある	中央競争監視機関はない
各加盟国が企業に交付する補助金に対する中央規制が競争法に含まれる	補助金に対する中央規制は競争法にない
共通政策に基づき，独占のほとんどが撤廃され，独占市場（公共サービス，国営事業）が開放された	独占市場の開放は各国の競争法次第であり，いまだ進行中である

第7章 EUとASEANの競争政策 161

ところで，本章で論じる「競争政策」では独占市場の自由化は含むが，政府調達法や消費者保護法はその範囲に入らない。

2 競争の役割，競争法の必要性

2-1 概 論

競争は経済や社会に多くの利益をもたらすというのは，経済学者の一致するところである。

- 競争とは，多数の企業が自社の財やサービスを消費者に売り込もうと競い合う市場の状態のことをいう。競争市場では，どの企業も競合他社を意識することなく自由に価格を決めることはできないため，価格は一般的に低くなる。また，競争により，企業は競争相手より品質の良い商品を消費者に提供しようとするため，新技術が開発・利用される。そのため，競争は企業にイノベーションや拡大を促し，動的な経済部門間の資源再配分を容易にする。
- 競争の優位性という原則は，公共サービスにも当てはまる。公共サービス部門でも，以前は独占が主流であった。しかし政府機関による規制の下で競争原理を導入し，消費者に悪影響を与えず，むしろ，独占より良い結果をもたらした事例は豊富に存在する。
- 競争は企業の競争力に対しても有益である。競争市場で活動する企業は，国際的な競争力を高める。競争が激しい市場の場合，輸出の拡大や市場の活力によって経済の成長がより早くなる。

また，競争監視の必要性についても，経済学者の意見は一致している。

- 規制当局不在の中で，競争が市場で継続的に機能するという保証はない。企業は反競争的行為を企てる傾向にある。例えばカルテルで競争を回避したり，市場での支配的な力を蓄積して，それを乱用して競合他社の市場への参入を阻害したりすることが，それにあたる。支配的地位の獲得は企業の合併によっても行われるため，合併の監視や規制が必要である。

162　第Ⅱ部　比較地域統合政策論

2-2　自由貿易地域の場合

　EU や ASEAN のように数ヵ国が自由貿易地域を創設した場合，その目的は加盟各国の国内市場を統合することにある。そのためには，加盟国の国内市場の間の障壁を撤廃する必要がある。しかしながら，企業間の協定や各国政府による非関税障壁や独占が存在することが，この目的の阻害要因となる可能性がある。そのため，自由貿易地域の競争監視当局の役割として，市場統合を阻害する企業間協定を取り締まること，政府が設ける，または，維持する国内市場を隔絶する非関税障壁の撤廃，独占の解体などが求められる。

　非関税障壁や独占の撤廃には，競争当局の取組み以外に，加盟国間の協力や市場自由化を志向する法整備が必要とされる。こうした役割を果たすためには，競争監視機関が超国家的な権限を持つことが求められる。そうでなければ，監視機関が効果的に機能することについて，疑問が生じてしまうからである。

　自由貿易地域における一貫したルールがある場合には，企業の活動を容易にし，域内投資をも誘引することになる（UK Government 2014, p.21, 41）。また，強い権限を持つ競争監視機関があることで，加盟国の保護主義に対抗することが容易になると考えられる（UK Government 2014, p.41）。

3　EU の競争政策

3-1　起源，発展，目的，踏まえる原則

　EU における競争法の起源は，1957年の欧州経済共同体設立条約に遡る。条約に盛り込まれた競争に関する中核規定は，この間，幾度の条約改正を経てもなお変わらないが，当初の条約には明記されていなかった合併に関する規制が後から付け加えられた。

　EU 競争政策に関する基本的な規定は，条約が発効してから50年以上変化していないが，その適用範囲は次第に拡大し，実務経験を踏まえて成文化・明確化が図られ，ほぼすべての経済活動を網羅するようになった。この発展には，

担当執行機関である欧州委員会や欧州司法裁判所が重要な役割を果たしてきた。

欧州経済共同体設立条約の競争規定は，1890年の米国シャーマン法や第二次世界大戦後に制定されたドイツ競争法を手本にした。それらは反競争行為を厳格に取り締まることを基本とし，制限行為の記録を中心とした最初のイギリスの競争法とは異なるものだった（UK Government 2014, p.37）[1]。

条約で競争監視当局として権限を移譲された機関は，EU の行政機関，すなわち欧州委員会である。もともと，欧州委員会の権限は排他的であったが，現在では，企業が関わる行為に関しては，国内競争機関や国内裁判所も EU 法を事例に適用することができる権限を持っている。このように競争法執行の権限が分権されることにより，欧州委員会と加盟国当局との協力ネットワークが大いに発展してきた。

競争規定の目的は，それまで分離していた国内市場を，すべての加盟国からなる共同市場へ変えることと密接に繋がっている。競争規定の適用は，当該行為が加盟国間貿易に影響を及ぼすかどうか，を１つの基準とする。市場全体にわたって公平な競争の場を作り上げることを目的としているのである（UK Government 2014, pp.5-6, 14）。このため，競争監視機関には超国家的な権限が必要である（UK Government 2014, p.38）[2]。

EU の各加盟国には，企業活動や合併に関する国内競争法があり，EU 法と並行して効力を持ち，EU 法と背反しない限り適用可能である。現在では，加盟国の国内競争法において EU 競争法を手本にすることが多い。また，企業活動に関する EU 競争法の執行権限の分権化の結果，EU と加盟国の競争法は統一化されている（UK Government 2014, p.20, 37）。EU と欧州自由貿易連合（EFTA）との間の「欧州経済領域」協定に従って，EU 競争法は，ノルウェー，アイスランド，リヒテンシュタインの３ヵ国においても，EFTA 監視当局の下で適用される。さらに，EU 域内で活動する限り，外国企業であっても EU 競争法が適用される。したがって，EU は外国企業に対しても罰金を科し，外国企業の合併の審査やそれを禁止する権限を持つ。

条約は下記の競争に影響を与える企業や政府による行為を規制する：

164　第Ⅱ部　比較地域統合政策論

- 企業間協定
- 支配的な地位にある企業における力の乱用
- 公営企業や加盟国によって独占的な地位が与えられた企業による上記のような行為
- 政府による企業への公的支援（補助金）
- 企業合併

　欧州委員会のすべての決定に対して，企業や加盟国は欧州司法裁判所に上訴する権利があり，欧州司法裁判所が欧州委員会の決定を取り消す場合もある。

　次に，企業の反競争行為，合併，独占や補助金の分野に関する EU 競争法適用の特性をみていきたい。

3-2　企業間協定や支配的地位の乱用

①　企業間協定

　EU 機能条約では，自由競争を制限する企業間協定や協調行為（共謀）を禁じている[3]。これには「カルテル」という価格や市場配分に関する取り決めだけでなく，研究開発協力，流通協定，技術ライセンスといった有益な協定も該当する。有益な協定は競争法の適用を免除されることがある一方で，カルテルに参加する企業には関係企業の売上高の最大10％までの罰金が科される。

　罰金を科された実例は下記のとおりである。

- ヨーロッパの企業 2 社，日本の企業 4 社，そして日本企業のフランス子会社 1 社に，自動車軸受（ベアリング）市場でのカルテルを理由として，計9.53億ユーロの罰金を科した（European Commission 2015b, p.22）。
- GdF Suez（フランス）と E. ON（ドイツ）社の 2 社に，ガス市場配分のため，11.06億 ユ ー ロ の 罰 金 を 科 し た（European Commission 2010a, p.33-34, European Commission 2010b, p.114-115）。

　企業にとって，激しい競争の圧力を低下させるという誘惑は強いものがある。そのため，カルテルを組む例は後を絶たない。これは，競争法の重大違反であり，競争に非常に大きな影響を及ぼすため，カルテルの取り締まりは，欧州委員会が最も重視する業務である（European Commission 2015b, p.21）。競争法施行の当初から，欧州委員会には，カルテル等の証拠発見のため，企業の事務所

第7章　EU と ASEAN の競争政策　　165

への立ち入り検査を行う権限があった[4]。カルテルの情報源は第三者からの通報であることが多いが，最近では，罰金減免制度（リニエンシー）を導入した結果，カルテルの参加者からの自主的な証拠の提出が増加している。なぜなら，証拠を提出するカルテル参加者は罰金を減免または完全に免除してもらえるからである[5]。また，カルテルの調査期間短縮のための示談手続もある。それは，カルテル参加者が欧州委員会の調査結果に異議を唱えないことに同意する場合，罰金が10％軽減されるというものである（European Commission 2014b, pp.19-20)。欧州委員会は，2014年に合計16.9億ユーロの罰金を科した（European Commission 2015b, p.23)。

　現在，競争法執行の多くは，金融サービス，通信等といった急速に発展しつつある分野にも拡大している。2014年に欧州委員会が決定した事例には，ビザやマスターカードのようなペイメントカードや金融派生証券（デリバティブ）に関するものがある（European Commission 2015a, p.11；European Commission 2015b, pp.41-42)。先端技術分野など，急速に発展する領域では，競争法の執行とともに，競争を容易にする法律の制定も行われている。競争法の執行と立法とは，相互補完的なものである。EU の最優先である「デジタル共同市場」や「欧州エネルギー同盟」などは，競争法の執行が大きく貢献する分野である（3-4参考，独占市場の開放)。

　競争法の適用を免除される有益な協定，すなわち，業界団体や複数の企業が参加する研究開発，特殊化，マーケティング協力，生産企業と販売会社の間の販売契約，技術ライセンス等は，かつては欧州委員会がケースごとに個別に対応していたが，現在では，最も多い協定に関して，包括免除規則が制定されている。規則に定められた条件を満たす協定は欧州委員会に通知する必要がなく，競争法の適用が自動的に免除される（例えば，技術移転，European Commission 2015a, p.6, European Commission 2015b, pp.14-15；European Commission 2016a)。また，欧州委員会がガイドライン（指針）を発効した分野もある（例えば，垂直・水平協定，European Commission 2016a)。

　その結果，現在では，企業が結ぶ契約において，どの条項が認められるか，どの条項が競争法に抵触するか，といった問題について，企業にとっても，裁

166 第Ⅱ部 比較地域統合政策論

判所にとっても（下記③参考）ルールが明確化されている。包括免除規則が該当しない協定については，欧州委員会が個別に対処する。協定の承認条件として，競争の維持・拡大のために，企業に対して特定の言質を求めることがある。実例は下記のとおりである。

- 2010年と2013年に，欧州委員会はOneworldやStar Allianceの会員航空会社間の大西洋横断飛行に関する共同運航提携を審査の上，承認した。このケースでは，発着枠を競合他社に譲るという条件を受け入れることが求められた（European Commission 2011b, pp.83-84；European Commission 2014b, p.56）。
- 2011年には，太陽光・風力発電を開発する企業間の合弁事業が調査された（European Commission 2012a, p.17）。

---

② 支配的地位の乱用

EU機能条約では，市場で支配的な地位にある企業が，消費者や競合他社に対してその支配的な力を乱用することを禁じている[6]。支配的な地位にある企業は競合他社を，例えば略奪的価格形成で市場から排除しようとしたり，抱き合わせ販売，割引や長期契約等で顧客が競合他社に乗り換えることを妨げたりすることがある。この場合，法の適用を免れ得ない。カルテル同様，違反した企業は売上高の最大10％の罰金を科される。下記は欧州委員会による執行の事例である。

- 1985年，欧州委員会は略奪的価格形成のため，オランダのAkzo社に1,000万ユーロの罰金を科した。Akzo社は規模が小さいイギリスのECS社を小麦粉添加物の市場から排除しようとした（European Commission 1985）。
- 2004年，Microsoft社は4.97億ユーロの罰金を科された。Microsoft社が開発した「ウィンドウズ」のOSは市場を支配しており，次の2つの行為によりこの支配地位を乱用し，他社の利益を損ねたと立証された。1つは，「ウィンドウズ」の新バージョンに関する情報を土壇場で発表することによって，他のソフトウェアの開発者が「ウィンドウズ」と互換性のある商品を開発することを困難にしたこと。第2に，「ウィンドウズ・メディア・プレーヤー」を「ウィンドウズ」のOSの販売に抱き合わせることによって，ライバルのメディア・プレーヤー製品の市場での競争を阻害したこと（European Commission 2005, pp.31-33）。
- MotorolaやSamsungは，基準に適合するスマートフォンを製造するために

使用しなければならない特許を所有している。2014年，その特許の使用許可を他のスマホメーカーに公正で合理的かつ非差別的な条件（FRAND terms）で与えることを，両者に義務づけた。罰金は科されなかった（European Commission 2015a, p.5, European Commission 2015b, p.36）。

現在，欧州委員会はグーグル社の支配的地位の乱用について調査中である。調査の対象は，ウェブ検索エンジンにおける行為およびアンドロイド・モバイルOSについてである（European Commission 2015a, p.5, European Commission 2015b, p.35）。

上記のように，市場での支配的地位の乱用でも，現在急速に発展している産業分野における事例が多く見られる。こうした分野で競争を確保するために，競争法の執行と法律の制定が並行して行われることが多い。通信やエネルギーのような，ネットワーク・インフラに依存する独占の傾向が強い分野の開放については3-4に詳述したい。

時には寡占企業が，規模の小さい競合他社とともに合同で市場における力を行使することがある。このような共謀に対して欧州委員会はかつて「合同支配」の理論に基づき，EU条約の支配的地位乱用の規定を適用したことがあるが，近年ではそのような例は少ない（たとえば，定期船同盟の行動に関するCompagnie Maritime Belge の事例，European Commission 1992）。

特定の市場における支配的地位を立証するためには，関連市場を定義し，市場シェアを計算しなければならないが，関連市場の定義は困難な場合がある（下記3-3参照）。市場で50％のシェアを持つ会社は，ほとんどの場合支配的な地位にあると想定される。

③ 企業行為に関するEU競争法の執行分権

2003年，企業行為に関するEU競争法の執行に関して，重要な改革が行われた[7]。それまで，執行の権限は排他的に欧州委員会のみが持っていたが，現在では，国内競争当局と国内裁判所もEU競争法を適用するようになった。このため，欧州委員会と国内競争当局は「欧州競争ネットワーク」（ECN）を構成することとなった。国内当局や裁判所は，EU法の下での権利を保護する際，

168   第Ⅱ部   比較地域統合政策論

EU法適用の義務を課されている。そのために両者は，共通の原則を遵守し，緊密に連携しなければならない。つまり，EU競争法が効果的かつ整合性をもって適用され，EUと国内競争法が相反しないことを目指している。また特定の事案について，一番効果的に対処できる当局（欧州委員会，国内当局）が担当することを原則とする。

　欧州委員会やイギリス政府などの見解によると，このネットワークはうまく機能しているという。ネットワークの創設以降10年の間，欧州委員会が企業行為に関する事案130件に対して決定を下した一方，国内当局は800以上の事案を扱っている（UK Government 2014, pp.22-24, 39；European Commission 2015a, p.16, European Commission 2015b, pp.24-25）。2016年末には国内裁判所が競争法違反行為のための損害賠償を求めることを容易にするEU法が発効することになっている（European Commission 2015b, p.16）[8]。

3-3   合併の規制

　欧州経済共同体条約の競争に関する条項では，合併について明確に言及していない。しかし，条約発効後に，合併により企業が市場で支配的な地位を得て，それを乱用することが競争を阻害すると認識されるに至り，合併の規制の必要性が認識された。欧州委員会は，条約の支配的地位乱用についての条項が不適当であると考え[9]，1973年にはみずからが合併規制の権限を持つ案を提出した。しかし，加盟国がその案を採用したのは1989年になってからである。なぜなら，1980年代の後半以降，EUが市場統合を進めた結果，国境を越えた合併が急増し，業界も複数の加盟国ごとの規制の代わりに，EUによる共通の規制（「one-stop shop」）を望んだからである。

　合併規制規則では[10]，大規模な合併のみを欧州委員会の規制対象としている。その他の合併については，各加盟国の競争局が規制する。欧州委員会が扱う「ヨーロッパ的規模の」合併は，売上高の観点から定義される。合併企業の売上高が，全世界合計で50億ユーロ，それぞれの企業のEU内の売上高は2.5億ユーロを上回れば，その合併は欧州委員会の規制対象になる。しかし，合併企業がEU内の売上高の大部分を同一の国で生み出す場合は，その加盟国の当局

が担当することになる[11]。EU と加盟国の間で担当を割り当てるルールがあるため，合併規制の分野では，他の企業行為と異なり，EU 法の分権はなされていない（3-2③参照；UK Government 2014, p.24, 39）。

上記の基準を満たす合併を行おうとするものは，事前に欧州委員会に届け出る義務がある。合併が市場で支配的な地位を生み，競争を阻害すると認められる場合，欧州委員会は合併を禁止する。しかし，合併がある市場で支配的な地位を生む場合，欧州委員会は通常，合併の認可の見返りとして，市場における当該企業の影響力を削減するため，合併する企業のいくつかの部門や子会社の売却に関する条件をつけることが多く，合併が支配的な地位を与え認可されないことが明らかになれば，当事者は合併提案を取り下げる場合もある。

企業が支配的な地位を獲得するかどうか，それを乱用する確率を判断する際，大切な要因の１つは関連市場の定義である。それは，製品および地域の２つの点に対して検討される。たとえば1998年に欧州委員会が認可したフィンランドの石油会社 Neste と電力会社 IVO の合併の例では，暖房市場における石油と電力は短期的には代替不可能であり同一の市場には属さないと判断し，合併後の企業のシェアは過大ではないと決定した（European Commission 1998a, p.188）。

欧州委員会はかつて，寡占市場の合併について，企業の競争違反と同様，複数の企業が「合同支配」の地位にあるという視点から判断したこともあるが（たとえば，European Commission 1998a, pp.66-67；3.2 b），最近ではこういったアプローチが見られない。上記以外の判断基準として，実際または潜在的競争，消費者利益，技術・経済の発展などがあげられる。

EU の合併規制が開始して以降，欧州委員会は約6,000件の合併事案に対処してきた。これは１年あたりになおすと300件程度であり，合併禁止の決定はその１％前後である。

合併に関する欧州委員会の決定の事例を以下に示す。

- 2007年，格安航空会社 Ryanair によるアイルランドの公営航空会社 Aer Lingus 買収計画について，欧州委員会は禁止の決定を下した。理由は，アイルランド発着の航空路線のうち，Ryanair のシェアが90％以上になるためであった（European Commission 2008, p.32, 129）。

- 2009年，ガス・電力市場で営業するRWE（ドイツ）とEssent（オランダ）の合併は，RWEが保有するBremer Stadtwerke（電力会社）の株式が，同社に対して支配的にならないレベルまで売却することを条件に認可された（European Commission 2010, p.118）。
- 2010年，France TelecomとDeutsche Telekomのイギリス子会社（携帯ネットワーク）の合併は認可された。これは，当事者が保有する電波スペクトルの4分の1を売却するという条件であった（European Commission 2011a, p.28）。
- 2016年，欧州委員会は「Three」というイギリス携帯電話ネットワークを所有するHutchison社による，Telefónica UKが所有する「O2」というネットワークの買収を禁じた。この合併は，イギリスで競争する携帯電話ネットワークを4から3に削減し，携帯電話ネットワーク・インフラの発展を阻害する上，仮想携帯電話事業者のネットワーク・インフラへのアクセス機会を減少させると判断されたからである（European Commission 2016b；European Commission 2015a, p.4）。

3-4　独　占

①　法規定および独占・公営企業の問題

　本章でいう「独占」企業とは，法律によって特定の財・サービスに関する独占権あるいは特権を与えられた企業を指す。他の手段によって支配的な地位を得た企業は含まない。

　EU条約において，独占に関連する条項は2つある。

　1つは「専売公社」，すなわち製品を流通させるために設けられた国営の独占企業である[12]。専売公社はアルコールやたばこを販売する国営の独占企業であり，いくつかの国では健康上の理由で未だに存在している。こういった独占を撤廃する義務はないが，他の加盟国の製品を排除してはならないことになっている。

　もう1つの条項は，「独占」，および「公共サービスの運営を委任された事業」や「公営事業」である。これらの企業に関して，加盟国は競争等の条項に反する規定を廃止し，当該企業はサービスの遂行を防げられない限り，競争に関する条項を遵守し，貿易の発展を阻害してはならない[13]。この条項は，販売だけでなく，生産にかかわる企業やサービスを運営する企業にも及ぶ。エネルギー，通信，輸送，水道等の公共サービスを運営する国営企業（国営事業：

public utilities）などを示す。これらの部門の特徴の1つとして，該当財・サービスの流通に必要なインフラをあげることができる。

独占や国営企業が，競争や市場統合に支障をきたすことは明確である。独占は本来，他国や他地域からの競合他社の市場参入を阻害する。つまり，競争とは反対の状況が生まれる。国営企業は資金調達が不透明であり，国庫補助を得る可能性がある。そのため，競争相手に対しては不当に有利な地位にあり，市場でその地位を乱用することがある。これらの危険性があるために，EU法では国営企業は非合法ではないが，競争の観点からは注意深く監督する必要があるとされる（3−5参考）。今日的文脈でいえば，公共サービス市場は競争下でも効果的に機能し，独占市場よりも多くの恩恵をもたらすと考えられる。

② 市場開放と独占の解体

前述の条項に基づいて，欧州委員会は1980年代以降，独占市場を競争市場へ開放することに取り組んでいる。その際，競争規定を個々の事例へ適用することと並行して，自由貿易条項に基づく法律を制定する場合が多い。競争法を実例に適用する場合，罰金を科す可能性があるため，競争規定が強力な手段となる。市場開放の取り組みとしては，航空，通信やエネルギー等の部門の例があげられる。市場開放の過程は長期に及ぶが，すべての部門において着々と進行してきた。

電力市場開放の先駆けは，マーガレット・サッチャー政権時代のイギリスである。EUは1996年から，自由貿易に関する条項を用いて電力部門の自由化を目指す3つの指令を制定した。指令の目的を達成するための重要手段は，垂直的に統合された電力独占企業の送電部門を，発電，電力分配，小売りの三部門から切り離すこと（アンバンドリング）である。というのは，送電は自然独占であると考えられるが，発電，電力分配，電力小売りは競争が可能であるからである。

電力市場に競争が導入された現在，ヨーロッパの消費者は電力供給業者を選び，他の電力供給業者に変えることも簡単にできる。しかし，ヨーロッパ電力市場の統合にはまだ解決すべき問題がある。2007年，欧州委員会は電力・ガス

172 第Ⅱ部 比較地域統合政策論

市場における競争状況に関する調査を行った（European Commission 2008, pp.81-82）。そこでは，例えば，隣国との接続線の不足のため，スペイン，ポルトガル，イギリスなど，いくつかの国の国内電力市場はまだかなり隔絶されていることがわかった（European Commission 2015b, p.30）。2014年にEUは「欧州エネルギー同盟」の目標についても採択した（European Commission 2015a, pp.6- 7 ；European Commission 2015b, pp.30-33）。電力市場の自由化にともない，送電網の運営担当者間の協力，共通の商業的・技術的ルールの策定，安全基準開発を目的として，送電システム運営担当者のネットワークが設立された。

競争規定の実例への適用については，以下の事例をあげることができる。

- 2011年に，欧州委員会はポーランドの電気通信会社（TP）に対して，その支配的な地位を乱用したとして，1.27億ユーロの罰金を科した。 TPは5年間にわたって，他のインターネット事業会社に対して，自社のネットワークへのアクセスを拒否していた。ヨーロッパでは通信市場が自由化されており，ネットワークを所有する既存の事業会社は他の会社に対して，利用料金と引き換えにネットワークの利用を許可しなければならない（European Commission 2012b, p.24）。
- 2014年，スロバキアでも上記と同様の事例があった（European Commission 2014a, 4 ；European Commission 2014b, 35）。
- 2011年，ドイツの電力・ガス部門において，ドイツ国内はもとより，他の多くの加盟国市場で営業するE. ON 社は，欧州委員会による調査を終了させるため，欧州委員会との示談に応じた。E. ON（RWE と並ぶドイツの2大電力会社の1つ）はドイツで保有する電力送電網を売却することに合意した。それ以前は，E. ON は RWE と同様，送電と他の部門の切り離しに反対していた（European Commission 2014a, 4 ；European Commission 2014b, 35）。
- 同年，フランスの EDF は大手顧客と結んだ長期的な契約の65％について，競争相手に入札させることに合意した。また，将来の長期的契約の期間が5年を超えないことに合意した。
- 同年，Svenska Kraftnä（スウェーデンの送電網の運営業者）は電力の輸出を可能にするために，相互接続容量を競争相手に提供することに合意した。

欧州委員会の目的の1つは，エネルギー，通信等のインフラに対して，それを所有する企業以外の競合他社（中小企業を含めて）に公平かつ無差別のアクセスを確保することである（European Commission 2015a, p.2）。

第 7 章　EU と ASEAN の競争政策　　173

3-5　国庫補助金

①　条約規定

　補助金の規制は条約に基づいており，加盟国間の貿易に影響を及ぼす国庫補助金を禁じている[14]。しかし，①経済開発が遅れている地域の開発，②経済発展，③欧州に共同利益をもたらす事業，④加盟国の経済危機の克服，⑤文化遺産の保護，を目的とする場合には，特別に補助金が認められる場合がある。

　すべての加盟国が交付する補助金について，それらを評価する権限が欧州委員会に付与された。評価してもらうために加盟国は補助金を交付する前に，欧州委員会に通知する義務がある。通知を怠ると，交付された補助金は非合法となり，欧州委員会は，補助金の返還を企業に求めるよう加盟国に命じる権限を持つ。国内監視機関が自国の交付する補助を公平に評価するとは考えにくいため，この分野では，企業の競争法違反の場合と異なり，分権の余地はほとんどない。ゆえに，欧州委員会のような超国家的監督機関が必要不可欠である（UK Government 2014, p.7）。

　しかし同時に，EU 国庫補助金法の執行を改善するため，欧州委員会は国内裁判所に対して EU 法の適用を勧めている。各加盟国の裁判所が補助金に関する訴えを審査する際，必要に応じて，欧州委員会は情報や助言を提供する（European Commission 2014b, p.11）。

　EU において，補助金の規制が必要であることは間違いない。というのは，米国と違って，欧州諸国の政府は伝統的に干渉主義的な産業政策をとっており，競争を歪める補助金や国家間の補助金争いを抑制しなければならないからである。世界貿易機関の補助金相殺措置協定はそれに代わるものにはなり得ない（UK Government 2014, p.6, 59, 61）。

②　執行の実践

　これまでの欧州委員会の実践や欧州司法裁判所の判例から，「国庫補助金」（state aid）は次のように理解される。

- 多様な形態をとる：返済不要補助金（通常の交付金），ソフトローン（条件の
  ゆるやかな借金），利子補給，債務保証，資本注入，税金軽減（減税）
- 補助金はすべてのレベルの行政機関が交付する財政支援を含む：中央政府や自
  治体の他，たとえば公営企業を通して間接的に交付される
- 補助金交付の目的は幅広い：投資（たとえば地域開発），中小企業向けのサー
  ビス，職業訓練，研究開発，企業の生産コスト削減，輸出価格の低下，財政難
  に陥った企業の救済・再構築

　条約に定められる曖昧な特例を適用する際の判断基準は，支援の形態や交付
ルートといったものでなく，競争に及ぼす影響である。補助金には通常，正負
両方の影響がある。正の効果が競争に及ぼす負の効果を上回る場合には，補助
金が認められる。

　過去の事例から，補助金の目的によって，利益が上回る「よい」補助金と悪
影響が上回る「悪い」補助金に分けられる。さらに，利益と悪影響の詳細な比
較を必要とする補助金がある。

　これにより，補助金の交付は次の３つのケースに区別できる。

1　投資（たとえば地域開発），研究開発，中小企業向けのサービス，職業訓練，
　　環境の改善，再生可能エネルギー等のための補助金は認められる。
2　EU共同市場内の輸出補助金は認められず，生産コスト削減ための補助金は
　　ほとんどの場合（例外としては，農業，石炭，再生可能エネルギー等）認めら
　　れない。
3　財政難に陥った企業の救済やリストラの事例は，徹底的な調査の上，条件つ
　　きで承認される。

　現在，上記１に示す補助金には包括免除規則が該当する。規則には，免除さ
れるために満たさなければならない条件が設定されている。たとえば，事業
（投資等）のコストに占める補助金の割合または金額の限度が定められている。
包括免除規則が該当するケースの多くは，ある特定の企業に対する補助金では
なく，複数の企業を対象とする一般的な補助金プログラムである。こういった
プログラムは，条件を満たせば，加盟国がそれを事前に欧州委員会に評価のた
め通知する必要がなく，補助金は自動的に免除されることとなる。

　欧州委員会によると，2014年に改正された主な包括免除規則は，補助金事案
数の４分の３，補助金総額の３分の２をカバーすると推定される（European

Commission 2014b, p.5）。その上，少額補助は些細な事柄と見なされ，無視される[15]。

欧州委員会が詳細な個別審査を行うケースは，ほとんどが上記3に示すケースである。そのケースの多くは，ある特定の企業にかかわり，巨額の金が絡んでおり，市場の精査が複雑な，1回限りのもので，たとえば，経営難に陥った企業の救済・リストラに関する事案などである。このような事例に関して，欧州委員会は，この数年間に評価方針を発効した（Rawlinson 1993）。さまざまなガイドラインや規則が蓄積された結果，EUの国庫補助法はかなり成文化されてきている。

国家補助金規制の難しい問題の1つとして，国庫が国営企業に注入する資金は，どの程度，支援を含むかといった判断がある。この問題は企業の救済やリストラの際，特に重要である。このような問題を解決するため，1980年代半ば以降，民間投資との比較の基準が考案，適用されてきた（European Commission 2016a）。

現在の執行アプローチは，加盟国が出資する補助金を，成長促進および市場の失敗の穴埋めに向けさせようとするものである（European Commission 2014b, p.4）。非合法（通知義務を無視し交付された）の補助金を返還させることも優先的に行われる（European Commission 2014b, p.11）。

③ 実　例

現在の補助金規制の実例は以下の通りである。

- 2003年，Alstomというフランスの大手工業企業は破産の危機に瀕しており，フランス政府が救済しようとしていた。救済は認可されたが，条件として，支援は資本注入から返済すべき借入金に代えて，ある特定の市場での当該企業の存在感を低下させた（European Commission 2005, p.132-133）。
- 2008年に発生した金融危機の中，多くの銀行が経営難に陥った。銀行の破たんは経済に壊滅的な影響を与えるため，各国政府はそれを回避しようと銀行を支援した。しかしこれは，競争を歪める大きな危険性があった。こういった状態を打開するために，欧州委員会は特別な公的支援の方針を打ち出し，合計400以上の事案に適用した。2008-2012年にわたって金融機関に流れた支援（そのほとんどが資本注入や保証）の金額は，2012年のEUのGDPの4.5％もの金額

176　第Ⅱ部　比較地域統合政策論

に相当した。2009年にピークに達した保証は，2012年の EU の GDP の7.7％にまでなった。リストラ支援の1つの条件としては，企業が長期的な健全性を回復し，企業規模を大幅に縮小することがある。たとえば，Anglo Irish Bank と Irish Nationwide Building Society という金融機関は10年内に解散されることになった（European Commission 2014b, pp.44-45；European Commission 2010a, pp.11-13；European Commission 2010b, pp.52-58）。

- 競争力強化を見指す「Europe 2020」戦略の目標の中には，通常，公的支援が伴うものがある。たとえば，ブロードバンド・インターネット・ネットワークの拡大はその一例である。2011-12年に，欧州委員会は，サービスが不十分な地域に新たに通信基盤を整備する多くのプロジェクトを承認した。それらに伴う公的支援は約40億ユーロであった（European Commission 2013a, pp.9-10）。

- 2011年，欧州委員会は，公共サービス向けの補助金に関する新しい指針を発表した。公共サービスの一部は赤字経営であるため補助金を必要とする。このようなサービスは，伝統的に国営企業により提供されてきたが，現在では民間企業が市場に参入するケースが増えた。指針では，赤字経営のサービスを提供するための補助金が，必要な金額を上回らないようにすることを目的とする。これに関連して，2012年に欧州委員会は，郵便局に対して，赤字経営のサービスを提供するための報酬を調査し，ドイツやベルギーの政府に過度な報酬の返還を求めるよう要請した（European Commission 2011, pp.5-6；European Commission 2013b, p.60）。

3-6　EU 競争法の執行の仕組み

EU 競争法の執行を担当する欧州委員会の委員は，加盟国の政府により5年間の任期で指名されるが，委員は独立して任務を果たすことが義務付けられる。1990年代には，欧州委員会から独立した欧州競争機関を設立するべきではないかという声が上がったが，現在では，欧州委員会が公平かつ効果的に競争法を執行する能力は一般に広く認められており，こういった懸念の声は聞かれなくなった。

欧州委員会の高い評判（UK Government 2014, p.63；Monti 2015）は，次の要因によると考えられる。

- 市場経済の効率向上，EU 市場の統合の観点から納得できる条約規定の存在であること
- 司法裁判所の強力な支援を受け，50年以上にわたり競争法の適用を経験してきたこと

第 7 章　EU と ASEAN の競争政策　177

- EU および外国の大手企業や有力な加盟国（たとえば，フランスの国営企業関連）に対する執行であること
- 「one-stop-shop」を踏まえた効果的な合併規制を導入したこと
- 包括免除規則や方針などを通して競争法が成文化され，透明性が高まったこと
- 企業行為に関する競争法の ECN ネットワークを通して執行が分権化されたこと

　さらに，特別委員会を通して加盟国の競争当局が政策立案に参加できること，補助金や合併事案に対して競合他社から意見をヒアリングすること，さらに，ウェブサイトから情報にアクセスしやすいことなどもあげられる。

　最後に，司法裁判所による欧州委員会に対する司法審査制度は，公平性を担保するものであると認められる。毎年，いくつかの事案について司法裁判所が欧州委員会の決定を取り消す判決を下すことがある（たとえば，European Commission 2014b, pp.27-28）。

3-7　競争法における国際協力

　世界経済がますますグローバル化する中，競争監視機関との協力が一層必要になる。欧州委員会は現在，多くの処理すべき事案において EU 外の監視機関と協働している。カルテル事案の場合，協働の割合は78％にのぼる（European Commission 2014b, p.17）。この割合から，国際カルテルの取り締まりの重要性がうかがえる（European Commission 2014b, p.22）。

　世界を見渡しても，競争法の執行制度を導入した国が増えている。競争法の一貫性を高めるため，EU は「International Competition Network」や OECD の競争委員会といった国際機関に参加している（European Commission 2014b, pp.29-30；UK Government 2014, p.7, 36-37, 64）。

　EU は自由貿易協定を結ぶ際，競争法規定を盛り込もうと取り組んでいる。最近，EU-ベトナム間の自由貿易協定が締結された。その競争政策規定には，反競争行為，支配的地位乱用や合併以外に，補助金の規制や国営企業優遇の禁止など，EU の規定に類似した義務が取り入れられている。欧州委員会は，この協定の競争規定が東南アジア全域の前例となることを期待している（European Commission 2014b, p.28；European Commission 2016c）。

178   第Ⅱ部   比較地域統合政策論

4   ASEAN の競争政策

4-1   競争法の発展状況

　ASEAN 諸国の競争法は発達途上の段階にある。競争法を導入して10年ない
し20年が経過し，それなりの経験を積んだ国がある一方で，法律を制定したば
かりという国もある。**図表7-2**に ASEAN 加盟国の競争法の状況を示す
（ASEAN 2013）。

　図表に示すように，4ヵ国では競争法が2015年に制定されたばかりである。
ブルネイ，マレーシア，シンガポール，ベトナムの競争法は，（少なくとも部分
的に）EU の法を（直接又は間接的にイギリスの法を通して）手本とした（EU-ベ
トナム自由貿易協定について，3-7参考）。タイは，法制定は早い時期に行った
が，現在まで，競争法の執行例は少ない。また，一番積極的に取り締まりを
行ってきたのはシンガポールである。

図表7-2   国ごとの ASEAN の競争法発展状況

加盟国	競争法制定年	企業間協定，支配的地位，合併の網羅	特性
ブルネイ	2015年（未施行）	✓	
カンボジア	現在起草中	該当しない	
インドネシア	1999年	✓	
ラオス	2015年	✓	
マレーシア	2012年	合併はカバーされない，独占も除外	
ミャンマー	2015年	✓	刑事罰
フィリピン	2015年	✓	刑事罰
シンガポール	2010年	✓	
タイ	1999年	✓	刑事罰
ベトナム	2004年	✓	

4-2 今後の見通し

2025年までの ASEAN 経済共同体のブループリントによると，「競争政策を通してすべての企業にとって公平な自由競争の場を作り上げること」は「競争力があり，革新的，活動的な ASEAN」の構築に大切な要素であると述べられている（ASEAN 2015, p.26 et seq.）。そのために実行すべき競争規約は，市場や生産拠点の統合を進化させることである。

その目的を達成するため，ブループリントでは以下のような勧告を行っている。

- 競争法が未整備の加盟国（カンボジアのみ）に対する法令の整備
- すべての加盟国は「最良の国際的実践例および ASEAN が合意した方針に基づいて国内競争法を効果的に施行」
- 加盟国による競争監視機関の設置・機能強化
- 競争政策や競争法について定期的な情報交換のための組織やポータルサイトの創設・機能向上，共通の研究基盤
- 国境を越えた取引に効果的に対処するため，ASEAN 全域にわたる競争法施行に関する協力協定の締結
- ASEAN 全域にわたる競争政策および競争法の調和
- 外国と交渉する自由貿易協定における競争に関する規定の統一

2007年，ASEAN は，競争政策・競争法の分野での議論や協力を目的とした地域フォーラムである「ASEAN 競争法専門家グループ」の創設に合意した。また，2013年には，「Handbook on Competition Policy and Law in ASEAN for Business 2013」を発効した（ASEAN 2013）。国際競争ネットワーク（ICN）の2016年次会議はシンガポールで開催された。

5 おわりに

成熟した EU の競争政策とは異なり，ASEAN における競争政策は，共通政策というには時期尚早である。ASEAN 経済共同体が今後さらに深化すればするほど，EU のような中央機関による法の執行が必要になるが，現状では，競

180 第Ⅱ部 比較地域統合政策論

争法のさらなる調和および ASEAN 全域にわたる協力の強化が当面の課題で
あるといえる。

●注 ─────────────────

1 1998年に制定された新しいイギリスの競争法（Competition Act 1998）では，EU 法に
 おける反競争行為の遡及的無効のアプローチを採用した（UK Government 2014, p.37）。
2 国内競争規制機関は自国の企業に優遇措置を与える傾向があるため，EU 加盟国の利害
 に左右されない EU 機関が必要とされる。また，国内競争規制機関は他国における事案に
 対して司法権を持たない。
3 EU 機能条約（EU 条約2009年の最新改訂版）第101条。
4 1962年の欧州閣僚理事会規則第17/62番。
5 罰金減免のため内部告発を専用メールアドレスに提出できる。
6 EU 機能条約（EU 条約2009年の最新改訂版）第102条。
7 EU 閣僚理事会の規則1/2003番。
8 欧州議会と欧州連合理事会が制定した指令2014/104番。
9 条約第102条は，すでに支配的地位にある企業の行動に対してのみ適用でき，自然な成
 長または合併を通して市場で支配的な地位を獲得するケースには適用できないと考えられ
 た。
10 4064/89号規則，現行の規則は139/2004。
11 境界線を適用する際には柔軟性がある。事例を管轄する加盟国はその責任を EU 委員会
 に転嫁できる。逆の場合もまた同じである。
12 EU 機能条約（EU 条約2009年の最新改訂版）第37条。
13 EU 機能条約（EU 条約2009年の最新改訂版）第106条。
14 EU 機能条約（EU 条約2009年の最新改訂版）第107-108条。
15 企業に 3 年間で交付される補助金の合計が20万ユーロを超えない場合。

●参考文献 ─────────────────

ASEAN（2013）*Handbook on Competition Policy and Law in ASEAN for Business 2013*,
 The ASEAN Secretariat.
ASEAN（2015）*ASEAN Economic Community Blueprint 2025*, The ASEAN Secretariat.
European Commission（1985）Decision on Akzo/ECS case, OJ（1985）L 374, p.1.
European Commission（1992）Decision on Compagnie Maritime Belge case, OJ（1993）L
 34, p.20.
European Commission（1998）*Report on competition policy 1997*（All EU Commission
 annual competition reports: http://ec.europa.eu/competition/publications/annual_
 report/index.html）
European Commission（2005）*Report on competition policy 2004*.

European Commission (2008) *Report on competition policy 2007.*

European Commission (2010) *Report on competition policy 2009.*

European Commission (2011a and b) *Report on competition policy 2010* (2011a Report, 2011b Staff working document).

European Commission (2012a and b) *Report on competition policy 2011* (2012a Report, 2012b Staff working document).

European Commission (2013a and b) *Report on competition policy 2012* (2013a Report, 2013b Staff working document).

European Commission (2014a and b) *Report on competition policy 2013* (2014a Report, 2014b Staff working document).

European Commission (2014c) Directorate General for Energy, Report on liberalization of energy markets. https://ec.europa.eu/energy/en/topics/markets-and-consumers/single-market-progress-report

European Commission (2015a and b) *Report on competition policy 2014* (2015a Report, 2015b Staff working document).

European Commission (2016a) European Commission Directorate General for Competition, Legislation. http://ec.europa.eu/competition/antitrust/legislation/legislation.html

European Commission (2016b) Hutchison/Telefónica UK merger case, press release IP/16/1704, 11.5.2016.

European Commission (2016c) Delegation of the European Union to Vietnam, Guide to the EU-Vietnam Free Trade Agreement, 2016. http://trade.ec.europa.eu/doclib/docs/2016/june/tradoc_154622.pdf

Monti M. (2015) "The bold Brussels 'eurocrats' who command the woorld's respect," *Financial Times* 24.4.2015.

Rawlinson, F. (1993) "The role of policy frameworks, codes, and guidelines in the control of State aid," in: Ian Harden (ed.), *State aid: Community Law and Policy*, Köln, Bundesanzeiger Verlagsgesellschaft, pp.52-60.

UK (HM) Government (2014) *Review of the balance of competences between the United Kingdom and the European Union-Competition and Consumer Policy Report.*

第II部　比較地域統合政策論

第 **8** 章

ASEANにおける空港運営の特徴
――EUとの対比による考察

1　はじめに

　東南アジア諸国連合（ASEAN）は1967年にタイ，インドネシア，マレーシア，シンガポール，フィリピンの5ヵ国により組織され，84年～99年にかけてブルネイ，ベトナム，ラオス，ミャンマー，カンボジアが加盟し，10ヵ国となった。28ヵ国から構成されるEUと比較すると，人口はASEANが約6.2億人，EUが約5億人であるが，一人当たりGDPではASEANの値はEUの10分の1にすぎない。国土面積はどちらも約430万km²と同規模である。ASEANがインドネシアやフィリピンのように島嶼部の多い地形上の特性を持っている点では，大陸でつながっているEUと大きな違いが見られる。そのために，ASEANでは航路が重要な交通手段と位置づけられる。

　航空自由化の進展に伴い，伝統的な経営に基づき乗り換え便の手配や機内食の提供などを重視するフルサービスキャリア（レガシーキャリア）に対して，費用削減を徹底する戦略により格安のチケットを販売するローコストキャリア（LCC）が台頭してきている。EUではRyanairとeasyJetが多数の機材を活用して，域内の主要都市をつなぐネットワークを持つ。ASEANでも同様にAirAsia/AirAsiaXとLion Groupが多数の機材と路線により，域内の旅客者数を増やしている。

　伝統的な航空需要はホリデーとビジネスという目的で二分してきたが，それらに加えて，友人や親戚を訪問することを主目的とする，「ビジッティング・

第8章　ASEANにおける空港運営の特徴　　183

フレンズ・アンド・リラティブズ」（VFR）の需要層をホリデーと区別して把握することが一般化してきた。統計データとして整理されている国はまだ少ないが，この需要層がLCCを多用することも知られている。経済活動のグローバル化に伴い，工場やオフィスが域内の他国に立地することになれば，VFRが増大することは容易に理解できる。

　もちろんASEAN域内には，観光資源も多いのでホリデーによる需要層が減少しているわけではない。むしろリピーターの増加や新規需要層の開拓によって，需要全体は膨らんでいる。域内以外にも，中国やオーストラリアからの旅行者も多い。地方空港や郊外立地の空港を有効活用する上では，LCCとVFRに焦点をあてた航空行政や空港経営を指向する必要があるだろう。以下ではまず，ASEANにおける航空自由化とLCCの実態を把握することに重点を置く。さらに，空港運営主体が株式会社化されている点とその株主構成を確認する。最後に，EU域内の空港経営との対比を通して，今後の示唆と課題を導き出したい。

2　ASEAN地域の旅客需要増大

2-1　加盟国の人口と来訪者数

　2013年におけるASEAN10ヵ国の人口は6億2,509万人で，国別では以下の通りになる[1]。インドネシア2億4,881万人，フィリピン9,938万人，ベトナム8,970万人，タイ6,825万人，ミャンマー6,156万人，マレーシア2,994万人，カンボジア1,496万人，ラオス664万人，シンガポール539万人，ブルネイ40万人。2013年の平均成長率は，ラオスが2％で最も高く，タイが0.5％で最も低い。その他の8ヵ国は1％台で推移している。

　図表8-1は2006年〜2013年のASEAN諸国への来訪者数を示しているが，年々増加していることがわかる。2013年には9,800万人にのぼり，そのシェアはタイ，マレーシア，シンガポールの3ヵ国で約70％を占めている。同期間の成長率が高いのは，ベトナム，カンボジア，ラオスで10％を超える値である。

184　第Ⅱ部　比較地域統合政策論

図表8-1　**国別来訪者数（千人）**

	2006年	2007年	2008年	2009年	2010年	2011年	2012年	2013年	シェア(%) 2013年	成長率(%) 2006年/2013年
ブルネイ	158	179	226	157	214	242	209	225	0.2	5.2
カンボジア	1,700	2,015	2,125	2,162	2,508	2,882	3,584	4,210	4.3	13.8
インドネシア	4,871	5,506	6,429	6,324	7,003	7,650	8,044	8,802	9.0	8.8
ラオス	1,215	1,624	2,005	2,008	2,513	2,724	3,330	3,779	3.9	17.6
マレーシア	18,472	20,236	22,052	23,646	24,577	24,714	25,033	25,716	26.2	4.8
ミャンマー	653	732	561	763	792	816	1,059	900	0.9	4.7
フィリピン	2,688	3,092	3,139	3,017	3,520	3,917	4,273	4,681	4.8	8.2
シンガポール	9,752	10,288	10,116	9,681	11,639	13,171	14,491	15,568	15.9	6.9
タイ	13,822	14,464	14,597	14,150	15,936	19,098	22,354	26,547	27.1	9.8
ベトナム	3,583	4,150	4,254	3,772	5,050	6,014	6,848	7,572	7.7	11.3
ASEAN	56,914	62,285	65,605	65,680	73,753	81,229	89,225	98,001	100.0	8.1
ASEAN6	49,763	53,764	56,561	56,976	62,890	68,793	74,404	81,538	83.2	7.3
CLMV	7,152	8,521	9,045	8,705	10,863	12,436	14,821	16,462	16.8	12.6

（出所）　ASEAN Secretariat（2015），*ASEAN Statistical Yearbook 2014*に基づき筆者作成。

　ASEAN6ヵ国（ブルネイ，インドネシア，マレーシア，フィリピン，シンガポール，タイ）への来訪者は全体の80％を超えるが，成長率は7.3％にすぎない。それに対して，CLMV4ヵ国（カンボジア，ラオス，ミャンマー，ベトナム）の占める比率は低いが，成長率は12.6％にも達している。

　来訪者がどのエリアから来ているのかについては，2006年〜2013年の平均値で見ると，ASEAN域内45.6％，ASEAN以外のアジア28.1％，欧州12.3％，北米4.7％，オセアニア5.0％，その他4.2％である[2]。国別でASEAN域内と域外の比率を表すと，**図表8-2**のようになる。ラオスとマレーシアについては，ASEAN域内からの来訪者が高い比率を占めている。来訪者が航空機，船舶，自動車のいずれを使用したのかは不明であるが，域外からについては航空機が中心になっているものと推測できる。

第8章　ASEANにおける空港運営の特徴　185

図表8-2　ASEAN域内からの来訪者比率

	ASEAN域内（%）	その他地域（%）
ブルネイ	49.80	50.20
カンボジア	34.38	65.62
インドネシア	37.39	62.61
ラオス	78.12	21.88
マレーシア	76.03	23.97
ミャンマー	32.61	67.39
フィリピン	8.38	91.62
シンガポール	38.54	61.46
タイ	27.98	72.02
ベトナム	15.51	84.49
ASEAN	45.65	54.35

（出所）　ASEAN Secretariat（2015）に基づき筆者作成。

2-2　航空自由化の進展

ASEANでは1990年代に自由貿易地域を形成する方向での政策調和が進められ，2004年に市場統合に関する協定（ASEAN Framework Agreement for Integration of Priority Sectors）が成立した。航空分野においても，この協定に対応した協約（ASEAN Sectoral Integration Protocol for Air Travel）が作成され，2005年に発効した。その付属書で航空自由化のロードマップ（Roadmap for Integration of Air Travel Sector）が提示されていた。

その後，2009年5月に航空貨物輸送の完全自由化に関する多国間合意（ASEAN Multilateral Agreement on the Full Liberalisation of Air Freight Services）が，2010年11月に航空旅客輸送の完全自由化に関する多国間合意（ASEAN Multilateral Agreement on the Full Liberalisation of Passenger Air Services）が採択された。これらの制度設計により，2015年にASEANのオープンスカイが実現し，加盟国の航空会社は旅客と貨物の両方で自由に業務を行うことができるようになった[3]。

186   第Ⅱ部　比較地域統合政策論

図表8-3　ASEAN ナショナルフラッグの機材数（2013年5月）

エアライン	国設立	年	機材数
Malaysia Airlines	マレーシア	1947	133
Singapore Airlines	シンガポール	1972	126
Thai Airways International	タイ	1960	103
Garuda Indonesia	インドネシア	1950	88
Vietnam Airlines	ベトナム	1993	83
Philippine Airlines	フィリピン	1941	65
Lao Airlines	ラオス	1976	21
Royal Brunei Airlines	ブルネイ	1974	10
Myanmar Airways International	ミャンマー	1993	7
Cambodia Angkor Air	カンボジア	2009	5

（出所）　各社資料に基づき筆者作成。

　ASEAN 諸国は地形的に多くの島嶼部から構成されていることに加え，鉄道や高速道路などの交通インフラが十分に整備されていないという状況から，経済成長を促進するためには，航空自由化が極めて重要である。しかし，現実には加盟国間の利害調整に時間を要したのも事実である。現在，航空市場の統合を深化させることを目的に，域内単一航空市場（ASEAN Single Aviation Market：ASAM）の創設が企図されている。その内容には航空管制や安全基準，空港使用料や利用者保護などが含まれるが，共通ルールの策定が進行中である。

2-3　LCC の成長

　ASEAN10ヵ国のナショナルフラッグに相当する航空会社は，**図表8-3**の通りである。設立年が最も古いのは Philippine Airlines の1941年であり，カンボジアを除くすべての航空会社は1990年代までに政府や他国キャリアの支援を受けて設立されている。島嶼部の多い ASEAN 諸国では，船舶と同様に航空が旅客・貨物の移動上，重要な役割を果たしてきた。各国の航空会社はそれぞれの首都を拠点としたレガシーキャリアである。

　機材数で見ると，3つのグループに分けられる。第1グループは100機以上を

第8章　ASEANにおける空港運営の特徴　187

図表8-4　ASEAN主要LCCと機材保有数

エアライン	国	グループ	2013年1月	2014年1月	2015年1月	2016年1月	2016年5月
Lion Air	インドネシア	Lion	91	94	103	110	113
AirAsia	マレーシア	AirAsia	64	72	80	80	81
Wings Air	インドネシア	Lion	27	27	31	48	49
Cebu Pacific Air	フィリピン	Cebu Pacific	41	48	48	47	49
Thai AirAsia	タイ	AirAsia	27	35	40	45	47
Citilink	インドネシア	Garuda	21	24	32	36	37
VietJet Air	ベトナム	VietJet	5	10	18	27	30
Nok Air	タイ	Nok	15	17	24	28	29
Tigerair	シンガポール	Tigerair	21	25	24	24	23
Indonesia AirAsia	インドネシア	AirAsia	22	30	29	24	23
AirAsia X	マレーシア	AirAsia X	11	18	23	20	22
Thai Lion Air	タイ	Lion	0	2	8	18	21
Jetstar Asia	シンガポール	Jetstar	18	19	18	18	18
Philippines AirAsia	フィリピン	AirAsia	17	17	16	13	14
Jetstar Pacific	ベトナム	Jetstar	5	5	8	12	12
Scoot	シンガポール	Singapore Airlines	4	6	6	11	11
Cebgo	フィリピン	Cebu Pacific	5	5	4	8	8
Thai AirAsia X	タイ	AirAsia X	0	0	2	5	6
NokScoot	タイ	Nok	0	0	0	3	3
Indonesia AirAsia X	インドネシア	AirAsia X	0	0	0	2	2
Thai VietJet Air	タイ	VietJet	0	0	1	1	1
合計			394	454	515	580	599

（出所）　CAPA公表データに基づき筆者作成。

保有する3社（Malaysia Airlines/Singapore Airlines/Thai Airways International），第2グループは50～100機を持つ3社（Garuda Indonesia/Vietnam Airlines/Philippine Airlines），第3グループは50機以下の4社（Lao Airlines/Royal Brunei Airlines/Myanmar Airways International/Cambodia Angkor Air）となる。

　これらに対して航空自由化に伴って台頭してきているのが，低コストの経営

188 第Ⅱ部 比較地域統合政策論

図表8-5 グループ別の機材保有数と発注数（2016年5月）

グループ	エアライン数	機材数	機材発注数
AirAsia/AirAsia X	7	195	382
Lion Group	3	183	495
Cebu Pacific	2	57	48
Garuda（Citilink）	1	37	43
Singapore Airlines（Scoot/Tigerair）	2	34	48
Nok	2	32	12
VietJet	2	31	85
Jetstar	2	30	0
合計	21	599	1,065

（出所）　CAPA 公表データに基づき筆者作成。

方針を追求し，格安チケットでリピーターを作る LCC である。ASEAN 6 ヵ国の中で，ブルネイ以外の 5 ヵ国には LCC が存在する。また，CLMV 4 ヵ国の中では，LCC が設立されたのはベトナムだけである。**図表8-4**は ASEANの主要 LCC21社とそれらの機材数の推移を示している。2013年 1 月の総数は約400機であったが，2016年 5 月には1.5倍の約600機にまで増加した。これは前述のナショナルフラッグの機材総数に匹敵する。

　これら LCC21社は**図表8-5**のように 8 グループに分類できる。Lion Groupと AirAsia/AirAsiaX が他のグループよりも優位に立っている。これは EU における Ryanair と easyJet の立場と類似している。LCC の機材数は年々，増加傾向にあるが，これは需要の成長に対応してきた証左でもある。ASEAN のLCC シェアは年間座席数で見ると，2014年に57％に達する[4]。さらに，アジアでは2030年代まで高い経済成長率が続くと予測されているので，航空輸送については好循環が期待できる。今後も ASEAN への旅客需要が成長することを織り込み，ほとんどのグループが多数の機材を発注している。

第8章　ASEANにおける空港運営の特徴　189

3　ASEAN諸国の空港運営

3-1　空港規模と内際比率

ASEAN地域の空港がどのように発展してきたかはさまざまな要因によるが，人口の推移，国土の地形，ナショナルフラッグの設立時期などの影響を受けて

図表8-6　ASEAN10ヵ国の空港数

年	1 インドネシア			2 フィリピン			3 タイ			4 ミャンマー			5 マレーシア		
	国内	国際	合計	国内	国際	合計	国内	国際	合計	国内	国際	合計	国内	国際	合計
2006年	160	27	187	77	8	85	29	6	35	60	2	62	15	5	20
2007年	160	27	187	76	9	85	29	6	35	60	2	62	15	5	20
2008年	161	27	188	75	10	85	29	6	35	60	2	62	15	6	21
2009年	161	27	188	76	9	85	29	6	35	30	2	32	15	6	21
2010年	204	29	233	76	9	85	29	6	35	30	2	32	15	6	21
2011年	211	29	240	76	9	85	29	6	35	30	2	32	16	6	22
2012年	216	29	245	75	10	85	29	6	35	30	2	32	22	6	28
2013年	—	—	—	—	—	—	29	6	35	30	3	33	—	—	—

年	6 ベトナム			7 ラオス			8 カンボジア			9 シンガポール			10 ブルネイ		
	国内	国際	合計	国内	国際	合計	国内	国際	合計	国内	国際	合計	国内	国際	合計
2006年	15	3	18	9	3	12	6	2	8	n.a.	2	2	n.a.	1	1
2007年	15	3	18	9	3	12	6	2	8	n.a.	2	2	n.a.	1	1
2008年	16	3	19	9	3	12	6	2	8	n.a.	2	2	n.a.	1	1
2009年	14	6	20	9	4	13	5	3	8	n.a.	2	2	n.a.	1	1
2010年	14	6	20	9	4	13	5	3	8	n.a.	2	2	n.a.	1	1
2011年	14	6	20	9	4	13	5	3	8	n.a.	2	2	n.a.	1	1
2012年	12	9	21	9	4	13	5	3	8	n.a.	2	2	n.a.	1	1
2013年	—	—	—	9	4	13	5	3	8	n.a.	2	2	n.a.	—	—

（出所）　ASEAN Secretariat（2015）に基づき筆者作成。

190　第Ⅱ部　比較地域統合政策論

いる。国別の空港数と乗降客数は**図表8-6**と**図表8-7**の通りである。インドネシアの空港数が他国と比較すると異常に多いが，多数の島嶼部の生活と経済を支えるために航路が整備されてきたと考えられる。対照的に空港数の少ないのがシンガポールとブルネイであるが，シンガポールはChangiだけで5,000万人以上の乗降客数を扱っているので，世界ランキングでは常に上位に入っている。

　一国としての空港数と乗降客数の推移を示した両表では，国内線と国際線の

図表8-7　ASEAN10ヵ国の乗降客数（千人）

年	1 タイ			2 インドネシア			3 マレーシア			4 フィリピン			5 シンガポール		
	国内	国際	合計	国内	国際	合計	国内	国際	合計	国内	国際	合計	国内	国際	合計
2006年	24,111	31,895	56,006	34,016	2,964	36,980	25,238	17,672	42,910	15,729	10,261	25,990	n.a.	33,368	33,368
2007年	26,614	35,946	62,560	39,162	3,189	42,351	26,137	19,738	45,875	20,947	12,132	33,079	n.a.	35,221	35,221
2008年	24,906	32,855	57,761	37,405	4,102	41,507	27,354	20,918	48,272	22,814	12,293	35,107	n.a.	36,288	36,288
2009年	26,419	31,358	57,777	43,808	5,004	48,812	29,235	22,881	52,116	28,836	12,099	40,935	n.a.	36,089	36,089
2010年	26,934	35,132	62,066	51,775	6,614	58,389	30,791	27,574	58,365	26,550	12,381	38,931	n.a.	40,924	40,924
2011年	31,183	39,979	71,162	60,197	8,152	68,349	34,239	30,462	64,701	36,416	12,969	49,385	n.a.	45,429	45,429
2012年	36,324	46,324	82,648	71,421	9,938	81,359	34,431	32,397	66,828	41,785	16,421	58,206	n.a.	49,910	49,910
2013年	41,556	54,005	95,561	75,210	10,943	86,153	42,984	38,032	81,016	—	—	—	n.a.	52,775	52,775

年	6 ベトナム			7 ミャンマー			8 カンボジア			9 ブルネイ			10 ラオス		
	国内	国際	合計	国内	国際	合計	国内	国際	合計	国内	国際	合計	国内	国際	合計
2006年	4,550	7,422	11,972	1,897	835	2,732	159	2,340	2,499	n.a.	1,402	1,402	167	268	435
2007年	5,794	8,558	14,352	1,089	878	1,967	187	2,979	3,166	n.a.	1,448	1,448	250	251	501
2008年	7,025	9,141	16,166	826	837	1,663	182	2,879	3,061	n.a.	1,555	1,555	263	238	501
2009年	8,586	8,907	17,493	773	968	1,741	143	2,524	2,667	n.a.	1,528	1,528	243	337	580
2010年	10,349	10,726	21,075	862	1,212	2,074	136	3,052	3,188	n.a.	1,699	1,699	283	472	755
2011年	11,918	11,821	23,739	1,381	1,456	2,837	144	3,481	3,625	n.a.	2,017	2,017	311	372	683
2012年	12,159	13,203	25,362	1,602	2,035	3,637	172	3,997	4,169	—	—	—	463	642	1,105
2013年	—	—	—	1,775	2,652	4,427	—	—	—	n.a.	—	—	447	729	1,176

（出所）　ASEAN Secretariat（2015）に基づき筆者作成。

利用者が区分されている。2012年・2013年におけるタイ，インドネシア，マレーシア，フィリピン，シンガポール，ベトナムの国際線利用者は1,000万人〜5,000万人台であるが，カンボジア，ミャンマー，ブルネイ，ラオスについては70万人〜400万人のレベルにすぎない。空港数の多いインドネシアでは，その大多数が国内線に集中していることがわかる。2013年時点では国内線利用者の比率は87％に達する。国土面積の小さいシンガポールとブルネイについては，国内線そのものの需要がないので，国際線のデータしか示されていない。貿易国としてのステータスを持ち，観光やMICE（Meeting/Incentive Travel/Convention/Exhibition）にも注力しているシンガポールは，文字通り国際都市である。

　乗降客数の多寡は後背地に金融ビジネス街があるのか，世界遺産のような観光資源を持っているのか，各種のイベントが開催できる会場が整っているのかにも依存するが，各空港が相互に魅力のある都市と路線を結んでいるのかが最も重要になる。多様な路線設定により「コネクティビティ」を充実させるには，各国のレガシーキャリアだけで実現できるわけではない。ASEANは近隣国である香港，韓国，台湾，中国，インド，日本からの来訪者が多いが，近年，とりわけ中国からの伸び率は高い。前述したASEANのLCCに加え，中国に拠点を置くLCCも就航していることが，乗降客数の増加に寄与している。

3-2　空港運営主体の特徴

①　タ　イ

　タイでは国有企業Airports Authority of Thailandが空港を運営してきたが，2002年9月に株式会社形態のAirports of Thailand Public Company Limited（AOT）に改組された。AOTは主要な6空港（Don Mueang/Phuket/Chiang Mai/Hat Yai/Chiang Rai/Suvarnabhumi）を運営している。**図表8-8**に示されている通り，財務省（Ministry of Finance）が70％の株式を保有している点から，AOTが実質的に政府系企業であることがわかる。

　大規模ハブ空港としての機能を果たしている首都バンコクのSuvarnabhumi Internationalの乗降客数は，2015年に5,000万人を超えている。AOTが運営す

192 第Ⅱ部 比較地域統合政策論

図表8-8 Airports of Thailand Public Company Limited の株主構成（2015年12月）

主要株主	所有比率（%）
Ministry of Finance	70.00
Thai NVDR Company Limited	5.12
State Street Bank Europe Limited	1.98
Chase Nominees Limited	1.91
Social Security Office	1.21
Norbax Inc.	1.19

（出所）　Airports of Thailand Public Company Limited 公表資料に基づき筆者作成。

る6空港以外の多数の空港は，航空省（Department of Civil Aviation）の管轄下にある。また，地方空港である Koh Samui/Sukhothai/Trat の3空港については，航空会社である Bangkok Airways によって所有されている[5]。

② インドネシア

インドネシアの空港運営主体は，PT Angkasa Pura Ⅰ と PT Angkasa Pura Ⅱ，および運輸省（Transportation Ministry）の3つに分けられる。PT Angkasa Pura Ⅰが主として中東部に立地している13空港を，PT Angkasa Pura Ⅱが首都ジャカルタから西部のスマトラ島を中心とした13空港を運営している。その他の大多数の小規模空港は運輸省の傘下にある。PT Angkasa Pura Ⅰと PT Angkasa Pura Ⅱは株式会社形態をとっているが，それらの株式は100%，政府により保有されているので，すべての空港が公的管理下に置かれているものと解釈できる。

③ マレーシア

マレーシアのすべての空港を運営している Malaysia Airports は株式会社形態をとっているが，その主要株主は**図表8-9**の通りである。筆頭株主となっている Khazanah Nasional Berhad は1993年に設立された政府系ファンドで，財務大臣（Minister of Finance）が同社の株式を保有している。さらに，1マ

第8章　ASEANにおける空港運営の特徴　　193

図表8-9　Malaysia Airports の株主構成（2016年3月）

主要株主	所有比率（%）
Khazanah Nasional Berhad	36.71
Employees Provident Fund Board	13.19
AmanahRaya Trustees Berhad . Skim Amanah Saham Bumiputera	11.90

（出所）　Malaysia Airports, *Annual Report 2015*.

レーシア・リンギットの「黄金株」（Special Rights Redeemable Preference Share）についても財務大臣が保持している点から，実質的に Malaysia Airports は政府系企業とみなすことができる[6]。

　2015年の乗降客数は8,400万人に達しているが，首都のクアラルンプール空港 Kuala Lumpur International がその半数以上の4,900万人を占めている。Malaysia Airports は国外でも多数の空港経営に関与してきた。その実例として，カンボジア Siem Reap International（1995年～2005年），Phnom Penh International（1995年～2005年），カザフスタン Astana International（2007年～2009年），インド Indira Gandhi International（2007年～2015年），Rajiv Gandhi International（2003年～），トルコ Sabiha Gokcen International（2008年～）などがあげられる。

④　フィリピン

　フィリピンには85の空港が存在するが，国際線を就航させているのは10空港だけである。その中で，Ninoy Aquino International/Clark International/Mactan-Cebu International/Subic International の4つが主要空港と位置づけられ，それぞれ独立した公的組織によって運営されている。他の75空港は国内線のみを扱う空港であるが，ジェット機が離着陸できるのは15空港だけであり，その他はプロペラ機中心の小規模空港である。これらの空港はすべて，民間航空局（Civil Aviation Authority）によって運営されている。

　首都マニラの Ninoy Aquino International 空港は，乗降客数3,400万人を超える国内で最大規模の空港である。ところが，国際航空運送協会（IATA）は

194　第Ⅱ部　比較地域統合政策論

その運営主体である Manila International Airport Authority に対して，効率性改善を促すだけではなく，安全上の警告を発している。効率性に関しては管制業務の時間短縮であり，安全性についてはパイロットが滑走路と付随施設を利用する時に，照明や標識の不備により事故につながる危険性があると指摘した[7]。フィリピン政府は首都圏における新空港建設と地方空港への PPP 適用を検討しているものの，現状の施設整備や技術面において国際基準と比較すると遅れが見られる。

⑤　シンガポール

シンガポールでは2009年に民間航空局（Civil Aviation Authority of Singapore）と空港運営会社 Changi Airport Group（CAG）が分離された。CAG は株式会社化されているが，その株式は100％，財務大臣（Minister for Finance）により保有されている。シンガポールには Changi に加え，国内線を専門とする小規模な空港 Seletar があるが，ここも CAG により運営されている。また，子会社 Changi Airports International は，他国の空港への助言や投資を行っていることで知られる。

CAG は ASEAN 内では，ブルネイやミャンマーにおける空港開発のコンサルタント業務を実施してきた。さらに，サウジアラビア，インド，イタリア，ロシアなどでも空港運営にかかわってきた。2013年には，ブラジルの Odebrecht TransPort と共同でリオデジャネイロの Antonio Carlos Jobim International 空港の運営権を取得するコンセッション契約を結んでいる[8]。このコンセッションを通して，2016年開催のオリンピックに向けて投資を実行することがねらわれていた。

⑥　ベトナム

ベトナムでは，北部，中部，南部の3地域に設立された Regional Airport Authorities が空港運営の責任を担ってきた。その後，数度の改組を経て，2012年に Airports Corporation of Vietnam（ACV）として統合され，現在，21空港を運営している。首都ハノイにも Noi Bai 空港があるものの，乗降客数が

第8章 ASEANにおける空港運営の特徴　195

図表8-10 Airports Corporation of Vietnam の株主構成（2016年3月）

主要株主	所有比率（%）
The State	75.00
Strategic investors	20.00
Public investor in the IPO	3.47
Employees	1.40
ACV's Union	0.13

（出所）　BIDV Securities Company, *Airports Corporation of Vietnam.*

最も多いのは南部のホーチミン Tan Son Nhat 空港である。ACV は株式売却を通して民営化される途上にあるが，**図表8-10**の通り2016年3月段階で政府の所有比率は75%であるので，依然として政府系企業とみなすことができる。

3-3　民営化・コンセッションの適用

　ASEAN における主要空港の多くが株式会社化されているものの，その実態は政府系企業である。その中で，株式売却を積極的に推進したのはベトナムである。ベトナム政府は将来的に航空需要が拡大するとの予測から，2009年にマスター・プランを公表した。それによると，旅客数は2020年までに6,300万人，2030年には1億3,200万人にまで増加すると考えられた。IATA の調査によると，ベトナムは2014年～34年までの航空需要の成長率が7.2%と予測されている[9]。これは一定の旅客数を持つ国の中で，最も高い数値である。ASEAN ではフィリピンが6.2%，マレーシアが5%，インドネシアが4.8%である。旅客数の多い中国は5.2%，インドは6.7%，ブラジルは3.7%となっているが，成長率に関してはそれらを上回る。

　ベトナム政府は2014年に航空会社 Vietnam Airlines の民営化を進めた後，2015年に空港会社 ACV についても株式売却を実施した。ホーチミン証券市場で新規に株式売却されたのは，全体の3.47%にすぎないが，航空需要の増加から将来性のある会社の株式売却であったので注目された。また，20%については戦略的投資家として，フランス・パリの3空港を運営する Aéroports de

196　第Ⅱ部　比較地域統合政策論

Paris（ADP）が取得することになった。戦略的投資家の選定には政府の承認が必要であった。ベトナム投資開発銀行（Bank for Investment and Development of Viet Nam）も候補にあがっていたが，空港運営で実績のあるADPが選ばれた[10]。

　フランス企業がASEANにおいてユニークな経営をしているもう1つの事例は，カンボジアに進出したVinciである。同社は鉄道，道路，駐車場，スタジアムなどの運営を専門とするインフラ企業として知られている。空港については2000年代に入ってから，コンセッションと外部委託を通して，アルプスの山岳地帯の小規模な地方空港を中心に10空港の運営を開始した。それに先駆け1995年にコンセッション契約を結び，経営ノウハウを築いていたのが，カンボジアの首都Phnom Penh International空港の案件である[11]。

　2001年と06年に観光促進や港湾開発を視野に入れて，Siem ReapとSihanoukvilleの運営権も獲得するに至った。実際の運営はVinciの子会社Société Concessionnaire des Aéroportsと，カンボジアとマレーシアの共同出資会社Muhibbah Masteron Cambodiaがそれぞれ70％と30％で出資するCambodia Airportsが行っている。Vinciはその後も2012年にポルトガルのLisbonなど10空港を，16年からはオリックスとの共同出資会社を通して，関西国際と伊丹の2空港を運営し，欧州とアジアに拠点を置く空港コンセッション会社となった。

4　EUとASEANの対比からの示唆

4-1　VFR需要と地方経済の活性化

　1990年代に経済民主化を進めた中東欧がEUに参加したことによって，VFR需要は急速に増加した。VFR需要の増大とLCCの路線拡大は，相乗効果により好循環をもたらしている。広域経済圏の中で企業立地は地価の安い中東欧諸国に広がるとともに，中東欧の労働者は賃金の高い西側諸国に移動しようとする傾向がある。そのような動きに伴い，家族・友人が週末や長期休暇を

利用して LCC で頻繁に行き来するようになる。ASEAN では域内の移動が多いことに加え，中国からのインバウンド需要もプラス効果を持っている。

　空港経営については，これまでビジネス客の多い首都圏や人口密度の高い都市だけが有利であると考えられてきた。しかし，小規模な地方都市であったとしても，後背地に工業団地や総合大学が立地しているような場合には，VFR 需要が伸びる可能性がある。また，空港からイベント会場や観光地へアクセスする鉄道やバスなどの交通機関が充実していれば，MICE 需要についても増加が期待できる。

　人口減少の危機に直面しているわが国では，過疎からの脱却という論調で「地方創生」が強調されているが，空港を活用する意識は薄い。後発の茨城空港と静岡空港など，LCC の誘致に熱心な自治体は限られる。空港を核にした「エアポート・シティ構想」で地域活性化を実現している好例として，英国マンチェスターをあげることができる[12]。空港会社の母体は自治体であるが，「コネクティビティ」をあげながら地元の大学や企業と協力して，長期的展望から都市計画を進めている。基本的に空港会社は「触媒」機能を発揮して，地元の特性が活かされるような需要層を開拓する必要がある。

4-2　LCC によるアライアンス設立

　LCC は EU，北米，アジアで急増しているが，通常グローバル・アライアンスに属していない。3 大アライアンスは，Star Alliance/OneWorld/SkyTeam で，それぞれ乗り換え便の手配やマイレージの共通化などを通して利用者の利便性を高め，顧客の囲い込みを図っている。それに対して，LCC は運賃と路線の設定で独自の戦略を発揮し，独立的な地位を保持する方針を貫く傾向にある。ASEAN の LCC は前述した通り，20社を超えるキャリアが機材数を増やしている。その一部のキャリアが中心となり，2016年5月に新しい組織「バリュー・アライアンス」（Value Alliance）が結成された。

　加盟しているのは，フィリピン Cebu Pacific，タイ Nok/NokScoot，シンガポール Scoot/Tigerair，オーストラリア Tigerair Australia，韓国 Jeju Air，日本 Vanilla Air の6ヵ国8航空会社である。Scoot の親会社は Singapore

Airlines, Vanilla Air の親会社は ANA であり, 両社は Star Alliance に加盟している。今後, レガシーキャリアと子会社の LCC が異なるアライアンスをどのように活用するのかが課題になる。

　Value Alliance は設立されたばかりであるので, まだ具体的なサービスやメンバーの特典について明示していないが, 複数の LCC が協力してチケットを販売することが意図されている。8 社の就航しているネットワークは大きな広がりを持つが, ASEAN 域外にもハブを築く点から, 内部批判が出るかもしれない。しかし, インバウンドとアウトバウンドの両面で格安チケットを利用する需要層が多頻度で移動するならば, ASEAN 域内に好影響がもたらされる。今後, 中国の LCC がこのアライアンスに加盟するのかどうかという点も注目されるだろう。

4-3　公的所有に基づくインフラ経営

　空港経営に関しては, 民間企業やファンド企業の資金を積極的に利用している英国の Heathrow や Gatwick など, 大規模空港が注目されることが多いが, スコットランドのように公的所有によって小規模な空港を維持しているところもある。また, イングランド・ウェールズにおいても, 株式売却が実現できない場合には, 自治体が空港経営に関与している例も少なくない。フランス, ドイツ, オランダにおいては, 空港会社を株式会社形態に移行させているものの, 依然として中央政府や地方自治体が株式を保有しているケースが一般的である。フランスの一部の空港では, コンセッションを通して民間企業に運営権を委譲しているが, これは官民連携（PPP）の一手法として実施されている。

　ASEAN では, 多くの空港が政府所有の主体によって運営されているが, 需要が今後も高い比率で伸びると予測されている空港では, 容量不足を解消するために株式売却やコンセッションが本格的に検討されるだろう。所有形態が民間企業に移行したとしても, 政府のガバナンスが欠如していると, 利用者の利便性に適ったサービスが提供されなくなる危険性がある。株式売却やコンセッションを実施した後に, 民間企業の収益性だけが重視されると, 休港や廃港の危機につながってしまう。

英国ウェールズでは，民営化後に Cardiff 空港の運営を担っていたスペイン企業が撤退したために，地元ウェールズ政府により公的所有に戻す措置がとられた。ウェールズは地理的に必ずしも有利な条件とは言えないが，新会社はオランダのフラッグキャリアである KLM との交渉により，アムステルダム路線を設定するなど，公的所有の下でも近隣空港との競争を意識した経営マインドを発揮している。空港会社が公的主体によって運営されるとしても，空港施設利用料を自由に決定できる権限を与えるなど，明確なマネジメント意識を持たせる施策が重要になる。

5　おわりに

最後に，ASEAN の空港経営で長期的に考慮すべき点を整理しておく。

まず第 1 に，2016 年 6 月末に英国が国民投票によって EU 離脱を決定したように，加盟国の中から脱退する国が出るかもしれない。人口や GDP で上位にランキングされる国が離脱すると，既存の路線が廃止されるなど大きな打撃を受けることになる。貿易や為替の面で過渡的に不安定性が伴うために，航空業界では旅客のみならず貨物についても損失を免れないであろう。

第 2 に，域内の旅客移動については LCC が大きく貢献しているが，将来に新たな技術革新によって異なるタイプの飛行機が出現すると，航空需要と空港経営に変化が生じる。現在，ドイツで Lilium Jet という 2 人乗り電気飛行機が開発されている[13]。垂直離着陸の機能を持つ点が大きな特徴で，航続距離は 500km なので国内線に匹敵する。都心部では危険であるため，離島間の機材として普及する可能性が高い。2018 年末には販売される予定で，ASEAN の航空・空港にも早晩，影響は及ぶことになる。

また，電気飛行機と同様に新たな技術として，宇宙船（スペースシップ）と飛行機（エアプレーン）の中間に位置づけられる「スペースプレーン」が米国で開発されている[14]。このタイプの航空機が主流になると，地方部における空港を「スペースポート」として活用することになり，現在の空港経営の採算性が不透明になる。英国では，2030 年にスペースプレーンが就航することを前提

に，スコットランド Campbeltown 空港をスペースポートの候補地に選んでいる。

第3に，EU で前例があるように，ASEAN でも株式売却やコンセッションで民間企業の資金に頼る動きが出ているが，空港経営の持続可能性について不確実性が伴う。民間企業は収益悪化に陥れば，事業から退出する判断を下す。一般的には，旅客数の多い大規模空港が利益を生み出しやすいとみなされるが，自然災害や事故の他，テロによるリスクも小さくない。保険をかけていれば損失は補填されるので，民間企業が即座に撤退するとは考えにくいが，そのような事態を回避するために，今後は官と民の間でリスク分担を明確化しておく必要がある。さらに，他業種との協力に基づく空港運営や多様なポートフォリオでリスク分散を図る戦略が重要になってくるだろう。

●注 ─────────────

1 ASEAN Secretariat（2015），p.2.
2 ASEAN Secretariat（2015），p.150.
3 ASEAN（no date），p.1.
4 ASEAN（no date），p.1.
5 ICAO（2013），p.2.
6 Malaysia Airports，p.267.
7 IATA（2015b），pp.11-12.
8 Changi Airports International（2013），pp.1-3.
9 IATA（2015a），p.5.
10 Nikkei（2015）.
11 石田・野村（2014）第2章。
12 野村（2015b），232-234ページ。
13 Phenix, M., The Flying Machine in Your Back Garden, http://www.bbc.com/autos/story/20160512-the-flying-machine-in-your-back-garden（最終閲覧　2016年6月1日）。
14 野村（2015a），90-93ページ。

●参考文献 ─────────────

石田哲也・野村宗訓（2014）『官民連携による交通インフラ改革』同文舘出版。
引頭雄一（2014）「航空・空港」，栗田匡相・野村宗訓・鷲尾友春編著『日本の国際開発援助事業』日本評論社，121～140ページ。

小熊仁（2009）「ASEANにおける航空輸送と空港整備の展開」『運輸と経済』第69巻第7号，61〜77ページ。

野村宗訓（2015a）「宇宙空間を飛ぶ新型航空機　スペースプレーンに米英が本腰」『エコノミスト』第93巻第3号，90-93ページ。

野村宗訓（2015b）「空港民営化と地域振興政策」，長峯純一編『公共インフラと地域振興』中央経済社，222〜238ページ。

野村宗訓・切通堅太郎（2010）『航空グローバル化と空港ビジネス』同文舘出版。

Airports of Thailand Public Company Limited (no date), *2015 Traffic Report.*

ASEAN (no date), *ASEAN Single Aviation Market.*

ASEAN Secretariat (2015), *ASEAN Statistical Yearbook 2014.*

BIDV Securities Company (no date), *Airports Corporation of Vietnam.*

Boeing (2015), *Current Market Outlook 2014-2033.*

Changi Airports International (2013), *Changi Airports International Consortium Wins Auction for 25-year Concession to Manage Antonio Carlos Jobim International Airport (GALEÃO) in Brazil.*

Civil Aviation Authority of Singapore, *Annual Report 2014/2015.*

Freshfields Bruckhaus Deringer (2014), *Air traffic infrastructure Current status and impending changes.*

Hanaoka, S., M. Takebayashi, T. Ishikura and B. Saraswati (2014), "Low-cost carriers versus full service carriers in ASEAN: The impact of liberalization policy on competition," *Journal of Air Transport Management,* Vol.40, pp.96-105.

IATA (2015a), *Air Passenger Forecast Global Report.*

IATA (2015b), *Immediate and long-term priorities for Manila Airports.*

ICAO (2013), *Case Study on Commercialization, Privatization and Economic Oversight of Airports and Air Navigation Services Providers: Thailand.*

Malaysia Airports, *Annual Report 2015.*

Nikkei (2015), "Airport operator goes public to fund new projects," *Nikkei Asian Review,* Dec. 11.

PT Angkasa Pura II, *2014 Annual Report.*

UK Trade and Investment (2011), *The Airport Sector in Vietnam.*

あとがき

　本書は，関西学院大学産業研究所の共同研究「アセアンの経済共同体の成立—EUとの比較—」（2013〜2016年度）の研究成果を『ASEAN経済共同体の成立—比較地域統合の可能性—』の標題で1冊にまとめたものである。これを産研叢書40として刊行する運びになった。

　産業研究所の研究活動の柱の1つである共同研究は，学部教員，研究所教員など学内教員を核として構成する共同研究プロジェクトチームをつくり，学外研究者，実務家を交えて学際的に研究活動を行っている。常時3つのプロジェクトが活動を行っており，産業・企業研究や地域研究等の分野からそれぞれ具体的なテーマを選択している。3年間の活動では，研究会等を実施し活動終了時を目処に各プロジェクトの研究成果を刊行し，公表している。

　今回の研究プロジェクトの特徴は，書名に反映されているとおり，ASEANという経済共同体の成立要件と実態を解明するために，経済共同体の先進例でもあるEUとの比較により多面的な考察が加えられている点にある。しかも，構成国数の違いはもとより，経済・宗教・文化のタイプが異なる地域同士の間で，比較地域統合論および比較地域統合政策論という学問的な視点から両共同体の比較洞察に及んでいる。これこそが第2の特徴となり，本書の学術性を高めるのに寄与している。とりわけ，地域統合過程の比較は実に興味深い。国際機構論には馴染みがなくても地域統合の考察に欠かせない方法論だとわかるであろう。地域開発政策，産業立地，競争政策，空港運営などは，両地域の経済統合を比較して同質性と異質性を語るに欠かせない状況判断材料となり得る。

　これまでの『産研叢書』では，1つの地域に特化する研究が割に多かっただけに，本書が扱う研究対象自体，従来にはない新鮮味溢れるものとなっている。新鮮味に惹かれて本書を御覧になられたとしよう。ページをめくっていくうちに，アセアンに重点を置く章もあれば，EUに傾注した章もあると気づくであ

ろう。読む側とすれば，興味や関心に応じて，いずれかの地域を取捨選択できるので便宜的と感じるかもしれない。題材のバラエティに富む反面，読者に「選択と集中」を任せても良いような共同研究成果となっている。

　もちろん序章から最終章まで全体を通して読まれるようお薦めしたい。なぜなら，日本にとって通商および企業の進出先として相互依存度を高めているのがASEANならびにEUであり，日本がより多くの富みを生むには，一国レベルを超えて，地域経済共同体との良好な関係形成がいかに役立つかを知るきっかけとなるからである。日本は最近まで経済政策，外交政策ともにアメリカと中国に偏重した路線を歩んできた。その路線転換期に間もなく入るのは間違いない。ASEANとEUこそが日本にとって重要な経済パートナーだと共通認識していくためにも，本書からヒントを得られる箇所は多々あると確信している。

　折しも，英国が国民投票でEUからの離脱を決めるなど，統一性が磐石でなくなる恐れがEUに付きまとう一方，ASEANにはチャイナ・プラス・ワンの候補国が群雄割拠の最中にあるだけに，今後の動向を注視する向きも多いようである。それゆえ，学界，産業界，社会人，学生などの間で本書に注目が集まると予期される。

　なお，本書の編集は市川顕准教授にお願いした。市川先生には研究プロジェクトの実施，また，編集に際して細部にわたり目を通していただき本書の出版に至ることができた。改めて市川先生と多くの先生方の産業研究所事業へのご尽力に感謝申し上げ，本書に研究成果をお寄せいただいた研究メンバーには，3年間の研究活動とともに，そのご労苦に敬意を表したい。

　本書の刊行は出版事情の厳しいなか，中央経済社にお引き受けいただいた。山本継社長，ならびに編集の労をお取りいただいた田邉一正氏に厚くお礼を申し上げる次第である。

　2017年2月

関西学院大学産業研究所長　藤沢　武史

■編著者紹介

市川　顕（いちかわ　あきら）

関西学院大学SGU招聘客員准教授　博士（政策・メディア，慶應義塾大学）
1975年生まれ。1999年，慶應義塾大学総合政策学部卒業。2006年，慶應義塾大学大学院政策・メディア研究科後期博士課程単位取得。2008年，博士（政策・メディア）。慶應義塾大学・名古屋商科大学・デジタルハリウッド大学非常勤講師，東京工業大学大学院社会理工学研究科産学官連携研究員，関西学院大学産業研究所准教授を経て，2016年より現職。現在，清泉女子大学非常勤講師，東洋学園大学兼任講師のほか，政策情報学会理事，国際公共経済学会理事，日本計画行政学会関西支部幹事を務める。

＜主要業績＞
『EUの社会経済と産業』関西学院大学出版会（編著，2015年）
『体制転換とガバナンス』ミネルヴァ書房（共編著，2013年）
『グローバル・ガバナンスとEUの深化』慶應義塾大学出版会（共編著，2011年）

関西学院大学産研叢書（40）
ASEAN経済共同体の成立─比較地域統合の可能性─

2017年3月30日　第1版第1刷発行

編著者	市　　川　　　　顕	
発行者	山　　本　　　　継	
発行所	㈱中 央 経 済 社	
発売元	㈱中央経済グループ パ ブ リ ッ シ ン グ	

〒101-0051　東京都千代田区神田神保町1-31-2
電話　03 (3293) 3371 (編集代表)
03 (3293) 3381 (営業代表)
http://www.chuokeizai.co.jp/
印刷／文唱堂印刷㈱
製本／誠　製　本㈱

©2017 関西学院大学産業研究所
Printed in Japan

＊頁の「欠落」や「順序違い」などがありましたらお取り替えいたしますので発売元までご送付ください。（送料小社負担）
ISBN978-4-502-22201-6　C3033

JCOPY〈出版者著作権管理機構委託出版物〉本書を無断で複写複製（コピー）することは，著作権法上の例外を除き，禁じられています。本書をコピーされる場合は事前に出版者著作権管理機構（JCOPY）の許諾を受けてください。
JCOPY〈http://www.jcopy.or.jp　eメール：info@jcopy.or.jp　電話：03-3513-6969〉

関西学院大学産研叢書

関西学院大学産研叢書 38

公共インフラと地域振興

長峯純一（編著）

現代社会が直面するさまざまな課題を標榜している公共インフラや地域振興に関する諸論点について，実証的に分析・検討を行い，問題提起や政策提言を行う研究書。

＜A5判・306頁＞

関西学院大学産研叢書 39

生産性向上の理論と実践

梶浦昭友（編著）

アベノミクスの第3の矢である「日本再興戦略」で掲げられている生産性革命について，理論・実践の両面から生産性向上のための課題や現実の一端を解明した研究書。

＜A5判・240頁＞

中央経済社